GERALD MÄSCH

Rechtswahlfreiheit und Verbraucherschutz

Schriften zum Internationalen Recht

Band 62

Rechtswahlfreiheit und Verbraucherschutz

Eine Untersuchung zu den Art. 29 I, 27 III und 34 EGBGB

Von

Dr. Gerald Mäsch

Duncker & Humblot · Berlin

Die Deutsche Bibliothek – CIP-Einheitsaufnahme

Mäsch, Gerald:
Rechtswahlfreiheit und Verbraucherschutz : eine Untersuchung zu den Art. 29 I, 27 III und 34 EGBGB / von Gerald Mäsch. – Berlin : Duncker und Humblot, 1993
(Schriften zum Internationalen Recht ; Bd. 62)
Zugl.: Passau, Univ., Diss., 1992
ISBN 3-428-07675-3
NE: GT

Fotoprint: Werner Hildebrand, Berlin 65
Printed in Germany

ISSN 0720-7646
ISBN 3-428-07675-3

Meinen Eltern

Vorwort

Die Arbeit lag im Sommersemester 1992 der Rechtswissenschaftlichen Fakultät der Universität Passau vor. Rechtsprechung und Schrifttum sind bis Juli 1992 berücksichtigt.

Dank richtet sich zuallererst an meinen Doktorvater, Herrn Prof. Dr. Klaus Schurig, der nicht nur diese Arbeit wohlwollend förderte, sondern darüber hinaus meine Sicht des Rechts vom "Grundkurs Bürgerliches Recht" an entscheidend geprägt hat. Den Mühen der Zweitkorrektur unterzog sich Herr Prof. Dr. Jochen Wilhelm. Ihm bin ich ebenso zu Dank verpflichtet wie Herrn Dr. Dieter Martiny vom Hamburger Max-Planck-Institut für Internationales und Ausländisches Privatrecht, der mir Zugang zu den unveröffentlichten Materialien der Verhandlungen zum Römischen Vertragsrechts-Übereinkommen von 1980 verschaffte. Bedanken möchte ich mich weiterhin bei der Universität Passau und dem Freistaat Bayern, die die rasche Fertigstellung der Arbeit durch ein Promotionsstipendium ermöglichten. Mein größter Dank aber gilt Frau Dr. Svenja Schröder für vielfältige kritische und zugleich ermutigende Unterstützung.

Passau, im August 1992

Gerald Mäsch

Inhaltsverzeichnis

Zweiter Teil

Art. 27 III EGBGB

Dritter Teil

Art. 34 EGBGB

Zusammenfassung der Ergebnisse

Abkürzungsverzeichnis

A.	Auflage
a.A. (A.A.)	anderer Ansicht
a.a.O. (A.a.O.)	am angegebenen Ort
abgedr.	abgedruckt
ABGB	(österreichisches) Allgemeines bürgerliches Gesetzbuch
ABl.EG	Amtsblatt der Europäischen Gemeinschaften
AbzG	Gesetz betreffend die Abzahlungsgeschäfte
A.C.	Appeal Cases (Law Reports)
AcP	Archiv für die civilistische Praxis
a.E.	am Ende
ähnl.	ähnlich
a.F.	alte Fassung
AG	Amtsgericht
AGB	Allgemeine Geschäftsbedingungen
AGBG	Gesetz zur Regelung des Rechts der Allgemeinen Geschäftsbedingungen
allg.	allgemein
Am.J.Comp.L.	The American Journal of Comparative Law
Anh.	Anhang
Anm.	Anmerkung
Art.	Artikel
AuslandsInvestG	Gesetz über den Vertrieb ausländischer Investmentanteile und über die Besteuerung der Erträge aus ausländischen Investmentanteilen
AWD	Außenwirtschaftsdienst des Betriebs-Beraters/Recht der internationalen Wirtschaft (bis 1974)
BAG	Bundesarbeitsgericht
BayObLG	Bayerisches Oberstes Landesgericht
BB	Der Betriebs-Berater
BBl.	(schweizerisches) Bundesgesetzblatt
Bd.	Band
BerDGesVR	Berichte der Deutschen Gesellschaft für Völkerrecht
(II.) BerechnungsVO	Verordnung über wohnungswirtschaftliche Berechnungen i.d.F. der Bekanntmachung v. 12.10.1990
BG	(schweizerisches) Bundesgericht
BGB	Bürgerliches Gesetzbuch
BGBl.	(deutsches, österreichisches) Bundesgesetzblatt
BGE	Entscheidungen des schweizerischen Bundesgerichts, Amtliche Sammlung
BGH	Bundesgerichtshof

BGHZ	Entscheidungen des Bundesgerichtshofs in Zivilsachen
B.O.E.	(spanisches) Boletín Oficial del Estado
BörsG	Börsengesetz
BRat-Drucks.	Drucksachen des Bundesrats (Nummer/Jahr, Seite)
BTag-Drucks.	Drucksachen des Deutschen Bundestags (Wahlperiode/Nummer, Seite)
BVerfG	Bundesverfassungsgericht
BVerfGE	Entscheidungen des Bundesverfassungsgerichts
bzw.	beziehungsweise
C.C.	(französischer) Code Civil, (spanischer) Código Civil
CEE (C.E.E.)	Communauté Economique Européenne
Ch.	Chancery Division (Law Reports)
Chap.	Chapter
chron.	chronique
c.i.c.	culpa in contrahendo
CISG	Wiener UN-Übereinkommen über Verträge über den internationalen Warenkauf (United Nations Convention for the International Sale of Goods, 1980)
Co.	Company
Colum.L.Rev.	Columbia Law Review
Cour de cass.	(französische) Cour de Cassation
D.	Receuil Dalloz Sirey Hebdomadaire
DB	Der Betrieb
ders.	derselbe
d.h.	das heißt
D.i.p.	Droit international privé
div.	division
Dok.	Dokumente der Kommission der EG über die Verhandlungen zum EVÜ (unveröffentlicht)
DVBl.	Deutsches Verwaltungsblatt
EAG	Einheitliches Gesetz über den Abschluß von internationalen Kaufverträgen über bewegliche Sachen
EC	European Communities
EEC (E.E.C)	European Economic Community
EG	Europäische Gemeinschaft(en)
EGBGB	Einführungsgesetz zum Bürgerlichen Gesetzbuch
EGVVG	Einführungsgesetz zum Versicherungsvertragsgesetz
Einl.	Einleitung
EKG	Einheitliches Gesetz über den internationalen Kauf beweglicher Sachen
engl.	englisch
ESÜ	Vorentwurf zu einem europäischen Schuldrechtsübereinkommen (1972)
EuGH	Gerichtshof der Europäischen Gemeinschaften

EuGH Slg.	Sammlung der Rechtsprechung des EuGH
EuGVÜ	(EWG-)Übereinkommen vom 27.9.1968 über die gerichtliche Zuständigkeit und die Vollstreckung gerichtlicher Entscheidungen in Zivil- und Handelssachen
EuR	Europa-Recht
Eur.L.Rev.	European Law Review
EuZW	Europäische Zeitschrift für Wirtschaftsrecht
EVÜ	Römisches (EWG-)Übereinkommen v. 19.6.1980 über das auf vertragliche Schuldverhältnisse anzuwendende Recht
EWG	Europäische Wirtschaftsgemeinschaft
EWiR	Entscheidungen zum Wirtschaftsrecht
f., ff.	folgende, folgende (Plural)
FamRZ	Ehe und Familie im privaten und öffentlichen Recht. Zeitschrift für das gesamte Familienrecht
Fasc.	Fascicule
FernunterrichtsschutzG	Gesetz zum Schutz der Teilnehmer am Fernunterricht
Fn.	Fußnote
frz.	französisch
FS	Festschrift
G	Gesetz
gem.	gemäß
GG	Grundgesetz für die Bundesrepublik Deutschland
ggf.	gegebenenfalls
GOÄ	Gebührenordnung für Ärzte
GRUR	Gewerblicher Rechtsschutz und Urheberrecht
GRUR Int.	Gewerblicher Rechtsschutz und Urheberrecht, Internationaler Teil
GS	Gedächtnisschrift
GWB	Gesetz gegen Wettbewerbsbeschränkungen
HansOLG	Hanseatisches Oberlandesgericht
HausTWG	Gesetz über den Widerruf von Haustürgeschäften und ähnlichen Geschäften
HGB	Handelsgesetzbuch
h.M.	herrschende Meinung
Hrsg.	Herausgeber
hrsg.	herausgegeben
I.C.L.Q.	International and Comparative Law Quarterly
i.d.F.	in der Fassung
i.d.R.	in der Regel
i.e.	id est
Ill.	Illinois
IPG	Gutachten zum internationalen und ausländischen Privatrecht
IPR	Internationales Privatrecht

IPRax	Praxis des Internationalen Privat- und Verfahrensrechts
IPRG	(österreichisches, schweizerisches) Bundesgesetz über das internationale Privatrecht
IPRspr	Die deutsche Rechtsprechung auf dem Gebiet des internationalen Privatrechts
i.S.	im Sinne
i.S.d.	im Sinne des
i.V.m.	in Verbindung mit
JA	Juristische Arbeitsblätter
JBl.	(österr.) Juristische Blätter
JherJb	Jherings Jahrbücher der Dogmatik des bürgerlichen Rechts
J.O.	Journal Officiel
JuS	Juristische Schulung
JW	Juristische Wochenschrift
JZ	Juristenzeitung
Kfz	Kraftfahrzeug
KOM	Dokumente der Kommission der Europäischen Gemeinschaften
KSchG	(österr.) Bundesgesetz, mit dem Bestimmungen zum Schutz der Verbraucher getroffen werden (Konsumentenschutzgesetz)
KüSchG	Kündigungsschutzgesetz
L.	Law
Law & Cont.Prob.	Law and Contemporary Problems
LDCU	Ley General para la Defensa de los Consumidores y Usuarios
LG	Landgericht
lit.	Buchstabe
Ls.	Leitsatz
Ltd.	Limited
M.	am Main
m.	mit
m.abl.Anm.	mit ablehnender Anmerkung
m.Anm.	mit Anmerkung
MHG	Gesetz zur Regelung der Miethöhe
MüKo	Münchener Kommentar zum Bürgerlichen Gesetzbuch
m.w.N.	mit weiteren Nachweisen
N.C.	North Carolina
n.F.	neue Fassung
NILR	Netherlands International Law Review
NJW	Neue Juristische Wochenschrift
NJW-RR	NJW-Rechtsprechungs-Report Zivilrecht
No.	Numéro

Nr.	Nummer(n)
NuR	Natur und Recht
N.Y.	New York
NZA	Neue Zeitschrift für Arbeits- und Sozialrecht
o.	oben
ÖJZ	Österreichische Juristen-Zeitung
österr.	österreichisch(e, es, er)
OGH	(österreichischer) Oberster Gerichtshof
OLG	Oberlandesgericht
OR	(schweizerisches) Obligationenrecht
Pa.	Pennsylvania
P.I.L.	Private International Law
Proc.Am.Soc.Int.L.	Proceedings of the American Society of International Law
Q.B	Queen's Bench Division (Law Reports)
RabelsZ	Rabels Zeitschrift für ausländisches und internationales Privatrecht
RDA	République démocratique allemande
RdA	Recht der Arbeit
Rdn.	Randnummer
Rec. des cours	Académie de Droit international de La Haye, Receuil des cours
Rev.crit.	Revue critique de droit international privé
Rev.int.dr.comp.	Revue internationale de droit comparé
Rev.trim.dr.europ.	Revue trimestrielle de droit européen
RG	Reichsgericht
RGRK	Das Bürgerliche Gesetzbuch mit besonderer Berücksichtigung der Rechtsprechung des Reichsgerichts und des Bundesgerichtshofs, Kommentar
RIW	Recht der internationalen Wirtschaft/Außenwirtschaftsdienst des Betriebs-Beraters (ab 1974)
Rspr.	Rechtsprechung
S.	Seite
s.	siehe
SA	Société Anonyme
schweiz.	schweizerisch(es)
sem.jur.	La semaine juridique
SJIR	Schweizerisches Jahrbuch für internationales Recht
SJZ	Schweizerische Juristenzeitung
Slg.	Sammlung
SR	Systematische Sammlung des Bundesrechts (Schweiz)
str.	streitig

TVG	Tarifvertragsgesetz
Tz.	Textziffer
u.	und
u.a.	unter anderem
u.ä.	und ähnliches
UCC	Uniform Commercial Code
u.U	unter Umständen
UWG	Gesetz gegen den unlauteren Wettbewerb
v.	versus, vom
Var.	Variante
VerbrKrG	Gesetz über Verbraucherkredite, zur Änderung der Zivilprozeßordnung und anderer Gesetze
Verf.	Verfasser
VersR	Versicherungsrecht
vgl.	vergleiche
VO	Verordnung
VOB/B	Verdingungsordnung für Bauleistungen, Teil B
Vol.	Volume
VVG	Versicherungsvertragsgesetz
WM	Wertpapier-Mitteilungen, Zeitschrift für Wirtschafts- und Bankrecht
WPNR	Weekblad voor Privaatrecht, Notaries-ambt en Registratie
WRP	Wettbewerb in Recht und Praxis
WuM	Wohnungswirtschaft und Mietrecht
Yb.Europ.L.	Yearbook of European Law
z.B.	zum Beispiel
ZfA	Zeitschrift für Arbeitsrecht
ZfBR	Zeitschrift für deutsches und internationales Baurecht
ZfRV	(österreichische) Zeitschrift für Rechtsvergleichung
ZGB	(schweizerisches) Zivilgesetzbuch
ZHR	Zeitschrift für das gesamte Handelsrecht und Wirtschaftsrecht
ZIP	Zeitschrift für Wirtschaftsrecht
ZPO	Zivilprozeßordnung
ZRP	Zeitschrift für Rechtspolitik
ZSchweizR	Zeitschrift für Schweizerisches Recht/Revue de droit suisse/Rivista di diritto svizzero
ZVersWiss	Zeitschrift für die gesamte Versicherungswissenschaft
ZvglRWiss	Zeitschrift für vergleichende Rechtswissenschaft/Archiv für Internationales Wirtschaftsrecht

Einleitung

Oberster Grundsatz im internationalen Vertragsrecht ist die Rechtswahlfreiheit: Ein Vertrag unterliegt dem Recht, auf das sich die Parteien geeinigt haben. Nur hilfsweise, falls eine solche Einigung fehlt, greift man auf objektive Anknüpfungskriterien zurück.

Rechts*logische* Bedenken gegen die Parteiautonomie, wie sie beispielhaft *Carl Ludwig v.Bar* formulierte - bevor der Parteiwille eine rechtliche Wirkung haben kann, bedarf es eines Rechtes, das dem Parteiwillen diese Macht zugesteht[1] -, sind heute längst überwunden. Denn so richtig es ist, daß die Rechtswahl das anwendbare Recht zeigen soll, aber nur ein bereits anwendbares Recht den Parteien die Freiheit der Rechtswahl gewähren kann, so wenig liegt in der Anerkennung der Parteiautonomie ein Zirkelschluß: Das Kollisionsrecht als Teil der jeweiligen *lex fori* ist es, das die normative Quelle bildet, aus der die Parteien die legitime Kraft zur Bestimmung des ihnen genehmen materiellen Rechts schöpfen[2].

Dennoch bleibt rechts*politisch* vielfach ein ungutes Gefühl. Die formale Trennung von Kollisions- und materiellem Recht kann nicht den faktischen Befund verhindern, daß von den zwingenden schuldrechtlichen Normen einer Rechtsordnung her gesehen die Parteiautonomie bedeutet: "Ich zwinge Dich, es sei denn, Du willst nicht"[3]. Sollen innerstaatlich unabdingbare Vorschriften auf internationaler Ebene zur Disposition der Parteien stehen? Es bietet da häufig nur einen schwachen Trost, daß statt der zwingenden Normen des "abgewählten" Rechts[4] immerhin die der gewählten Rechtsordnung Anwendung finden, denn diese können schwächer oder zumindest anders ausgebildet sein und damit im konkreten Fall zu ganz unterschiedlichen Ergebnissen führen. So

1 Vgl. *C.L.v.Bar*, Theorie und Praxis des Internationalen Privatrechts (2. A. 1889) Bd. 2, 4 f.; s. auch *Zitelmann*, Internationales Privatrecht, Bd. 1 (1897), 274 ff.; Bd. 2 (1912), 373 ff.

2 *Dölle*, RabelsZ 17 (1952), 161 (170).

3 *Mincke*, IPRax 1985, 313 (315).

4 Also der Rechtsordnung, die bei fehlender Rechtswahl nach objektiver Anknüpfung maßgeblich wäre.

nimmt es nicht wunder, daß die "regelwidrige"[5] Durchsetzung nichtabdingbaren Rechts auch und vor allem gegen eine Rechtswahl der Parteien zu einem Dauerthema des internationalen Vertragsrechts wurde. Die IPR-Reform von 1986[6], die hinsichtlich der vertraglichen Schuldverhältnisse eine Inkorporierung des Römischen EWG-Übereinkommens über das auf vertragliche Schuldverhältnisse anzuwendende Recht (EVÜ) vom 19.06.1980[7] darstellt[8], ist der Anlaß, den nunmehr positiv niedergelegten Regeln in diesem Bereich am Beispiel des Verbraucherschutzes neue Aufmerksamkeit zu widmen.

Der Aspekt des Konsumentenschutzes wurde nicht nur deshalb gewählt, weil seine internationale Komponente mit der grenzüberschreitenden Verflechtung der Wirtschaft, wie sie zunehmend auch die Endverbrauchermärkte kennzeichnet, immer wichtiger wird. Die Tatsache, daß die Mehrzahl der veröffentlichten Urteile zum deutschen internationalen Vertragsrecht nach 1986 Konsumentenverträge betrifft[9], ist dafür ein besonders markantes Indiz. Markant ist auch, daß die Urteile, die zumeist Freizeitveranstaltungen in ausländischen Urlaubsorten zum Gegenstand hatten, in ihren Lösungswegen erheblich voneinander abweichen[10]. Das verrät eine tiefgreifende Unsicherheit über Tragweite und Auswirkungen des Verbraucherschutzgedankens im internationalen Vertragsrecht und führt zugleich zum eigentlichen Grund, der ihn so interessant erscheinen läßt: Seine Verwirklichung berührt methodische und systematische Grundfragen des Internationalen Privatrechts. Zum einen gilt es, einen neuartigen Ansatz in das bestehende System zu integrieren, zum anderen, "herkömmliche" Beschränkungen der Parteiautonomie neu zu interpretieren.

---

5 Vgl. *Schurig*, RabelsZ 54 (1990), 217 (220).

6 Gesetz zur Neuregelung des Internationalen Privatrechts vom 25.07.1986, BGBl. I, 1142.

7 ABl.EG 1980 L 266/1; in Kraft seit dem 1. April 1991, ABl.EG 1991 C 52/1.

8 Wegen dieses Zusammenhanges werden Stimmen, die sich auf das EVÜ beziehen, bei der Untersuchung der Art. 27 ff. EGBGB ohne besondere Kennzeichnung zitiert.

9 Vgl. die Nachweise bei *Taupitz*, BB 1990, 642 Fn. 2; ferner ohne Anspruch auf Vollständigkeit BGH NJW 1991, 36 = IPRax 1991, 329; BGH NJW, 1991, 1054 = WM 1991, 380 = WRP 1991, 294; OLG Celle, EuZW 1990, 550 = IPRax 1991, 334; OLG München, NJW-RR 1991, 122; OLG Stuttgart, NJW-RR 1990, 1081 = IPRax 1991, 332; LG Aachen, NJW 1991, 2221 = NJW-RR 1991, 885; LG Bamberg, NJW-RR 1990, 694; LG Düsseldorf, NJW 1991, 2220; LG Hamburg, NJW-RR 1990, 495 = IPRax 1990, 239; LG Hamburg, NJW-RR 1990, 695; LG Limburg/Lahn, NJW 1990, 2206 = NJW-RR 1990, 1396 = JuS 1991, 247 Nr. 7 (*Hohloch*); LG Stuttgart, NJW-RR 1990, 1394; LG Würzburg, NJW-RR 1988, 1324; AG Bremerhaven, EuZW 1990, 294 = NJW-RR 1990, 1083; AG Lichtenfels, IPRax 1990, 235.

10 Näher dazu unten S. 114 ff.

Der erstgenannte Gesichtspunkt betrifft die Vorschrift des Art. 29 I EGBGB. Sie soll dem Verbraucher den Schutz der zwingenden Normen seines gewöhnlichen Aufenthaltsortes unter bestimmten Umständen als "Minimalstandard" erhalten, ohne die Rechtswahl vollständig für ungültig zu erklären. So einfach dies klingt, so schwer erweist sich die praktische Durchführung dieser Idee (unten Teil 1).

Diese Spezialvorschrift konkurriert - und das ist der zweite Aspekt - mit anderen Einschränkungen der Rechtswahlfreiheit zugunsten einer besonderen Behandlung unabdingbarer Vorschriften. Zu nennen ist zunächst Art. 27 III EGBGB, nach dem die Rechtswahl in einem Vertrag, der mit nur einem Staat verbunden ist, dessen zwingende Bestimmungen nicht berühren kann (unten Teil 2). Es stellt sich hier nicht nur die Frage, unter welchen Umständen ein Verbrauchervertrag ein reiner Inlandsvertrag im Sinne dieser Vorschrift ist. Ungeklärt ist auch, ob Art. 29 I EGBGB oder Art. 27 III EGBGB vorrangig anzuwenden ist in Fällen, in denen dem Wortlaut nach beide einschlägig sind. Das wiederum liegt mit daran, daß trotz des scheinbar eindeutigen Wortlauts noch ungewiß ist, welche Rechtsfolge die letztere Vorschrift eigentlich auslösen will; dieser Frage ist daher besonderer Augenmerk zu widmen.

An die Grundfeste des modernen IPR-Verständnisses rührt schließlich das Thema "Verbraucherschutz und Art. 34 EGBGB" (unten Teil 3). Die Frage, ob Konsumentenschutzbestimmungen "Eingriffsnormen" im Sinne dieser Vorschrift sein können, die von einer Rechtswahl nicht berührt werden, und wenn ja, wie sich dies zur besonderen Regelung des Art. 29 I EGBGB verhält, ist nicht zu beantworten, ohne daß man sich Rechenschaft darüber ablegt, worin der eigentümliche Charakter des "Eingriffsrechts" sowie die Unterschiede in seiner Behandlung zum "traditionellen" IPR liegen. Dies wird heute zumeist vernachläßigt. Es besteht zunehmend die Tendenz, das Kapitel "Sonderanknüpfung eigener Eingriffsnormen der *lex fori*" als abgeschlossen und geklärt zu betrachten und sich den vermeintlich spannenderen Gefilden der "Sonderanknüpfung fremden Eingriffsrechts" zuzuwenden; sehr zu Unrecht, wie die Schwierigkeiten bei der Bestimmung des Zusammenspiels von Art. 29 I und 34 EGBGB nachdrücklich zeigen. Das herkömmliche Verständnis von Art. 34 EGBGB stößt hier sehr schnell an seine Grenzen.

Es bleibt zu hoffen, daß diese Arbeit einen Beitrag dazu leisten kann, der von *Martiny* beklagten "Rechtsunsicherheit und Verwirrung"[11] auf dem Gebiet des internationalen Verbraucherschutzes entgegenzuwirken.

---

11 Reithmann-Martiny(-*Martiny*), Rdn. 434 (zu Art. 29 I EGBGB).

Erster Teil

Art. 29 I EGBGB

A. Grundgedanke

Art. 29 I EGBGB ist trotz einiger leichter redaktioneller Änderungen inhaltlich identisch mit Art. 5 I, II EVÜ. Der Verbrauchervertrag fand als eigenständige Figur relativ spät Eingang in die Beratungen zu diesem Übereinkommen; noch im Vorentwurf von 1972[1] wurde er mit keiner Silbe erwähnt. Erst im Dezember 1974 drängte die neu hinzugekommene dänische Delegation auf eine dem Konsumentenschutz gewidmete Sondervorschrift[2]. Hier machte sich offensichtlich der Einfluß des Dänen *Ole Lando* geltend, der - zunächst als einsamer Rufer in der Wüste - eine Unterscheidung zwischen "commercial" und "consumer contracts" gefordert hatte[3], wenn sich auch die endgültige Fassung des Art. 5 EVÜ erheblich von seinen damaligen Auffassungen unterscheidet.

Der Grundgedanke der Vorschrift ist einfach, mag er auch in kompliziert erscheinenden Bestimmungen seinen Niederschlag gefunden haben. Die Vorherrschaft des Parteiwillens im internationalen Vertragsrecht findet ihre Rechtfertigung wie auch die materiellrechtliche Privatautonomie in der Chance, auf diese Weise das Leistungsverhältnis gemäß den individuellen Bedürfnissen der Vertragspartner und damit besser als durch eine notwendigerweise grob typisierende generelle Norm regeln zu können, also der Vertragsgerechtigkeit zu dienen[4].

Es lehrt aber die Erfahrung, daß diese Chance sich bei ungleichen Machtlagen zwischen den Vertragspartnern leicht in ihr Gegenteil verkehrt und der Stärkere die Freiheit der Vertragsgestaltung zum Anlaß nimmt, seine Interessen

---

1 Abgedruckt in RabelsZ 38 (1974), 211 ff.

2 Dok. XI/735/74-D, 6.

3 *Lando*, Mélanges Malmström, 141 (151 ff.); s. aber auch schon *Ehrenzweig*, Colum.L.Rev. 53 (1953), 1072 (1090), der ein Rechtswahlverbot für "adhesion contracts" forderte und damit im wesentlichen (vorformulierte) Verbraucher- und Arbeitsverträge meinte.

4 Vgl. *v.Hoffmann*, RabelsZ 38 (1974), 396 (398).

auf Kosten des anderen durchzusetzen. Der schwächste Marktteilnehmer ist dabei sicher der Verbraucher, wobei die Ursachen dafür vielfältiger Natur sind: Wettbewerbsverzerrungen aufgrund von oligopolistischen Anbieterstrukturen, Informationsdefizite wegen fehlender Markttransparenz, mangelnde Organisierbarkeit der "atomistisch" handelnden, rechtlich unerfahrenen Verbraucher gegenüber einer Verbandsüberlegenheit der Anbieter[5], kurz: intellektuelle und geschäftliche Unterlegenheit gegenüber dem berufs- oder gewerbsmäßig tätigen "Profi"[6]. Deshalb ergreift der Staat auf der Ebene des materiellen (internen) Rechts immer häufiger Maßnahmen zum Ausgleich dieses Machtgefälles[7], insbesondere durch den Erlaß von zwingenden Normen wie zuletzt die des HausTWG und des VerbrKrG, Regeln also, die der Privatautonomie entzogen werden.

Dieser Schutz im internen Recht bedarf dabei der Ergänzung im internationalprivatrechtlichen Bereich. Es muß der Gefahr vorgebeugt werden, daß der Stärkere die materiellrechtlichen Einschränkungen der Vertragsfreiheit unter Ausnutzung der kollisionsrechtlichen Parteiautonomie umgeht und die Wahl einer Rechtsordnung durchsetzt, die ihm geringere Bindungen zum Schutz des Schwächeren auferlegt. Hinzu kommt unabhängig von der konkreten inhaltlichen Ausgestaltung der gewählten Rechtsordnung die "Last des fremden Rechts": Der rechtsunkundige Verbraucher sieht sich mit fast unüberwindbaren Hürden konfrontiert, will er fachlichen Rat über ausländisches Recht einholen. In den klassisch gewordenen Worten von *Neuhaus*: "Die Parteiautonomie verliert ihren Sinn - ebenso wie die materiellrechtliche Vertragsfreiheit - wenn sie zur Herrschaft des Stärkeren über den Schwachen wird"[8]. Das ist im Grundsatz seit längerem unbestritten. Eine lebhafte Diskussion entwickelte sich deshalb in den siebziger bis Mitte der achtziger Jahre vor allem darüber, welche Mittel *de lege ferenda* gegen den Mißbrauch der Rechtswahlfreiheit eingesetzt werden sollten[9]. Die Kontroverse kam mit der differenzierenden Lösung des Art. 29 I EGBGB zumindest in Deutschland zu einem Abschluß.

---

5 Näher *Geißler*, JuS 1991, 617 (622).

6 Umfassend dazu z.B. *Dauner-Lieb*, Verbraucherschutz, 63 ff., *v.Hippel*, Verbraucherschutzrecht, 3 ff. m.w.N.; *Reich*, Markt und Recht, 181 ff.; *K.Simitis*, Verbraucherschutz, Schlagwort oder Rechtsprinzip?, 83 ff., 96 ff.

7 Neuester Überblick zum Stand der Verbraucherrechtsentwicklung bei *Hart/Köck*, ZRP 1991, 61.

8 *Neuhaus*, IPR, 257.

9 S. *Lando*, Mélanges Malmström (1972), 141 ff.; *ders.*, RabelsZ 38 (1974), 6 (15 ff.); *v.Hoffmann*, RabelsZ 38 (1974), 396 ff.; *Uebersax*, Der Schutz der schwächeren Partei im internationalen Vertragsrecht (1976); *Kropholler*, RabelsZ 42 (1978), 634 ff.; *Imhoff-Scheier*, Protection du consommateur et contrats internationaux (1981); *Kroeger*, Der Schutz der "marktschwächeren" Partei im Internationalen Vertragsrecht (1984).

Art. 29 I EGBGB behält dem Verbraucher vor, sich trotz einer Rechtswahl auf die zwingenden Normen des an seinem gewöhnlichen Aufenthaltsort geltenden Rechts zu berufen. Das gilt allerdings nicht ausnahmslos. Denn eine Rechtswahlklausel kann nur dann als eine zu mißbilligende "Umgehung" des durch das unabdingbare Recht eines bestimmten Landes gewährten Schutzes angesehen werden, wenn dieses Recht ohne die Rechtswahl für die Regelung des Vertrages "zuständig" wäre. Der Verbraucher, der auf eigene Initiative aus Deutschland in die Vereinigten Staaten reist und von einem dort ansässigen Händler einen Gebrauchtwagen erwirbt, kann von Rechts wegen nicht erwarten, daß der Verkäufer für etwaige Mängel nach deutschen Vorschriften haftet.

Erforderlich ist deshalb eine enge Beziehung des Vertrages zum Aufenthaltsland des Verbrauchers. Das Geschäft muß aufgrund von objektiv nachvollziehbaren Umständen *einem Inlandsgeschäft gleichkommen*. Das ist, generell gesprochen, dann der Fall, wenn es trotz gewisser Berührungspunkte mit mehreren Staaten dem Binnenmarkt eines dieser Länder zuzurechnen ist. Dann hat zum einen der "Marktstaat" ein legitimes Interesse daran, Verantwortung für den Inhalt der auf seinem Markt geschlossenen Geschäfte zu übernehmen und einen aus seiner Sicht angemessenen Interessenausgleich zu gewährleisten[10], und steht zum anderen das Vertrauen des Verbrauchers, nach eben diesen Regeln behandelt zu werden, auf einem soliden Fundament. Um diese *marktorientierte Anknüpfung* zu präzisieren, bedient sich Art. 29 I EGBGB einer Kombination von vertriebs- und nachfragebezogenen Kriterien[11]. Der Unternehmer muß gezielt einen Absatz seiner Produkte oder Dienstleistungen auf dem Heimatmarkt des Verbrauchers betrieben haben durch entsprechende gebietsbezogene Marketing- und Akquisitionsstrategien (Nr. 1, 3), oder indem er Vertreter zu individuellen Geschäftsabschlüssen in dieses Land sendet (Nr. 2). Zusätzlich muß die "Nachfragehandlung" des Verbrauchers in dem so bezeichneten sozio-ökonomischen Umfeld lokalisierbar sein. Für die Nr. 1 und 2 ist dies offensichtlich, weil hier der Ort der Abgabe der Willenserklärung als marktzuordnendes Kriterium verwandt wird. Der Gedanke liegt aber auch der oft mißverstandenen Nr. 3 zugrunde. Diese soll grenzüberschreitende "Kaffeefahrten" erfassen[12], also von der Verkäuferseite für eine Gruppe von Verbrauchern organisierte Busfahrten, die neben der Besichtigung von Sehenswürdigkeiten auch eine Verkaufsveranstaltung einschließen. Hier wird bei einem etwaigen Vertragsabschluß die Willenserklärung des Kunden zwar im Ausland

---

10 Vgl. *Stoll*, FS Kegel 1987, 624 (631).

11 Dazu ausführlich und über Art. 29 I EGBGB hinausgehend *Roth*, Internationales Versicherungsvertragsrecht, 405 ff.

12 S. Bericht *Giuliano/Lagarde*, BRat-Drucks. 224/83, 56.

abgegeben. Als Marktgegenseite des Unternehmers und potentieller Abnehmer ist er aber bereits zuvor im Land seines gewöhnlichen Aufenthaltes angesprochen worden. Die Teilnahme an der organisierten Werbefahrt als *vorbereitende* Nachfragehandlung findet ihren Ausgangspunkt somit auf dem Heimatmarkt des Konsumenten. Hinzu kommt die aus dem Deliktsrecht bekannte "Käseglocke"[13]. Die Verkaufsveranstaltung richtet sich ausschließlich an die gemeinsam als Mitglieder einer geschlossenen Personengruppe aus dem Inland angereisten Konsumenten, findet in ihrer Sprache statt und zielt nur auf ihre (vermeintlichen oder erst zu weckenden) Bedürfnisse ab. Dies alles hat mit dem Marktgeschehen des Gastlandes nichts zu tun, da lokale Anbieter ebensowenig wie ortsansässige Verbraucher betroffen sind. Vielmehr ist zwar der geographische Bezug zum Heimatmarkt der Reisenden aufgelockert; an der "soziologischen Einbettung"[14] in diesen Markt besteht gleichwohl kein Zweifel.

Die marktbezogene Anknüpfung des Art. 29 I EGBGB führt in der Mehrzahl der Fälle nach Abwägung der Interessen beider Parteien zu einem ausgewogenen Ergebnis und einer angemessenen kollisionsrechtlichen Risikoallokation[15]. In Randbereichen mag sich dieses Bild ein wenig trüben. So ist es z.B. wenig einleuchtend, wenn der Verbraucher, der ein Geschäft tätigt, das nach obigen Kriterien eindeutig dem Binnenmarkt eines *anderen* als seinem eigenen Land zuzurechnen ist, völlig ohne Schutz bleibt. Ein Konsument mit gewöhnlichem Aufenthalt in Deutschland schließt in Frankreich einen dort zu erfüllenden Vertrag mit einer französischen Firma. Soll er hier wirklich anders als ein französischer Konsument in der gleichen Situation der "Wahl" eines x-beliebigen Drittrechts in den vorformulierten Vertragsbedingungen des Unternehmers ausgeliefert sein? Der Grundgedanke des Art. 29 I EGBGB hätte es nahegelegt, dem deutschen Verbraucher hier die Schutzrechte des französischen Marktes vorzubehalten. Doch wird eine Rechtswahl in einem solchen Fall ohnehin selten vorkommen, so daß im übrigen Einigkeit darüber bestehen sollte, daß im Ganzen gesehen die Regelung einen begrüßenswerten Fortschritt gegenüber der vorherigen Rechtslage mit sich bringt[16]. Ob diese Bewertung auch für die *Regelungstechnik* des Art. 29 I EGBGB berechtigt ist, soll im folgenden untersucht werden.

---

13 *Ferid*, IPR, Rdn. 6-165; vgl. auch *Binder*, RabelsZ 20 (1955), 401 (480 ff.); *Beitzke*, Rec. des cours 115 (1965-II), 63 (107).

14 *Binder*, RabelsZ 20 (1955), 401 (480).

15 *Ebke*, in: Chr.v.Bar (Hrsg.), Europäisches Gemeinschaftsrecht und Internationales Privatrecht, 77 (101).

16 So hat denn Art. 5 EVÜ auch bei Stimmen aus dem anglo-amerikanischen Raum, die ansonsten dem EVÜ sehr kritisch gegenüberstehen, freundlichere Aufnahme gefunden, vgl. z.B. *Juenger*, in: North (Hrsg.), Contract Conflicts, 295 (307).

B. Regelungstechnik

I. Dogmatische Einordnung

Nach dem Wortlaut des Art. 29 I EGBGB darf eine Rechtswahl nicht dazu führen, daß dem Verbraucher der Schutz der zwingenden Bestimmungen seines Umweltrechts entzogen wird. Liest man dies unbefangen, so fällt es zunächst schwer zu verstehen, warum so viele Autoren meinen, die Norm sei Ausdruck des "Günstigkeitsprinzips" und erfordere daher einen "Günstigkeitsvergleich" zwischen den in Frage stehenden Rechten[1] - ist es nicht einfach so, daß sich zum gewählten Recht insgesamt die Schutznormen des Aufenthaltsrechts des Vebrauchers hinzugesellen, und zwar durch simple Addition? Denn wenn dem Konsumenten der heimatliche Schutz nur "nicht entzogen" werden darf, dann soll er sich offensichtlich doch auch auf das gewählte Recht berufen können, soweit es ihm zum Vorteil gereicht[2]. In einem deutsch-schwedischen Fall könnten also das schwedische Konsumentendienstleistungsgesetz[3] und das deutsche HausTWG nebeneinander angewandt werden - warum sollte man da gezwungen sein, sie zu vergleichen?

Keinen Anlaß dazu sahen in der Tat die Verfasser des im Hinblick auf die Regelungstechnik identischen Art. 6 I des Entwurfs eines Haager Übereinkommens über das auf bestimmte Verbraucherkaufverträge anzuwendende Recht von Oktober 1980[4]. *V.Mehren* drückt dies in seinem Rapport so aus:

> "[T]he mandatory protection provisions of the stipulated law and of the law of the consumer's habitual residence are cumulated. In this way, the consumer is ensured maximum protection *without the need to compare the kinds and degrees of protection afforded*"[5].

---

1 Für alle hier nur MüKo-*Martiny*, Art. 29 EGBGB Rdn. 2, 28.

2 A.A. eher beiläufig und ohne Begründung *Kegel*, IPR, 433, der der Rechtswahl im Falle des Art. 29 I EGBGB nur die Kraft einer materiellrechtlichen Verweisung zugestehen will. Näher zur materiellrechtlichen Verweisung und ihrer Unterscheidung in Voraussetzung und Wirkung von der kollisionsrechtlichen Rechtswahl unten S. 77 ff.

3 Konsumenttjänstlag (1985:716).

4 Abgedr. in RabelsZ 46 (1982), 794-799 (engl./frz.). Art. 6 I lautet: "The internal law chosen by the parties shall govern a contract to which the Convention applies. However, a choice of law made by the parties shall in no case deprive the consumer of the protection afforded by the mandatory rules of the internal law of the country in which he had his habitual residence at the time the order was given" (796).

5 *V.Mehren*, Report, 194 (Hervorhebung hinzugefügt).

Damit allerdings unterlag *v.Mehren* einem Trugschluß. Zwar kann man Anknüpfungen häufen und wie hier auf das gewählte Recht und das Heimatrecht des Verbrauchers zugleich *verweisen*. Zugleich *anwenden* kann man zwei Rechtsordnungen (oder Teile davon) aber nur, wenn sie inhaltlich voll übereinstimmen oder sich zumindest nicht widersprechen[6]. In diesen Fällen ist eine Kumulation der Anknüpfungen allerdings nutzlos, da sie nur dasselbe erreicht, was auch durch eine Einfachanknüpfung an eines der beiden Rechte erreicht worden wäre. Ergeben sich Differenzen, so muß man sich für die eine oder andere Regelung entscheiden. Und Differenzen bestehen fast immer. Es sind ja keine ausdrücklichen konträren Lösungen eines Problems erforderlich, sondern es reicht aus, wenn das eine Recht eine Frage in der Zielrichtung gleich, in technischen Detailfragen aber anders regelt als das andere oder sogar nur schweigt zu einem Problem, das im anderen Recht ausdrücklich angesprochen ist: Im Schweigen liegt zumeist auch eine (negative) Regelung. Wenn, um beim obigen Beispiel zu bleiben, Schweden bei Haustürgeschäften über Dienstleistungen z.Zt. noch kein dem deutschen § 1 HausTWG entsprechendes Widerrufsrecht kennt[7], so liegt darin zugleich die Regelung, daß auch für diese Geschäfte der allgemeine Grundsatz des *pacta sunt servanda* gilt, nach dem der Verbraucher an dem wirksam geschlossenen Vertrag festgehalten wird und seine Einverständniserklärung nicht einseitig rückgängig machen kann. Ein Urteil kann nun nur auf eine dieser beiden Lösungen gestützt werden, man muß sich also zwischen beiden entscheiden. Dafür bedarf es eines Entscheidungskriteriums, das das Kollisionsrecht selbst nicht mehr liefern kann, weil dieses "nur" bis zur Verweisung auf das anwendbare Recht (und hier eben auf zwei Rechte) führt. Das Kriterium ist deshalb im materiellen Recht zu suchen und liegt entsprechend der Intention des Art. 29 I EGBGB im (materiell-rechtlichen) Schutz des Verbrauchers. Welches Recht diesen besser gewährt, kann nur durch einen Vergleich eben anhand dieses Maßstabes festgestellt werden, kurz also mit einem "Günstigkeitsvergleich".

V.Mehren ist allerdings zuzugeben, daß es zahlreiche Fälle gibt, in denen der Vergleich so eindeutig ausfällt, daß der Vorgang als solcher gar nicht ins Bewußtsein dringt. Wird im Prozeß um ein Widerrufsrecht gestritten, das nur von einem der beiden beteiligten Rechte gewährt wird, so wendet man insoweit "einfach" dieses Recht an, ohne sich klar zu machen, daß damit zugleich die entgegengesetzte Regelung des anderen Rechts gewogen und für zu leicht befunden wird.

---

6 *Schurig*, Kollisionsnorm und Sachrecht, 205.

7 Das oben Fn. 3 erwähnte Konsumenttjänstlag enthält keine Sonderbestimmungen für Dienstleistungsverträge an der Haustür, und das Heimverkaufsgesetz (Hemförsäljningslag, 1981:1361), das dem Kunden ein Widerrufsrecht gewährt, ist - wie sein Name verrät - nur auf Kaufverträge anwendbar.

Dieser Vergleich markiert den entscheidenden Unterschied zu den "gewöhnlichen" singulären Anknüpfungen des Internationalen Privatrechts: Dort wird das anzuwendende Recht aufgrund einer *abstrakt-generellen* Bewertung der kollisionsrechtlichen Interessen bestimmt, die typischerweise mit einem bestimmten sachlichen Regelungsgehalt einer materiell-rechtlichen Normengruppe verbunden sind, ohne Rücksicht auf die konkrete Folge im zu entscheidenden Einzelfall. Hier aber führt diese abstrakte Evaluierung nicht zu einem, sondern nur zu einer Begrenzung der Auswahl auf zwei Rechte. Welches dann hinsichtlich des in Frage stehenden Rechtsproblems tatsächlich angewandt wird, entscheidet erst in einem zweiten Schritt eine *konkrete* Überprüfung der jeweiligen materiellen Ergebnisse.

Eine solche "Anknüpfungshäufung mit materiell-rechtlichem Stichentscheid"[8] wird dann, wenn es wie hier zugunsten des Verbrauchers genügt, daß nur wahlweise eines von beiden Rechten eine ihm günstige Rechtsfolge kennt, sich also das in dieser Hinsicht "stärkere" Recht durchsetzt, häufig als "Alternativanknüpfung" bezeichnet und einer anderen Form der Mehrfachanknüpfung, der sogenannten "kumulativen" Anknüpfung gegenübergestellt[9]. Diese soll sich im Gegensatz zur ersteren Form dadurch auszeichnen, daß nur diejenige Rechtsfolge eintritt, die im Einzelfall nach *allen* beteiligten Rechtsordnungen begründet ist[10], somit das "schwächere" Recht obsiegt[11]. Beispiele aus dem deutschen Recht sind für die erste Fallgruppe die Anknüpfung sowohl an den Handlungs- als auch an den Erfolgsort zugunsten des Geschädigten im internationalen Deliktsrecht[12], für die zweite Art. 23 EGBGB, nach dem bei Statusänderungen die erforderliche Zustimmung des Kindes und seiner Angehörigen zusätzlich zum im übrigen den Vorgang regelnden Recht nach Maßgabe seines Heimatrechts (an dessen Stelle u.U. das deutsche Recht tritt) zu prüfen ist.

Dieser Sprachgebrauch ist jedoch nicht unproblematisch. Zum einen ist die *Anknüpfung* selbst in beiden Fällen "gehäuft", also kumulativ; immer verweist die Kollisionsnorm durch die Verwendung zweier oder mehrerer Anknüpfungsmomente (im Fall des Art. 29 EGBGB die Rechtswahl und der gewöhnliche Aufenthaltsort des Verbrauchers) auf zwei oder mehr Rechte, statt wie

---

8 So die prägnante Formulierung von *Schurig*, Kollisionsnorm und Sachrecht, 206; *Bucher* spricht in seinem gleichnamigen Aufsatz (in: FS Schnitzer, 36) von "règles de rattachement à caractère substantiel".

9 S. zu diesem Begriffspaar nur *Baum*, Alternativanknüpfungen, 50 ff., 77 ff.; *Keller/Siehr*, IPR, 278 ff.

10 *Neuhaus*, IPR, 156.

11 *Keller/Siehr*, IPR, 278.

12 S. dazu *Hohloch*, Das Deliktsstatut, 104 ff.

gewöhnlich nur ein Recht zu berufen. Die *Rechtsanwendung* aber setzt, wie oben gesagt, immer eine Entscheidung zwischen den jeweils einschlägigen Normen der berufenen Rechtsordnungen voraus[13], ist also alternativ, auch in Fällen der sogenannten kumulativen Anknüpfung. Die Feststellung, daß ein Kind mangels der nach seinem Heimatrecht erforderlichen Zustimmung nicht wirksam adoptiert wurde, auch wenn die Erfordernisse des Adoptionsstatuts erfüllt sind, beruht eben auf der Anwendung des Heimatrechts, das insoweit die andere berufene Rechtsordnung von der Entscheidung ausschließt[14]. Hier setzt sich ebenso eine Alternative gegen die andere durch, wie wenn im internationalen Deliktsrecht ein Schadensersatzanspruch dem günstigeren der beiden berufenen Rechte entnommen wird.

Zum anderen ist auch die Unterscheidung danach, ob die Mehrfachanknüpfung ein bestimmtes Ergebnis begünstigt (dann Alternativanknüpfung) oder erschwert (dann kumulative Anknüpfung), wenig aussagekräftig und für eine methodische Unterscheidung völlig unbrauchbar. Denn wenn eine Rechtsfolge A bevorzugt wird, wird zugleich ihr Gegenteil (Non-A) zurückgesetzt und umgekehrt. Gibt man dem Verbraucher die Möglichkeit, sich (alternativ) auf ihm günstige Regelungen sowohl des gewählten als auch seines heimatlichen Rechts zu berufen, dann kann sein Vertragspartner seinerseits nur eine Rechtsposition durchsetzen, die ihm (kumulativ) beide Rechte zugestehen. Seine Stellung wird also verschlechtert. Die (kumulative) Anknüpfung der Zustimmungserfordernisse nach Art. 23 EGBGB an das Adoptionsstatut und das Heimatrecht des Kindes erschwert eine wirksame Adoption. Dies liegt aber daran, daß Fehler bei der Einwilligung immer bereits dann durchschlagen, wenn (alternativ) eines der beteiligten Rechte sie als schädlich ansieht, womit das Interesse des Kindes an der Vermeidung einer ungewollten Statusänderung begünstigt wird.

Kumulation und Alternativität sind somit zwei Seiten einer Medaille; ob eine Anknüpfungshäufung in die eine oder die andere Kategorie fällt, hängt allein von der (austauschbaren) Formulierung des Gesetzgebers bzw. dem Standpunkt des Beobachters ab[15]. So könnte man problemlos Art. 29 I EGBGB einen ku-

---

13 Außer bei völliger Identität der vorgesehenen Rechtsfolgen, s.o. S. 27.

14 Dies verkennt *Baum*, Alternativanknüpfungen, 77 f., der im Anschluß an *Lüderitz*, Kumulation und der Grundsatz des schwächeren Rechts im internationalen Privatrecht, 7, den wesentlichen Unterschied zwischen alternativer und kumulativer Anknüpfung darin erkennen will, daß bei letzterer "der ganze Sachverhalt verschiedenen Rechten unterstellt wird, die zugleich zur Entscheidung berufen sind." Wie soll eine Entscheidung "zugleich" von zwei Rechten getroffen werden, wenn das eine die Rechtsfolge A, das andere die Rechtsfolge B vorsieht?

15 So bereits *Kisch*, FS Gutzwiller, 383; *Schurig*, Kollisionsnorm und Sachrecht, 206; *ders.*, JZ 1987, 871.

mulativen Anstrich verleihen, indem man den Augenmerk vom Verbraucher auf dessen Vertragspartner lenkt und die Norm dahingehend umformuliert, daß dieser nur eine Rechtsposition durchsetzen kann, die ihm beide Rechte gewähren.

Baum meint hingegen, eine Gleichstellung der beiden Formen der Mehrfachanknüpfung sei nicht gerechtfertigt, weil die Kumulation sachrechtliche Ordnungsvorstellungen nur "indirekt", die Alternativanknüpfung aber "direkt" zur Geltung bringe[16]. Er begründet diese Behauptung nicht, und sie ist auch nicht begründbar, wenn, wie dargelegt, die Einordnung nur eine bloße Formulierungs- und Akzentuierungsfrage ist.

Mit dieser Klarstellung, daß die Bezeichnung als Alternativanknüpfung keine Frontstellung gegenüber einer anderen, davon abzugrenzenden Figur der Anknüpfungshäufung beinhaltet, soll der eingebürgerte Begriff auch hier zur Kennzeichnung des Art. 29 I EGBGB verwandt werden. Denn darin liegt immerhin die Erkenntnis, daß jedenfalls seine Regelungstechnik nicht die Behauptung stützt, hier würde eine "American idea" übernommen[17] und einem neuartigen Ansatz zur "Materialisierung des europäischen IPR"[18] in Abkehr von traditionellen Vorstellungen gefolgt. Im Gegenteil: Art. 29 I EGBGB hat, was die Methodik angeht, in Art. 11 I EGBGB, dem aus dem Haager Testamentsform-Abkommen von 1961[19] hervorgegangenen Art. 26 I EGBGB oder eben im internationalen Deliktsrecht durchaus ehrwürdige "europäische" Vorfahren.

Allerdings erstaunt, daß es in der bisherigen Literatur in aller Regel vermieden wird, Art. 29 I EGBGB in diese Reihe zu stellen; nur vereinzelt wird die Norm als Fall der alternativen Rechtsanwendung gekennzeichnet[20]. Häufig wird allein das Günstigkeitsprinzip herausgestellt und mit Begriffen wie "Schutzkumulation" und "Garantie des heimatlichen Mindeststandard"[21] umschrieben, ohne dessen notwendige Voraussetzung, nämlich die gleichzeitige Berufung mehrerer Rechte, darzulegen. Bisweilen wird sogar eine Charakteri-

---

16 *Baum*, Alternativanknüpfungen, 79 f.

17 So *Juenger*, in: North (Hrsg.), Contract Conflicts, 294 (302); ähnlich *ders.*, RabelsZ 46 (1982), 57 (83): Annäherung an "current American approaches".

18 *Juenger*, RabelsZ 46 (1982), 57 (82).

19 BGBl. 1965 II, 1145

20 So von *Schurig*, RabelsZ 54 (1990), 217 (224); *Schwarz*, Schutzkollisionen, 227; ebenso *v.Hoffmann*, IPRax 1989, 261 (263), der jedoch im gleichen Atemzug von einer "klassischen Sonderanknüpfung" spricht (a.a.O.)!

21 S. z.B. *Gaudemet-Tallon*, Rev.trim.dr.europ. 17 (1981), 216 (255); *Junker*, IPRax 1989, 69 (71) zu Art. 30 I EGBGB; *Kren*, ZvglRWiss 88 (1989), 48 (59); *Kronke*, DB 1984, 404 (405) zu Art. 30 EGBGB; *Morse*, Yb.Europ.L. 2 (1982), 107 (136).

sierung als Alternativanknüpfung ausdrücklich abgelehnt[22], wenn auch ohne jede Begründung. Stattdessen ziehen viele den diffusen Begriff der "Sonderanknüpfung" vor und rücken damit Art. 29 I EGBGB, gewollt oder ungewollt, in die Nähe der Lehre von den Eingriffsnormen[23]. Es steht zu vermuten, daß hierfür die Beschränkung der Alternativanknüpfung auf eine bestimmte Normengruppe eine gewisse Rolle spielt. Ausschließlich zwingende Vorschriften - und nach h.M. zudem nur solche speziell zum Schutz des Verbrauchers[24] - werden einer besonderen Behandlung unterzogen, während dispositive Bestimmungen stets dem gewählten Recht zu entnehmen sind. Zum Thema "Sonderanknüpfung" soll im Zusammenhang mit Art. 34 EGBGB eingehender Stellung genommen werden[25]. Doch bereits hier sei darauf hingewiesen, daß sich (zu Recht) niemand daran gehindert sieht, Art. 23 EGBGB als Fall der kumulativen Anknüpfung zu begreifen, obwohl auch dort "nur" spezielle Vorschriften gehäuft berufen werden, nämlich solche, die Fragen der Zustimmung betreffen. Von einer "Sonderanknüpfung der Zustimmungsnormen" ist in diesem Zusammenhang dennoch nicht die Rede.

Auch muß denjenigen widersprochen werden, die Art. 29 EGBGB als einen speziellen ordre-public-Vorbehalt ansehen[26]. Die Figur des ordre-public dient dazu, grundlegende materielle Gerechtigkeitsvorstellungen der *lex fori*, im Rahmen des EGBGB also immer der deutschen Rechtsordnung, regelwidrig gegen das berufene fremde Recht durchzusetzen. Art. 29 I EGBGB meint aber nicht nur deutsche zwingenden Normen, sondern schützt als allseitige Anknüpfung ggf. auch einen ausländischen Konsumenten trotz der Wahl eines anderen Rechts - möglicherweise sogar des deutschen - in seinem Vertrauen auf die zwingenden Normen seines gewöhnlichen Aufenthaltsortes. Die Bezeichnung als spezielle Vorbehaltsklausel verdienen demgegenüber nur solche Vorschriften, die als "Exklusivnormen" den Anwendungsbereich allein des deutschen Rechts ausdehnen, so z.B. Art. 13 II, III, 17 II, 18 II EGBGB[27]. Die falsche Einstufung des Art. 29 EGBGB in dieser Hinsicht mag bei dessen Anwendung noch ohne Folgen bleiben. Sie kann jedoch die Tendenz bestärken, bei Ver-

---

22 So *Baum*, Alternativanknüpfungen, 170; *Schlunck*, Grenzen der Parteiautonomie, 161; *Philip*, in: North (Hrsg.), Contract Conflicts, 81 (99).

23 Z.B. Palandt-*Heldrich*, Art. 29 EGBGB Rdn. 5; *Taupitz*, BB 1990, 643 (648); Ulmer-Brandner-Hensen(-*Ulmer*), Anh. § 2 Rdn. 2a; zu Art. 30 EGBGB: *Behr*, IPRax 1989, 319 (320); *Birk*, RdA 1989, 201 (205); *Hohloch*, RIW 1987, 353 (354).

24 Dazu näher unten S. 43 ff.

25 S. unten S. 131 ff.

26 *Ferid*, IPR, Rdn. 6-28, 3-29,11; zustimmend Reithmann-Martiny(-*Martiny*) Rdn. 450.

27 Vgl. *Kegel*, IPR, 336.

braucherverträgen außerhalb des Art. 29 EGBGB ein für unerwünscht erachtetes Ergebnis über die Brechstange des *allgemeinen* ordre-public-Vorbehalts, Art. 6 EGBGB, auszuhebeln[28].

II. Durchführung des Günstigkeitsvergleichs

1. Konkreter oder abstrakter Vergleich?

Wenn hier auch betont wird, daß es sich bei der Regelungstechnik des Art. 29 I EGBGB um eine "gewöhnliche" Alternativanknüpfung handelt, so soll doch nicht verkannt werden, daß man sich bei der praktischen Anwendung der Norm mit Problemen konfrontiert sieht, die sich so bei den klassischen Alternativanknüpfungen nicht gestellt haben.

Dies liegt zum einen daran, daß nach Maßgabe des Art. 32 I EGBGB die *gesamten vertraglichen Rechtsbeziehungen* zwischen den Parteien unter dem Blickwinkel des Günstigkeitsvergleichs gewürdigt werden müssen, also sowohl Zahlungs- als auch Lieferungsansprüche, Gewährleistungs- und Zurückbehaltungsrechte, Schadensersatzforderungen und Nebenpflichtverletzungen, Widerruf und Rücktritt etc. Zum anderen ist, der Breite dieses Feldes angemessen, auch das Kriterium für den Günstigkeitsvergleich, die "Ergebnisvorgabe"[29], mit dem "Schutz des Verbrauchers" ausgesprochen vage gehalten. Damit ist die Durchführung des Vergleichs naturgemäß weit schwieriger als beispielsweise bei Art. 11 I EGBGB, wo die konkrete Frage nach der Formgültigkeit eines Geschäfts anhand eines ebenso konkreten Kriteriums (welches Recht stellt die geringsten Anforderungen) gelöst wird; und auch im internationalen Deliktsrecht geht es im Regelfall "nur" um eine Art von Ansprüchen, nämlich Schadensersatzforderungen. Im Rahmen von Art. 29 I EGBGB hingegen ist die entscheidende Frage, wann das gewählte Recht weniger Schutz als das Recht am Aufenthaltsort des Verbrauchers gewährt, leichter gestellt als beantwortet[30].

---

28 S. OLG Celle EuZW 1990, 550 (552) = IPRax 1991, 334; LG Bamberg NJW-RR 1990, 694.

29 *Baum*, Alternativanknüpfungen, 291.

30 Ob man die Abstufungen in der Komplexität wie *Kisch*, FS Gutzwiller, 373 (385), und in ähnlicher Weise *Baum*, Alternativanknüpfungen, 98 ff., zum Anlaß nehmen sollte, zwei Arten von Alternativanknüpfungen zu unterscheiden (*Kisch*: la classe des lois comparées/la classe de la loi validante ou invalidante; *Baum*: rechtsverhältnisbezo-

Ein erster Lösungsansatz bestünde darin, *abstrakt* und losgelöst vom Einzelfall zu untersuchen, welche der beteiligten Rechtsordnungen allgemein ein besseres Schutzkonzept für den Verbraucher realisiert hat. Ist dies das gewählte Recht, dann bleibt die Rechtswahl insgesamt gültig, unabhängig davon, ob der Verbraucher im konkreten Fall bei Anwendung seines Heimatrechts besser stehen würde.

Nun ist es schon aus technischen Gründen völlig unmöglich, im Rahmen eines Rechtsstreits die Stellung des Verbrauchers in zwei Rechtsordnungen umfassend zu analysieren, zumal man dann außer vertragsrechtlichen beispielsweise auch delikts- und gewerberechtliche Aspekte einbeziehen müßte. Diese Art des "Totalvergleichs" wird denn auch von niemandem ernsthaft vertreten. Denkbar ist aber, den gewährten Verbraucherschutz hinsichtlich des in Frage stehenden Vertragstypus (z.B. Abzahlungsgeschäft, Fernunterrichtsvertrag) oder, noch ein wenig spezieller, hinsichtlich einer enger gefaßten Sachfrage aus den vertraglichen Beziehungen (z.B. Sachmängelhaftung, Schutz gegen vorformulierte Vertragsbedingungen) in abstrakter Form zu vergleichen.

Diese Methode wurde zuerst von einer Mindermeinung für die Anwendung des § 12 AGBG propagiert. Die zusätzliche Berücksichtigung des deutschen AGBG trotz ausländischem Vertragsstatuts sei schon immer dann entbehrlich, wenn das gewählte Recht unangemessene Vertragsbedingungen "tendenziell ähnlich" wie das AGBG bekämpfe[31], was naturgemäß eine abstrakte Betrachtung bedingt[32]. Begründet wurde diese Auffassung allerdings mit Besonderheiten in der Entstehungsgeschichte der Norm und dem Wortsinn des Begriffs "berücksichtigen"[33], so daß eine Übertragung auf Art. 29 I EGBGB den Intentionen dieser Autoren wohl nicht gerecht würde.

In der arbeitsrechtlichen Literatur zu Art. 30 I EGBGB, der in der Regelungstechnik dem Art. 29 I EGBGB entspricht, konnte sich der "abstrakte Teilvergleich", inspiriert von der vermeintlich ähnlichen Problematik des § 4 III TVG, ohne merkliche Gegenwehr als h.M. etablieren[34].

---

gene/anspruchsbezogene Anknüpfungen), ist Geschmackssache, hilft aber jedenfalls in der Sache nicht weiter. Insoweit kritisch zu *Baum* auch *Schurig*, JZ 1987, 870 (871).

31 Staudinger-*Schlosser*, § 12 AGBG Rdn. 8.

32 In diese Richtung auch MüKo-*Kötz*, § 12 AGBG Rdn. 5, der eine "ähnliche Regelung des konkreten Sachproblems" genügen läßt.

33 Vgl. Staudinger-*Schlosser*, § 12 AGBG Rdn. 7.

34 *Junker*, IPRax 1989, 69 (72): "Gruppenvergleich"; *Däubler*, RIW 1987, 249 (253): Vergleich von "sehr kleine[n] Teilbereichen der beiden Arbeitsrechtsordnungen"; *Hohloch*, RIW 1987, 353 (358): "Vergleich einzelner Regelungsbereiche"; ähnlich auch *Hönsch*, NZA 1988, 113 (116); *Kraushaar*, BB 1989, 2121 (2122); *G.Eser*, RIW 1992, 1 (2).

Auf dem Gebiet des Verbraucherschutzes hat sich erstmals der österreichische OGH in seinem Beschluß vom 28.06.1989[35] zu § 41 österr. IPRG[36] dieser Technik bedient. Die Frage nach dem anzuwendenden Recht stellte sich im Rahmen der Klage eines österreichischen Verbrauchers, der in einem österreichischem Reisebüro eine Pauschalreise bei dem beklagten deutschen Reiseveranstalter gebucht hatte und nunmehr wegen verschiedener Reisemängel materiellen Schadensersatz sowie eine Entschädigung für entgangene Urlaubsfreude forderte. Eine Rechtswahl, die gem. § 41 II IPRG zu einem Günstigkeitsvergleich geführt hätte, war weder bei Vertragsschluß getroffen worden noch nachträglich dem Prozeßverhalten der Parteien zu entnehmen. Damit lag die Lösung an sich auf der Hand und war das Begehren des Kunden über die objektive Anknüpfung des § 41 I IPRG insgesamt nach österreichischem Reisevertragsrecht zu beurteilen. welches anders als das deutsche (§ 651 f II BGB) keinen Schadensersatz wegen nutzlos aufgewendeter Urlaubszeit gewährt. Jedoch wird in der österreichischen Literatur von *Schwimann*[37] vertreten, auch im Rahmen der objektiven Anknüpfung nach § 41 I IPRG müsse gegen dessen Wortlaut das Günstigkeitsprinzip gelten, da es wenig konsequent erscheine, hier den Verbraucher schlechter zu stellen als bei einer Rechtswahl. Der OGH meinte sich nun einer Stellungnahme zu dieser Ansicht enthalten zu können, denn:

> "Die Rechtsstellung des Kunden eines Reiseveranstalters bei Verletzung der Vertragspflichten aus dem abgeschlossenen Reisevertrag ist nämlich für den Verbraucher insgesamt bei Anwendung des deutschen Rechts nicht günstiger als bei Anwendung des österr. Rechts. Neben der gefährlich kurzen Präklusivfrist ist auch die dem österr. Recht fremde Beschränkung der Haftung auf den dreifachen Reisepreis nachteilig, so daß der einzige wirkliche Vorteil der Möglichkeit des Zuspruchs einer Entschädigung wegen nutzlos aufgewendeter Urlaubszeit nicht den Ausschlag geben kann"[38].

Bereits diese kurze Passage zeigt überdeutlich die Gefahren, die mit einer solchen abstrakten Gegenüberstellung verbunden sind. Nicht nur können sich

---

[35] OGH IPRax 1991, 123 m.Anm. *Schwenzer*, a.a.O. 129.

[36] Österr. BGBl. 1978 Nr. 304. § 41 IPRG lautet:"(1) Verträge, bei denen das Recht des Staates, in dem eine Partei ihren gewöhnlichen Aufenthalt hat, dieser als Verbraucher besonderen Schutz gewährt, sind nach diesem Recht zu beurteilen, wenn sie im Zusammenhang mit einer in diesem Staat entfalteten, auf die Schließung solcher Verträge gerichteten Tätigkeit des Unternehmers oder der von ihm hierfür verwendeten Personen zustande gekommen ist.
(2) Soweit es sich um die zwingenden Bestimmungen dieses Rechtes handelt, ist eine Rechtswahl zum Nachteil des Verbrauchers unbeachtlich."

[37] *Schwimann*, FS Strasser, 895 (904f.); Rummel-*Schwimann*, § 41 IPRG Rdn. 3; zweifelnd *Hoyer*, JBl. 1988, 781 (783).

[38] OGH IPRax 1991, 123 (124).

leicht Fehler einschleichen, weil die Vertrautheit mit dem fremden Recht fehlt, die erforderlich ist, um zu einer stichhaltigen Gesamtwürdigung zu gelangen. So verkennt denn hier der OGH, daß im deutschen Recht keineswegs der Reiseveranstalter kraft Gesetz maximal in Höhe des dreifachen Reisepreises haftet. § 651 h BGB stellt lediglich die Schranke für eine mögliche *vertragliche* Haftungsbeschränkung auf und ist insoweit sogar günstiger als das österreichische Recht: § 6 I Nr. 9 des österr. Konsumentenschutzgesetzes (KSchG)[39] erlaubt es dem Unternehmer auch beim Reisevertrag, seine Haftung außer bei Vorsatz und grober Fahrlässigkeit nicht nur zu beschränken, sondern ganz auszuschließen[40].

Schwerer noch wiegt aber eine andere Schwäche: Es gibt keine für die Rechtsanwendung brauchbaren Kriterien für die Entscheidung, ob ein Recht oder ein Teilgebiet desselben "besser" ist als ein anderes[41]. Zwar behauptet *Zweigert*, der Gedankenvorgang sei völlig identisch mit dem eines Richters, der die Argumente der Anwälte gegeneinander abwägt, oder eines Gelehrten, der überlegt, welche von verschiedenen "Theorien" seiner Kollegen besser, überzeugender ist[42]. Dabei übersieht er aber, daß der innerhalb *eines* Rechts argumentierende Richter oder Wissenschaftler die Vereinbarkeit der verschiedenen Lösungen mit eben diesem Recht zum für alle gleichermaßen verbindlichen Maßstab hat, wobei ihm bei der Beurteilung die gewiß nicht immer zu einem eindeutigen Ergebnis führenden, jedoch einen gewissen Rahmen absteckenden gängigen juristischen Argumentationstechniken für die "richtige" Auslegung bzw. Lückenfüllung eine Hilfe sind. Woher aber will man einen Maßstab für die Analyse nehmen, ob von zwei nicht kongruenten Rechtsordnungen die eine einen besseren Verbraucherschutz gewährt[43]? Es gibt kein beiden übergeordnetes Normen- oder Wertegefüge, das hier behilflich sein könnte[44]. Der abstrakte Vergleich bleibt damit allein ein rechts*politischer* und wird im Regelfall mangels anderer Anhaltspunkte von persönlichen Vorlieben diktiert werden. Ist eine "fortschrittliche" Rechtsordnung, die wie das deutsche Reisevertragsrecht mehr Rechte für den Verbraucher mit mehr Fußangeln

---

39 Österr. BGBl. 1979 Nr. 140.

40 Kritisch zum OGH in dieser Hinsicht bereits *Schwenzer*, IPRax 1991, 129 (131).

41 Vgl. *Gamillscheg*, ZfA 1983, 206 (339): "Willkür"; *Schurig*, RabelsZ 54 (1990), 217 (225); *E.Lorenz*, RIW 1987, 569 (577).

42 *Zweigert*, RabelsZ 37 (1973), 434 (442); zustimmend *Baum*, Alternativanknüpfungen, 190.

43 Vgl. bereits *Sonnenberger*, FS Ferid 1978, 378 (394), zu § 12 AGBG.

44 Auch *Bucher*, FS Schnitzer, 36 (45), vermißt zu Recht eine "hiérarchie de valeurs reconnues sur le plan international".

(Ausschlußfrist des § 651 g I 1 BGB) bezahlt, besser als ein Recht, das an Altbewährtem festhält? Im Zweifel wird der Richter wohl dazu neigen, die ihm vertraute *lex fori* für jedenfalls nicht schlechter zu halten[45], und zu diesem Ergebnis kam denn auch mit den oben zitierten dürren Worten der OGH. Aus deutscher Sicht wäre die Entscheidung wohl anders ausgefallen. Es ist schwer vorstellbar, daß ein deutscher Richter ein Recht, das dem Reisenden den Ersatz seines immateriellen Schadens[46] verweigert, als günstiger als das deutsche Recht einstuft, nur weil eine dem 651 g I BGB vergleichbare Ausschlußfrist fehlt.

Zur methodischen Unsicherheit eines abstrakten Günstigkeitsvergleichs und dem damit verbundenen Heimwärtsstreben tritt ein weiterer, vielleicht der wichtigste Aspekt hinzu: Eine abstrakte Wertung kann dazu führen, daß der Verbraucher *im konkret zu beurteilenden Fall* schlechter gestellt wird, als er nach seinem Heimatrecht stünde. Wandelt man zur Illustration den obigen OGH-Fall dahingehend ab, daß eine Rechtswahl zugunsten des deutschen Rechts vorliegt, der Fall vor deutschen Gerichten verhandelt wird und der Kläger nur Ersatz des materiellen Schadens fordert, aber die Ausschlußfrist des § 651 g I BGB versäumt hat, dann ergibt sich: Das gegen den OGH abstrakt bessere, weil dem Reisenden mehr Rechte einräumende deutsche Recht führt zur Klageabweisung, während das abstrakt schlechtere österreichische Heimatrecht dem Kläger zum Erfolg verholfen hätte.

Nicht nur dürfte es den Kläger in diesem Fall wenig trösten, zwar einen Prozeß verloren, aber rechtsvergleichende Erkenntnisse gewonnen zu haben. Ein solches Ergebnis widerspricht auch dem Regelungsziel des Art. 29 I EGBGB. Er dient dem Schutz des Verbrauchers in seinem Vertrauen auf eine Rechtsposition (mindestens) entsprechend dem Recht an seinem gewöhnlichen Aufenthaltsort, und zwar auch und gerade wegen seiner Unkenntnis des jeweiligen ausländischen Rechts. Wenn hier der Verbraucher dafür "bestraft" wird, daß er sich nicht mit dem fremden Recht beschäftigt hat und deshalb auch die Anzei-

---

45 So auch *Gamillscheg*, ZfA 1983, 307 (339); *Bucher*, FS Schnitzer 36 (45).

46 Die Auffassung, daß § 651 f II BGB *immateriellen* Schaden betrifft, scheint sich nunmehr nach einem lange schwelenden Streit (Nachweise zu den verschiedenen Positionen bei *W.Müller*, Schadensersatz auf Grund verdorbenen Urlaubs, 119 ff.) langsam durchzusetzen; vgl. z.B. Erman-*H. H. Sailer*, 8.A., § 651 f Rdn. 6 und LG Frankfurt NJW-RR 1988, 1451 (1454), die beide ihre frühere abweichende Auffassung (Erman-*H. H. Sailer*, 7.A., a.a.O. Rdn. 7, LG Frankfurt NJW 1983, 1127) aufgegeben haben. Dies zu Recht, denn es läßt sich nicht als Ersatz eines Vermögensschadens begreifen, wenn die Norm, was heute wohl unbestritten ist, auch solchen Urlaubern zugute kommen soll, die ihre Urlaubszeit gerade nicht mit dem Verlust an Arbeitszeit und damit einer Vermögenseinbuße erkauft haben (Schüler, Rentner etc.; vgl. Palandt-*Heinrichs*, vor § 249 Rdn. 39, 40).

geobliegenheit nicht kannte, so ist dies offensichtlich mit diesem Grundgedanken unvereinbar. Nicht Erkenntnisfortschritt durch Rechtsvergleichung ist das Ziel, sondern Verbesserung der Position des Konsumenten im konkreten Fall. Dies drückt sich deutlicher als in der deutschen Fassung in den anderssprachigen Versionen des Art. 5 II EVÜ (= Art. 29 I EGBGB) aus, in denen es beispielsweise auf Englisch und Französisch heißt, die Rechtswahl "shall not have *the result* of depriving the consumer of the protection afforded to him by the mandatory rules of the law of the country in which he has his habitual residence/ne peut avoir *pour résultat* de priver le consommateur de la protection que lui assurent les dispositons impératives de la loi du pays dans lequel il a sa résidence habituelle"[47].

Es bleibt also nur ein *konkreter* Günstigkeitsvergleich anhand des jeweiligen Prozeßbegehrens des Verbrauchers[48]: Erreicht er sein Ziel (Abweisung der Zahlungsklage des Vertragspartners, Durchsetzung eigener Schadensersatz- oder Gewährleistungsansprüche etc.) über die Anwendung des gewählten Rechts oder der zwingenden Normen des Heimatrechts? Anders ausgedrückt: Das günstigere Recht ist dasjenige, das dem Verbraucher zur Durchsetzung des von ihm geltend gemachten Rechts verhilft.

2. *Einzel- oder Gesamtbetrachtung?*

Der konkrete Vergleich vermeidet die Schwächen des abstrakten, schafft aber, wie könnte es anders sein, neue Probleme, die sich mit dem Stichwort "Rosinentheorie" verbinden[49]. Denn einigermaßen reibungslos lassen sich nur solche Fälle lösen, in denen die eine Rechtsordnung zu einem Problem ganz schweigt oder eine nur "quantitativ" abweichende Regelung trifft. Sieht das Recht A anders als das Recht B keine Widerrufsmöglichkeit des Verbrauchers bei Haustürgeschäften vor, so kann die Zahlungsklage des Vertragspartners gestützt auf Recht B abgewiesen werden. Ist nach Recht B die Verjährungsfrist für Gewährleistungsansprüche schon verstrichen, nicht aber nach Recht A, so hat die Wandlungsklage des Verbrauchers aufgrund von Recht A Erfolg. Der Konsument hat zwei Lose in der Lostrommel, das eine erweist sich als Niete, das andere als Treffer.

---

47 Abgedr. in BGBl. 1986 II 808 (813, Hervorhebungen hinzugefügt).

48 So auch *Schurig*, RabelsZ 54 (1990), 217 (225); *E.Lorenz*, RIW 1987, 569 (577), *Kroeger*, Der Schutz der "marktschwächeren" Partei, 158; MüKo-*Martiny*, Art. 29 EGBGB Rdn. 29.

49 *Gamillscheg*, ZfA 1983, 307 (339).

Erheblich mehr Schwierigkeiten bereiten die Konstellationen, in denen die beteiligten Rechte auf Schutzdefizite mit unterschiedlichen Lösungen reagieren und dabei teils zugunsten, teils zuungunsten des Konsumenten voneinander abweichen. Zwei Beispiele mögen die Problematik illustrieren, wobei jeweils stillschweigend eine gem. Art. 29 I Nr. 1-3 EGBGB hinreichende Verknüpfung mit dem Heimatmarkt des Verbrauchers sowie eine Rechtswahl zu Lasten des dort geltenden Rechts vorausgesetzt wird:

a) Ein Konsument mit gewöhnlichem Aufenthalt in Frankreich nimmt bei einer deutschen Teilzahlungsbank einen Ratenkredit zur Finanzierung eines Verbrauchergeschäfts auf. Der Zinssatz liegt 35% über dem durchschnittlichen Effektivzins für vergleichbare Kredite. Nach Art. 1 I des französischen Antiwuchergesetzes vom 28.12.1966[50] in der seit dem 01.07.1990 geltenden Neufassung durch die sogenannte "Loi Neiertz"[51] ist ein Darlehen wucherisch ("prêt usuriaire"), wenn der durchschnittliche Effektivzins um mehr als ein Drittel überschritten wird. Rechtsfolge ist gem. Art. 5 Antiwuchergesetz die Herabsetzung des Zinssatzes kraft Gesetzes auf die "intérêts normaux", also den durchschnittlichen Effektivzins[52]. Nach deutschem Recht liegt die Wuchergrenze bei einer Überschreitung des effektiven Marktzinses um etwa 90-100%[53]. Der Darlehensvertrag ist dann aber gem. § 138 I BGB nichtig und der Kreditnehmer muß über §§ 812 I, 817, 818 I BGB nur noch die empfangene Valuta ohne jeden Zins zurückzahlen[54]. Kann nun der französische Verbraucher hier hinsichtlich der Voraussetzungen für das Wucher-Verdikt auf französisches, hinsichtlich der Rechtsfolgen aber auf deutsches Recht verweisen und so eine Befreiung von der Zinszahlungspflicht erreichen?

b) Der bereits mehrfach erwähnte österreichische Reisende klagt gegen den deutschen Reiseveranstalter vor einem deutschen Gericht auf Entschädigung wegen nutzlos aufgewendeter Urlaubszeit, hat aber die Ausschlußfrist des

---

50 Loi No. 66-1010 relative à l'usure, aux prêts d'argent et à certaines opérations de démarchage et de publicité, J.O. v. 29.12.1966; abgedr. in Dalloz Code Civil, Anh. zu Art. 1907 C.C.

51 Nach Mme *Neiertz*, Staatssekretärin für Verbraucherfragen, Loi No. 89-1010 v.31.12.1989, J.O. v. 02.01.1990; abgedr. in Juris-Classeur Civil, Art. 1905 à 1908, Fasc. 10.

52 Näher *Blin*, sem.jur. 1967 I, 2084 Tz. 79 f.

53 Oder einer absoluten Überschreitung um 12 Prozent*punkte*, vgl. *Schmelz*, Der Verbraucherkredit, Rdn. 258, 260; Palandt-*Heinrichs*, § 138 Rdn. 27, jeweils m.w.N.

54 So die ganz herrschende Praxis, vgl. Palandt-*Thomas*, § 817 Rdn. 23; ausführlich *Schmelz*, Der Verbraucherkredit, Rdn. 428 ff., jeweils mit zahlreichen Rechtsprechungsnachweisen. A.A. Teile der Lit.: *Medicus*, Bürgerliches Recht, Rdn. 700 m.w.N.; Esser/*Weyers*, Schuldrecht II, 460 f.

§ 651 g I BGB versäumt. Kann er sich nun bei einem konkreten Günstigkeitsvergleich auf den Standpunkt stellen, seine Klage müsse dennoch Erfolg haben, weil die Anspruchsgrundlage für immateriellen Schadensersatz im deutschen Recht zu finden sei, er sich hinsichtlich der Anspruchspräklusion aber auf das insoweit günstigere österreichische Recht berufen könne, in dem eine solche nicht vorgesehen sei?

Wer nun der Auffassung ist, ein konkreter Ergebnisvergleich laufe zwingend auf einen *Einzel*vergleich der jeweils eine Teilfrage regelnden Normen hinaus[55], der müßte hier beide gestellten Fragen eigentlich positiv beantworten und dem Verbraucher einen Schutz gewähren, der den Vorstellungen *beider* betroffenen Rechte zuwiderläuft. Denn der Regelungszusammenhang, in dem die Normen im Rahmen ihres nationalen Rechts stehen, wird zerrissen, wenn in internationalen Fällen einzelne Elemente frei kombiniert werden können. Die herabgesetzte Wuchergrenze im französischen Recht ist mit der im Vergleich zur deutschen Lösung milderen Rechtsfolge eng verwoben, so wie die Ausschlußfrist für Schadensersatzforderungen im deutschen Reisevertragsrecht u.a. als Gegengewicht zur Haftungserweiterung auch auf immaterielle Schäden anzusehen ist.

Nun kann nicht unterstellt werden, daß es in der Intention des Gesetzgebers lag, dem Verbraucher die Möglichkeit zu geben, "soziale Spitzen" zu kumulieren und Ergebnisse herbeizuführen, die weder bei Anwendung nur des gewählten Rechts oder nur des Heimatrechts zu erreichen gewesen wären[56]. Das verfolgte Ziel, Rechtswahlfreiheit zu ermöglichen, ohne das Schutzniveau des Marktrechts preiszugeben, rechtfertigt die Anwendung des Schutzes durch das gewählte Recht, soweit dieser über das abgewählte hinausgeht und umgekehrt, nicht aber eine ad-hoc-Kombination der dem Verbraucher jeweils günstigeren Teile, deren Folgen letztlich beiden Rechten fremd sind und die das Ideal einer ausgewogenen Vertragsgestaltung in weite Ferne rücken läßt.

Dies ist auch (fast) einhellige Meinung in der Literatur[57]. Man sinnt deshalb auf Abhilfe. Manche meinen, sie im Instrumentarium der Anpas-

---

55 So wohl *Gamillscheg*, ZfA 1983, 307 (339); *Schurig*, RabelsZ 54 (1990), 217 (225); *G.Eser*, RIW 1992, 1 (2).

56 Der Bericht *Giuliano/Lagarde* beschränkt sich bei seinen Erläuterungen zum Günstigkeitsvergleich auf den einfachen Fall der verschieden langen Kündigungsfristen im Rahmen eines Arbeitsvertrages (BRat-Drucks. 224/83, 57). Es steht daher zu vermuten, daß sich die Verfasser des EVÜ der weitergehenden Schwierigkeiten ihres Ansatzes gar nicht bewußt waren.

57 S. nur *Schurig*, RabelsZ 54 (1990), 217 (225); *Gamillscheg*, ZfA 1983, 307 (338f.); *Junker*, IPRax 1989, 69 (71f.); a.A. allerdings *Roth*, Internationales Versicherungsver-

sung/Angleichung zu finden[58], während andere das Problem zum Anlaß nehmen, sich ganz vom konkreten Günstigkeitsvergleich zu verabschieden und zum bereits oben abgelehnten abstrakten Gruppenvergleich zu flüchten[59].

Dabei wird freilich übersehen, daß ein konkreter Vergleich nicht zwingend eine "mosaikartige"[60] Betrachtung der Einzelnormen erfordert. "Konkret" heißt lediglich, daß die Beurteilung der Günstigkeit am jeweiligen Prozeßbegehren des Verbrauchers anzusetzen hat, also etwa Durchsetzung von Gewährleistungsansprüchen oder Abwehr einer Zahlungsklage. Davon ausgehend kann dann aber eine *Gesamtbetrachtung* erfolgen: Ist das Begehren nach dem gewählten Recht *in seiner Gesamtheit* oder den zwingenden Normen des Rechts am gewöhnlichen Aufenthaltsort des Verbrauchers *in ihrer Gesamtheit* gerechtfertigt?

Den Begriff der "Gesamtbetrachtung" hat *Jayme* in einem allgemein der "Rechtsvergleichung im internationalen Privatrecht" gewidmeten Aufsatz eher beiläufig in die Diskussion um das "günstigere Recht" eingebracht[61], aus der er denn auch alsbald wieder verschwunden ist. *Der Sache nach* ist der Gedanke allerdings längst anerkannt. Im internationalen Deliktsrecht ist unter dem mißverständlichen Stichwort "elektive Konkurrenz" unbestritten, daß das Günstigkeitsprinzip bei auseinanderfallendem Handlungs- und Erfolgsort nicht zur Anwendung der dem Verletzten jeweils günstigsten Teile der in Betracht kommenden Rechtsordnungen führt, sondern nur zur Anwendung der *insgesamt* günstigsten Rechtsordnung[62]. Warum man sich zur Übertragung dieses Ansatzes auf das Verbrauchervertragsrecht bisher außerstande sah, ist unklar.

Schurig meint, durch den Wortlaut des Art. 29 I EGBGB auf einen Einzelvergleich festgelegt zu sein, spricht doch die Norm "von «zwingenden Bestimmungen» (einzelnen!)...und nicht von einer Gesamtregelung"[63]. Eine solche Interpretation ist sicher möglich. Eindeutig ist die Vorschrift in dieser Hinsicht jedoch nicht. Der Wortlaut läßt es als ebenso vertretbar erscheinen, den Akzent darauf zu legen, daß dem Verbraucher der durch die heimatlichen zwingenden Bestimmungen (*in ihrer Gesamtheit*) ge-

---

tragsrecht, 514, der im diametralen Gegensatz zur obigen Position die "Rosinentheorie" gerade als zwingende Folge der gesetzgeberischen Zielsetzung ansieht und die Bedenken ob des überhöhten Schutzes als "nicht entscheidenden Einwand" abtut!

58 *Schurig*, RabelsZ 54 (1990), 217 (225).

59 *Junker*, IPRax 1989, 69 (71f.); *Hohloch*, RIW 1987, 353 (358).

60 *Hohloch*, RIW 1987, 353 (358).

61 *Jayme*, FS Schwind 103 (108f.); wiederaufgegriffen neuestens von *Schwarz*, Schutzkollisionen, 233.

62 *Lewald*, IPR, 262; *Hohloch*, Das Deliktsstatut, 105 Fn. 275; MüKo-*Kreuzer*, Art. 38 EGBGB Rdn. 50.

63 *Schurig*, RabelsZ 54 (1990), 217 (225).

währte Schutz nicht entzogen werden darf. Dann aber sollte die grammatikalische Auslegung kein Hindernis für eine funktionsgerechte Anwendung der Norm sein.

Die Gesamtbetrachtung wird nicht nur dem rechtspolitischen Grundgedanken des Art. 29 I EGBGB am ehesten gerecht; der Verbraucher soll zwei Eisen im Feuer haben, nicht aber sich selbst ein neues schmieden können. Auch der Charakter als Alternativanknüpfung wird hier besser gewahrt: "Alternativ heißt nicht wahlweise", bemerkte schon *Kegel*[64] treffend zur umstrittenen Auffassung des BGH, nach der in der Wahl eines bestimmten Geschäftsstatuts die Abwahl der nach Art. 11 I EGBGB alter und neuer Fassung alternativ geltenden Ortsform liegen könne[65]. Und, so könnte man hinzufügen, ebenso wie die Parteien auf IPR-Ebene nicht an der vom Gesetz angeordneten alternativen Anknüpfung an zwei Rechte rütteln können, so ist es auch nicht erlaubt, in den angeknüpften Sachrechten eine Auswahl nur der Normen zu treffen, die jeweils dem Verbraucher vorteilhafter erscheinen. Vielmehr hat er die angeknüpften Rechte so hinzunehmen, wie sie sind; will er von den Rosinen des einen Rechts profitieren, so muß er auch, um im Bild zu bleiben, die vom gleichen Recht mit den Rosinen verabreichten bitteren Pillen schlucken. Andernfalls würde Art. 29 I EGBGB zu einer Art *Sachnorm im IPR*, die in internationalen Fällen dem Verbraucher Rechtspositionen verschafft, welche in den beteiligten Rechtsordnungen intern unbekannt sind.

Auf unsere Beispielsfälle übertragen heißt die Gesamtbetrachtung: Der französische Darlehensnehmer kann seine Weigerung, die vereinbarten Zinsen zu zahlen, nur entweder auf das deutsche oder das französische Recht stützen. Nach deutschem Recht würde der Kreditgeber voll durchdringen, weil die Voraussetzungen für eine Nichtigkeit gem. § 138 I BGB nicht gegeben sind und deshalb eine Lösung über §§ 812 ff. BGB ausscheidet. Nach französischem Recht ist, wie oben dargelegt, der Darlehensnehmer immerhin zur Zahlung der "normalen" Zinsen verpflichtet. Einer Zahlungsklage der Bank wäre also bis zu dieser Höhe stattzugeben.

Im Pauschalreisefall hat der Richter zu prüfen, ob der Anspruch auf Ersatz des immateriellen Schadens entweder nach (zwingenden) österreichischen oder nach deutschem Recht begründet ist. Im österreichischen Recht fehlt es an einer Anspruchsgrundlage, die zwar im deutschen Recht existiert, bei einer Gesamtschau aber eine rechtzeitige Geltendmachung des Anspruchs voraussetzt, was hier nicht erfolgt ist: Die Klage ist abzuweisen.

---

64 *Kegel*, IPR, 403; ähnl. Soergel-*Kegel*, Art. 11 EGBGB Rdn. 2.

65 BGHZ 57, 337 (340) = NJW 1972, 385 (386) m.abl.Anm. *Jayme*, 1618.

In den wohl meisten Fällen des internationalen Verbrauchervertragsrecht dürften mit dieser Technik der Gesamtbetrachtung anhand des konkreten Prozeßbegehrens des Konsumenten vernünftige Ergebnisse zu erzielen sein, ohne daß man auf eine nachträgliche Korrektur über Anpassung/ Angleichung oder einem anderen "Notbehelf" angewiesen ist. Aber ein Allheilmittel ist sie nicht. Denn sie führt nicht weiter, wenn im Rahmen eines Vertragsverhältnisses nicht ein, sondern - kumulativ oder sukzessiv - zwei oder mehrerer Prozeßbegehren zu beurteilen sind. Wehrt ein Verbraucher die Zahlungsklage des Vertragspartners mit dem Hinweis ab, er habe seine Willenserklärung nach Recht A wirksam widerrufen, erhebt dann aber seinerseits eine Schadensersatzklage mit der Begründung, diese stütze er auf Recht B, nach dem der Vertrag mangels Widerrufsrecht wirksam sei, so hilft eine am jeweils gestellten Antrag orientierte Gesamtschau nicht weiter, da innerhalb dieser keine Elemente beider Rechtsordnungen unzulässig kombiniert werden. Man wird aber wohl auf die Figur des Rechtsmißbrauchs in Form des *venire contra factum proprium*[66] zurückgreifen können. Es ist widersprüchlich, ein präjudizielles Rechtsverhältnis je nach den eigenen Vorteilen zunächst als ungültig und dann als wirksam zu behandeln[67]. Schwieriger wird es, wenn die zu schützende Person im Rahmen eines als bestehend anerkannten Vertrages zwei nicht miteinander zu vereinbarende Ansprüche geltend macht. Ein bekanntes Beispiel stammt von *Gamillscheg*[68] und betrifft das internationale Arbeitsrecht: Was, wenn ein in einem islamischen Land eingesetzter deutscher Arbeitnehmer nach dortigem Recht Arbeitsruhe am Freitag einhalten will, gleichzeitig aber für die Arbeit am Sonntag nach dem gewählten deutschen Arbeitsstatut Sonntagszuschlag fordert? Hier bleibt tatsächlich nur der Weg der Anpassung/ Angleichung, um nicht akzeptablen Auswüchsen entgegenzuwirken.

Entsprechende Fälle werden in der Praxis des internationalen Verbraucherrechts wegen der im Vergleich zum Arbeitsrecht in der Regel geringeren Komplexität der Vertragsverhältnisse wohl selten sein. Der Konsument, der wegen eines Sachmangels Gewährleistung nach Recht A und Schadensersatz nach Recht B fordert, dürfte eine akademische Erfindung bleiben. Dennoch: Der Günstigkeitsvergleich ist mit Tücken behaftet. Eine Gesamtbetrachtung vermag

---

66 Vgl. MüKo-*Sonnenberger*, Einl. IPR Rdn. 418; zum materiellen Recht MüKo-*Roth*, § 242 Rdn. 317 ff.

67 Das Problem ist bisher vor allem im internationalen Familienrecht virulent geworden (Doppelehe!), vgl. BGH IPRspr. 1961 Nr. 197; MüKo-*Sonnenberger*, Einl. IPR Rdn. 418; weitere Beispiele bei Staudinger-*v.Bar* Art. 13 EGBGB a.F. Rdn. 189.

68 *Gamillscheg*, ZfA 1983, 307 (338).

die Arbeit des Richters in vielen Fällen zu erleichtern; problemlos wird die Anwendung des Art. 29 I EGBGB dadurch aber nicht.

3. Vom Günstigkeitsvergleich erfaßte Normen

Oben unter 2. wurden die Probleme beleuchtet, die sich daraus ergeben, daß Art. 29 I EGBGB anders als z.B. Art. 11 I oder 23 EGBGB die Anknüpfungshäufung nicht auf eine bestimmte Detailfrage beschränkt, sondern auf das gesamte Vertragsverhältnis zwischen dem Verbraucher und seinem Partner ausdehnt. Eine weitere Komplikation liegt nun darin begründet, daß nicht alle einschlägigen vertragsrechtlichen Normen des Marktrechtes in die Alternativanknüpfung einbezogen werden. Vielmehr wird das *ius dispositivum* von vornherein ausgeschlossen und darf dem Verbraucher nur der Schutz nicht entzogen werden, den ihm die "zwingenden Normen" seines Umweltrechts gewähren. Welches sind nun "zwingende Normen" im Sinne dieser Vorschrift? Man könnte meinen, die Frage sei mit einem einfachen Hinweis auf die Legaldefinition in Art. 27 III EGBGB zu beantworten: alle Vorschriften, von denen durch Vertrag nicht abgewichen werden kann, die also der materiellrechtlichen Privatautonomie entzogen sind. Die Sache wird aber dadurch erschwert, daß die Art. 27 ff. EGBGB im Anschluß an das EVÜ den Begriff der zwingenden Vorschriften keinesfalls einheitlich in diesem Sinne verwenden[69]. So ist auch Art. 34 EGBGB mit "zwingende Vorschriften" überschrieben, und doch ist einhellige Meinung, daß damit nicht das gesamte *ius cogens* gemeint ist, sondern nur solche Regelungen, denen als sog. "Eingriffsnormen" eine besondere internationale Durchsetzungskraft zukommt[70].

Eine ebenso einhellige Auffassung in Schrifttum und Rechtsprechung sieht sich denn auch durch Art. 27 III EGBGB nicht daran gehindert, für Art. 29 I EGBGB eine restriktive Auslegung zu fordern: Gemeint seien hier nur zwingende "Verbraucherschutzbestimmungen"[71], also solche Vorschriften, denen

---

69 Vgl. dazu *Weber*, IPRax 1988, 82; *Junker*, IPRax 1989, 69.

70 Näher dazu unten Teil 3, S. 111 ff.

71 Deutsche Denkschrift zum EVÜ, BRat-Drucks. 224/83, 27; *Jackson*, in: Contract Conflicts, 68; *Firsching*, IPRax 1981, 37 (41); *Morse*, Yb.Europ.L. 2 (1982), 107 (136); *ders.*, I.C.L.Q. 41 (1992), 1 (8); Palandt-*Heldrich*, Art. 29 EGBGB Rdn. 5; Wolf-Horn-Lindacher(-*Lindacher*), § 12 Rdn. 2; OLG Celle, EuZW 1990, 550 (551); ähnlich *Kroeger*, Der Schutz der marktschwächeren Partei, 80: Normen zum Schutz der "marktschwächeren Partei"; *Schwarz*, Schutzkollisionen, 175: Normen mit "konkret verbraucherschützender Tendenz"; vgl. auch *v.Bar*, IPR II, Rdn. 448; *Birk*, RdA 1989, 201 (206); *Junker*, IPRax 1989, 69 (72), jeweils zu Art. 30 I EGBGB: "Arbeitnehmerschutzbestimmungen"; zweifelnd, aber ohne eigene abschließende Stel-

abweichend von den allgemeinen Regeln des Vertragsrechts eine spezifische Schutztendenz zugunsten des Konsumenten innewohnt, was häufig mit einer beispielhaften Aufzählung von deutschen Normen abgerundet wird, die dieses Kriterium erfüllen sollen: §§ 651 a ff. BGB, VerbrKrG, AGBG, HausTWG[72]. Begründet wird dies mit Wortlaut und Systematik des Art. 29 I EGBGB: Berufen werden Normen, die "dem Verbraucher" Schutz gewähren - also Verbraucherschutzbestimmungen! Exemplarisch dafür der Gedankengang von *Morse*:

> "In discussing Article 3 [EVÜ = Art. 27 EGBGB] we saw that a mandatory rule for the purpose of that Article was a rule which could not be derogated from by contract, and in so far as the term also appears ... in Article 5 [EVÜ = Art. 29 EGBGB], the same meaning should in general be ascribed to it for the purposes of Article 5. However the mandatory rules which are the concern of Article 5 are qualified by the context of that Article. In other words these mandatory rules are those which relate to consumer protection"[73].

Nun ist dieser Schluß keineswegs zwingend. Nach dem Wortlaut ebenso vertretbar und vielleicht sogar näherliegend erscheint es, *alle* nicht abdingbaren Normen zu berücksichtigen, die im konkret zu beurteilenden Einzelfall den Schutz des betroffenen Verbrauchers faktisch bewirken, unabhängig davon, ob der Schutz in gleicher Weise auch einem gewerblich oder beruflich Handelnden zugute gekommen wäre - denn daß der Konsument sich nur auf Normen berufen kann, die ihn eigens *als* Verbraucher schützen, das sagt Art. 29 I EGBGB gerade nicht!

Auch die Entstehungsgeschichte des EVÜ und hier insbesondere die Genese der "Schwesterbestimmung" für Arbeitsverhältnisse (Art. 6 EVÜ = Art. 30 EGBGB), aus der die Regelungstechnik des Art. 5 EVÜ = Art. 29 I EGBGB

---

lungnahme *Roth*, Internationales Versicherungsvertragsrecht, 501. Er behauptet (a.a.O. Fn. 260), *Kropholler* (RabelsZ 42 (1978), 634 (654)) und *Hartley* (Eur.L.Rev. 4 (1979), 236 (242)) befürworteten ihrerseits eine Berücksichtigung *aller* zwingenden Normen. Die als Beleg zitierten Arbeiten stützen jedoch diese Einschätzung schon deshalb nicht, weil sie sich, was *Roth* verkennt, noch auf den Entwurf zum EVÜ von 1978 beziehen, in dem der heutige Art. 5 II als Art. 5 I eine ganz andere Regelungstechnik mit einem anderen Wortlaut verband und insbes. nicht auf den Entzug eines (besonderen?) Schutzes des Verbrauchers abstellte ("...le choix des parties ne peut en aucun cas porter atteinte aux dispositions impératives du pays dans lequel cette personne a sa résidence habituelle...", Dok. III/77/79). Wirklich abweichend von der h.M. wohl nur *Martiny* (in MüKo, Art. 29 EGBGB Rdn. 25, Art. 30 EGBGB Rdn. 19). Obwohl er ihr verbal im Ansatz folgt und erklärt, die Vorschrift berufe "Verbraucherschutzbestimmungen", meint er gleichzeitig, damit sei die Berücksichtigung auch des allgemeinen Vertragsrechts nicht ausgeschlossen. Unbeachtet bleiben müßten nur "solche Bestimmungen, die ganz allgemein wirtschaftlichen, sozialen oder außerpolitischen Zielen dienen (z.B. Ausfuhrvorschriften)".

72 Palandt-*Heldrich*, Art. 29 EGBGB Rdn. 6.

73 *Morse*, Yb.Europ.L. 2 (1982), 107 (136).

übernommen wurde[74], vermag die h.M. nicht zu tragen. In einer früheren Version des Art. 6 EVÜ war die Einschränkung, die die h.M. heute in Art. 29, 30 EGBGB hineinzulegen bestrebt ist, noch ausdrücklich im Text verankert:

> "Abweichend von den vorstehenden Artikeln darf bei Arbeitsverhältnissen die Rechtswahl der Parteien in keinem Fall die *zwingenden Vorschriften zum Schutz des Arbeitnehmers* des Landes berühren, in dem er gewöhnlich seine Arbeit verrichtet"[75].

Dies beruht aber darauf, daß die obige Fassung nicht eine alternative, sondern eine *vom Parteiwillen unberührte* objektive Anknüpfung der zwingenden Normen des Arbeitsortes anordnete. Ohne eine entsprechende Gegenmaßnahme würde das auch zur (unerwünschten) Anwendung der dem Arbeitnehmer *nachteiligen* Vorschriften des Arbeitsortes führen (z.B. Lohnstopp zur Inflationsbekämpfung). Nur um das zu verhindern, griff man einen bereits 1972 von der französischen Delegation geäußerten Vorschlag auf, es müsse sich um "dispositions impératives protectrices des travailleurs" handeln[76]. Vor diesem Hintergrund ist klar: Die Formulierung diente nicht der *positiven* Umschreibung einer bestimmten Gruppe von Arbeitnehmerschutzbestimmungen, sondern vielmehr lediglich der *negativen* Ausgrenzung von im konkreten Fall sich ungünstig auswirkenden Normen. Und selbst das wurde mit dem Übergang zur Alternativanknüpfung überflüssig und folglich auch gestrichen, weil sich nun unter der Herrschaft des Günstigkeitsprinzip ohnehin das für den Arbeitnehmer bzw. Verbraucher vorteilhaftere Recht durchsetzt. Der jetzige generelle Bezug auf den "Schutz" des Arbeitnehmers bzw. des Verbrauchers in Art. 30 und 29 EGBGB übernimmt allein die Funktion, diese Günstigkeitsmaxime zu bezeichnen. Es ist weder notwendig noch auch nur konsequent, daraus eine Beschränkung auf eine bestimmte Gruppe von zwingenden Bestimmungen abzuleiten.

Neben der Entstehungsgeschichte sprechen weiterhin praktische Gründe gegen die Interpretation der h.M. Es gibt weder in Deutschland noch in den meisten anderen Ländern eine geschlossene Kategorie des Verbraucherschutzrechts, die sich dem allgemeinen Vertragsrecht gegenüberstellen ließe. Zwar mehren sich in jüngster Zeit die Spezialgesetze, die ausdrücklich oder inhaltlich nur auf den Verbraucher abzielen. In Deutschland gilt dies für § 609 a BGB, das HausTWG (vgl. § 6 HausTWG) und neuestens für das VerbrKrG (§ 1

---

[74] Mißverständlich Bericht *Giuliano/Lagarde*, BRat-Drucks. 224/83, 57, nach dem Art. 6 EVÜ in seinem Aufbau dem des Art. 5 EVÜ angenähert wurde. Art. 6 EVÜ hatte tatsächlich bereits vor Art. 5 EVÜ seine heutige Form gefunden, vgl. Dok. XI/582/76-F, 7, einerseits und Dok. III/952/78, 9, andererseits.

[75] Dok. XI/127/76-D, 14 (Hervorhebung hinzugefügt).

[76] Dok. 354/XIV/72.

VerbrKrG); ähnliche Entwicklungen gibt es in anderen Ländern[77]. Aber: weite Teile dessen, was herkömmlich und unreflektiert zum Verbraucherschutzrecht gezählt wird, enthalten gerade keine besondere Beschränkung des persönlichen Anwendungsbereichs auf einen wie auch immer zu definierenden Verbraucher. Dies liegt im wesentlichen daran, daß es der materiellen Gesetzgebung bisher an einem verbraucherpolitischen Gesamtkonzept mangelt[78]. Treibende Kraft legislatorischer Aktivitäten ist nicht ein vorausschauendes Zweckprogramm zum Schutz einer bestimmten Personengruppe, vielmehr wird meist ein *sach*-problemorientierter Ansatz verfolgt. Sachliche Funktionsdefizite in Teilbereichen des Marktgeschehens werden nachträglich kontrolliert oder beseitigt, ohne daß es hierbei in erster Linie auf den davon betroffenen Personenkreis ankäme.

So ist z.B. das AGBG dazu bestimmt, den mit der Verwendung von Allgemeinen Geschäftsbedingungen typischerweise, unabhängig von der Marktstellung des Verwenders oder seines Vertragspartners verbundenen Gefahren für den Kunden entgegenzutreten[79]. Insbesondere sollen durch die Inhaltskontrolle die prägende Wirkung der Vorformulierung und das Fehlen der vom Aushandeln zu erwartenden Richtigkeitsgewähr kompensiert werden[80]. Die aus Rationalisierungsgründen akzeptierte Verwendung von Allgemeinen Geschäftsbedingungen darf nicht zu einer davon nicht gedeckten unangemessenen Risikoverlagerung führen[81]. Von diesem Ansatz her ist die Anwendung des AGBG denn auch konsequenterweise nicht auf einen bestimmten Personenkreis beschränkt. Selbst die Tatsache, daß immerhin die Klauselverbote der §§ 10 und 11 AGBG gem. § 24 AGBG im kaufmännischen Verkehr nicht unmittelbar gelten, beruht letztlich nicht auf einem System abgestufter Schutzwürdigkeit verschiedener Marktteilnehmer, sondern entsprang der Vorstellung, in diesem Bereich aufgrund der höheren Komplexität der durchzuführenden Transaktionen eine größere Flexibilität als bei Verbrauchergeschäften gewähren zu müssen[82]; eine

---

77 Vgl. z.B. für England den Unfair Contract Terms Act 1977, für Frankreich die "Lois Scrivener" I (Loi No. 78-22 v. 10.07.1978, J.O v. 11.07.1978) und II (Loi No. 79-596 v. 13.07.1979, J.O v. 14.07.1979) sowie die bereits erwähnte "Loi Neiertz" (Loi No. 89-1010 v. 31.12.1989, J.O. v. 02.01.1990), für Österreich das umfassende KonsumentenschutzG (österr. BGBl. 1979 Nr. 140).

78 Vgl. dazu *Gilles*, JA 1980, 1 (1 f.); *Teske*, in: Magoulas/Simon (Hrsg.), Recht und Ökonomie beim Konsumentenschutz und Konsumentenkredit, 15 (16 f.).

79 Ulmer-Brandner-Hensen(-*Ulmer*), Einl. Rdn. 29.

80 Wolf-Horn-Lindacher(-*Wolf*), Einl. Rdn. 3; *Lieb*, AcP 178 (1978), 196 (201).

81 Ulmer-Brandner-Hensen(-*Ulmer*), Einl. Rdn. 32.

82 Wolf-Horn-Lindacher(-*Horn*), § 24 Rdn. 4; Ulmer-Brandner-Hensen(-*Brandner*), § 24 Rdn. 2.

Einschätzung, die bei der Rechtsprechung im übrigen nur wenig Anklang gefunden hat. Sie hat längst die Kontrolle von im kaufmännischen Verkehr verwendeten AGB derjenigen von AGB im Verkehr mit Verbrauchern weitestgehend angenähert[83]. So ist denn auch - und wohl zu Recht - das AGBG als allgemeines Vertragsgesetz eingestuft worden[84] - müßte es dann nicht die h.M. konsequenterweise ablehnen, das AGBG über Art. 29 I EGBGB trotz anderslautender Rechtswahl zugunsten des Verbrauchers zu berücksichtigen?

Ähnliches gilt für das Reisevertragsrecht. Im Mittelpunkt der Überlegungen zum Reisevertragsgesetz von 1979[85] stand der sachliche Befund, daß der Pauschalreisende bei Reisemängeln bis dahin weitgehend rechtlos war. Ansprüche gegen die sich zumeist im Ausland befindlichen einzelnen Leistungsträger waren oft faktisch nicht durchsetzbar, und der Reiseveranstalter zog sich mit dem Ziel der Haftungsfreizeichnung zumeist auf eine (angebliche) Vermittlerrolle zurück[86]. Die Person des Reisenden spielt dabei keine Rolle, und so gelten die §§ 651 a ff. BGB sowohl für den privaten als auch den beruflich oder gewerblich Reisenden. Einem multinationalen Konzern, der für verdiente Mitarbeiter Incentive-Reisen bei einem kleinen Spezialveranstalter bucht, ist es nicht verwehrt, sich auf diese Normen zu berufen. Wenn aber nicht eine bestimmte Personengruppe geschützt wird, wie können dann die Regelungen als Verbraucherschutzbestimmungen eingestuft werden?

Weitere Beispiele aus dem deutschen Recht für nur scheinbare "Verbraucherschutzgesetze" sind das FernunterrichtsschutzG[87] und das AuslandsInvestG[88], deren Anwendung jeweils unabhängig von der Marktstellung des Kunden ist. Im Ausland ist häufig ein ähnlicher Befund zu machen. Punktueller Gesetzgebung zum Schutz eines allerdings uneinheitlich umschriebenen Verbrauchers stehen weite Bereiche gegenüber, in denen der Anwendungsbereich eines Schutzgesetzes nicht von einem bestimmten Personenkreis abhängig gemacht, sondern ein sachbezogener Ansatz verfolgt wird[89].

---

83 Vgl. Ulmer-Brandner-Hensen(-*Ulmer*), Einl. Rdn. 31; kritisch dazu *Junge*, *Stumpf* und *Kleinert* bei *H.Schmidt*, Diskussionsbericht, in: Heinrichs, Löwe, Ulmer (Hrsg.), Zehn Jahre AGB-Gesetz, 175 f.

84 Vgl. *Schmidt-Salzer*, NJW 1977, 129 (130): "gerade kein Verbraucherschutzgesetz"; Ulmer-Brandner-Hensen(-*Ulmer*), Einl. Rdn. 29 f., 32.

85 BGBl. 1979 I, 509.

86 Vgl. *Tonner*, Der Reisevertrag, Einl. Rdn. 2, 19.

87 BGBl. 1976 I, 2525.

88 BGBl. 1969 I, 986.

89 S. den Überblick bei *Kroeger*, Der Schutz der marktschwächeren Partei, 28 ff.; speziell zum Schutz vor unlauteren Allgemeinen Geschäftsbedingungen in der EG die ausführliche Darstellung in Rev.int.dr.comp. 34 (1982), 505 ff; nur in Frankreich wird hier der Schutz ausdrücklich auf Verbraucher beschränkt.

Nun mögen viele Vertreter der h.M. trotz ihrer Formulierung weniger an präzis umrissene "Verbrauchergesetze" gedacht haben, sondern in einem eher vagen Sinne an jedwedes Spezialgesetz, das in das "normale" Vertragsgefüge korrigierend zum Schutz einer Partei eingreift und das sich deshalb auch oder sogar insbesondere zugunsten des Verbrauchers auswirkt, auch wenn dies in der Gesetzesfassung selbst keinen Niederschlag gefunden hat. Verbraucherschutz als "Sonderrecht" zugunsten eines typischerweise Schwächeren bei generell vermuteten Ungleichgewichtslagen[90] - dieser Ansatz vermag zwar der obigen Kritik zu entgehen, ist aber dennoch nicht nur mangels hinreichend bestimmbarer Konturen fragwürdig. Er leidet darüber hinaus an dem grundsätzlichen "Übel", daß "allgemeines" Vertragsrecht und "besonderes" Schutzrecht ohnehin aufgrund einer weitgehenden Interdependenz nicht sinnvoll in zwei abgeschlossene Kategorien zu trennen sind.

Sonderrechtliche Eingriffe komplettieren das allgemeine Vertragsrecht und bauen auf diesem auf. Sie sind nicht notwendig, wenn bereits das klassische allgemeine Privatrecht hinreichenden Schutz vor einseitigen Vertragsgestaltungen für alle und damit auch den typischerweise Schwachen in einer bestimmten Situation gewährt. Generalklauseln und eine weitherzige Auslegung bestimmter Schlüsselnormen ermöglichen oft in dem einen Land eine Antwort auf neuere Entwicklungen durch bloße Fortentwicklung der Rechtsprechung, während in einem anderen Staat der Gesetzgeber eingreift, um ein entsprechendes Ziel zu realisieren. Der Schutz des privaten Kunden vor überhöhten Zinsen beispielsweise wird in Deutschland über eine interessengerechte Interpretation des § 138 I BGB erreicht[91], sicher keine sonderrechtliche Vorschrift. In Frankreich greift man, wie oben gesehen[92], zum gleichen Zweck auf das Antiwuchergesetz in der Fassung durch die speziell auf private Darlehensnehmer zugeschnittene "Loi Neiertz" zurück. Soll sich nun ein französischer Konsument, der bei einer deutschen Bank einen Kredit zur Finanzierung eines Verbrauchergeschäftes aufnimmt, trotz einer anderslautenden Rechtswahl über Art. 29 I EGBGB und die "Loi Neiertz" auf das Antiwuchergesetz berufen können (als ein spezielles Schutzgesetz), nicht aber umgekehrt ein deutscher Kreditnehmer auf § 138 I BGB? Die Interessenlage ist in beiden Fällen gleich, die allein rechtstechnische Frage, ob das Gericht seine Entscheidung auf eine klassische Generalklausel oder eine spezialgesetzliche Korrektur des allgemeinen Vertragsrechts stützt, kann nicht den Ausschlag für eine unterschiedliche Lösung geben.

---

90 Vgl. den Titel des Aufsatzes von *Lieb*, AcP 178 (1978), 196.

91 S. dazu im einzelnen *Schmelz*, Der Verbraucherkredit, Rdn. 148 ff.

92 Oben S. 38.

Ein weiteres Beispiel: In den Vereinigten Staaten basiert der Schutz vor unlauteren Geschäftsbedingungen im wesentlichen auf der in § 2-302 UCC positivierten "unconscionability doctrine"[93]. Ihre Anwendung ist nicht auf Verbraucherverträge beschränkt, und sie ist auch keine Regelung zum Schutz eines Schwächeren im obigen weiteren Sinn, denn "unequal bargaining power" ist nur ein (allerdings gewichtiges) Indiz für "unconscionability", nicht aber Anwendungsvoraussetzung[94]. Auch hier müßte also die h.M. zu einer merkwürdigen Differenzierung kommen: Ein Konsument aus Deutschland kann sich trotz der Wahl des Rechts eines US-amerikanischen Staates auf das deutsche AGBG berufen, einem Verbraucher mit Wohnsitz in den Vereinigten Staaten bleibt der heimatliche Schutz im umgekehrten Fall verwehrt.

Auch Änderungen im eigenen materiellen Recht würden nach der Auffassung der h.M. ungeahnte Folgen im internationalen Bereich nach sich ziehen. Solange § 247 BGB a.F. *allen* Darlehensnehmern, und damit gewiß nicht nur schutzbedürftigen[95], ein Kündigungsrecht bei Krediten mit einem Zinssatz von mehr als 6% gewährte[96], war eine Sonderregelung für bestimmte Personengruppen bzw. für vermutete Ungleichgewichtslagen nicht erforderlich. Erst die Streichung des § 247 BGB a.F. führte zu der differenzierenden Spezialregelung des § 609 a BGB. Das Kündigungsrecht wurde bei festverzinslichen Darlehen für die Zeit der Zinsbindung grundsätzlich aufgehoben, nur bei einer Zinsbindung über 10 Jahre hinaus gilt anderes (§ 609 a I Nr. 3 BGB). Für den Verbraucher bleibt es aber, wenn auch losgelöst von einer bestimmten Zinsgrenze, bzgl. der nicht durch ein Grundpfandrecht abgesicherten Darlehen gem. § 609 a I Nr. 2 BGB bei dem bereits von § 247 BGB a.F. vorgesehenen Kündigungsrecht nach 6 Monaten[97]. Bei Darlehen mit veränderlichem Zinssatz besteht für jeden Kunden jederzeit ein Kündigungsrecht (§ 609 a II BGB). Eingedenk der Tatsache, daß heute ein Zinssatz von unter 6% kaum noch anzutreffen ist, hat die Neuregelung die Position des Konsumenten nicht entscheidend verändert; sie erklärt sich denn auch vornehmlich aus dem Ziel, einen überhöhten Schuld-

---

93 S. dazu *Calamari/Perillo*, The Law of Contracts, 398 ff.

94 Vgl. § 2-302 U.C.C., Official Comment 1; auch *Lando*, in: New Directions in International Trade Law II, 587 betont, daß § 2-302 U.C.C. auf Handels- und Verbraucherverträge gleichermaßen Anwendung findet.

95 Vgl. *v.Bargen*, VersR 1979, 1069, der als Nutznießer vor allem Körperschaften, Unternehmer und Personen mit überdurchschnittlichem Einkommen sah, während durch mittelbare Auswirkungen Durchschnittsverdiener und kleine Sparer sogar geschädigt wurden.

96 Zur teilweise heftigen Kritik an § 247 BGB a.F. vgl. *Canaris*, WM 1982, 254; Staudinger-*K.Schmidt*, § 247, Rdn. 7 f.

97 Allerdings mit einer auf drei Monaten verkürzten Kündigungsfrist.

nerschutz in anderen Fallkonstellationen abzubauen[98]. Dennoch müßte mit dem Ansatz der h.M. nunmehr, da es sich um eine Sonderregel für Verbraucher handelt, der internationale Anwendungsbereich des § 609 a I Nr. 2 BGB anders zu beurteilen sein als der der im früheren § 247 BGB implizit enthaltenen gleichen Regelung[99], ohne daß dafür ein sachlicher Grund zu finden ist. Eine Grenzziehung zwischen allgemeinem Vertragsrecht und Verbraucherschutzrecht bzw. Sonderrecht zum Schutz des Schwächeren im materiellen Recht ist also nicht nur ein müßiges Unterfangen[100], sondern macht darüber hinaus den Verbraucher über die internationalprivatrechtliche Anknüpfung zum unfreiwilligen Opfer oder unverhofften Nutznießer von juristischen Kategorisierungskünsten. Dieses Ergebnis der h.M. wird der Intention des Art. 29 I EGBGB nicht gerecht.

Und dies gilt auch unter einem anderen, letztlich entscheidenden Aspekt. Art. 29 I EGBGB schützt, wie bereits mehrfach betont, den Konsumenten in seinem Vertrauen auf eine Rechtsstellung (mindestens) entsprechend seinem Umweltrecht, soweit dieses Vertrauen durch eine der in Art. 29 I Nr. 1-3 EGBGB genannten Verknüpfungen mit seinem Aufenthaltsort begründet ist. Er soll deshalb auch bei einer Rechtswahlklausel (mindestens) so stehen, wie er in einem tatsächlich rein internen Vertragsrechtsstreit stünde. Nun ist es eine Banalität auszusprechen, daß der Konsument in einem "homogen verknüpften"[101] Rechtsstreit sich auf *alle* zwingenden Normen berufen kann, die seiner Sache dienen, unabhängig davon, ob sie "nur" oder "auch" den Verbraucher bzw. einen typischerweise Schwächeren schützen oder gar für alle Vertragspartner gelten.

Sieht man dies nun im Rahmen des Art. 29 I EGBGB anders, so gewährt man dem grenzüberschreitend, aber unter den Voraussetzungen des Art. 29 I Nr. 1-3 EGBGB nachfragenden Verbraucher gerade nicht den gleichen, sondern nur einen partiellen Schutz[102]; das Ziel der heimatlichen Rechtsstellung als "Mindeststandard" wird verfehlt. Der Verbraucher, der einen Gebraucht-

---

98 Vgl. die Begründung des Fraktionenentwurfs, BTag-Drucks. 10/4741, 21; *Häuser/Welter*, NJW 1987, 17(19).

99 So in der Tat wohl *v.Hoffmann*, IPRax 1989, 261 (269 ff.).

100 Ähnlich *Zweigert/Puttfarken*, FS Zajtay, 569, (574): "In der Sache kann es in unserem heutigen System kein eigenes Verbraucher-Schuldrecht geben".

101 Formulierung von *Wengler*, z.B. in RGRK, IPR, A. § 1, 1.

102 Vgl. z.B. *Roth*, Internationales Versicherungsvertragsrecht, 503 f., der im Rahmen des VVG (vor Inkrafttreten des neuen EGVVG) eine detaillierte Trennung der "gewöhnlichen" zwingenden Normen von solchen Vorschriften vornahm, die wegen ihres besonderen "versicherungsnehmerschützenden Charakters" allein gegen eine abweichende Rechtswahl durchgesetzt werden könnten.

wagenkauf über die Grenze tätigt, könnte sich gegebenenfalls gegenüber einem vorformulierten Gewährleistungsauschluß zwar auf das deutsche AGBG berufen. Weil aber das Klauselverbot des § 11 Nr. 10 a AGBG auf neu hergestellte Sachen beschränkt ist, wird ihm das nicht viel nützen. § 476 BGB und der in diesem Bereich wegen der weitherzigen Auslegung durch die Rechtsprechung besonders bedeutsame § 463 BGB[103] blieben ihm hingegen verwehrt. Damit verkehrt sich die Intention des Art. 29 I EGBGB in seiner praktischen Anwendung in ihr Gegenteil. Der Standort im Gesetz entscheidet über den Schutz im Einzelfall. Nicht die rechtliche Unerfahrenheit des Verbrauchers wird "belohnt", sondern geradezu intensive juristische Studien gefordert. Nur derjenige Verbraucher kann mit ruhigem Gewissen eine Rechtswahlklausel in einem internationalen Vertrag akzeptieren, der sich zuvor Klarheit darüber verschafft hat, ob potentielle Streitigkeiten in den Bereich eines speziellen (Verbraucher-) Schutzgesetzes oder des allgemeinen Vertragrechts fallen!

Diese Erwägungen lassen nur einen Schluß zu: Der h.M. kann nicht gefolgt werden. Der Wortlaut verbietet es nicht, und die teleologische Auslegung fordert es, in die Alternativanknüpfung *alle zwingenden vertragsrechtlichen Vorschriften* einzubeziehen, die im konkreten Fall eine Rolle spielen können, unabhängig davon, ob sie für jedermann gelten oder ihnen eine besondere Schutztendenz innewohnt.

V.Mehren hat zwar die Bedeutung des Günstigkeitsvergleichs im Rahmen des Art. 6 des Haager Entwurfs eines Übereinkommens über das auf bestimmte Verbraucherkaufverträge anzuwendende Recht verkannt[104], zu der hier interessierenden Frage aber in aller wünschenswerter Deutlichkeit festgehalten:

> "The delegates to the Fourteenth Session clearly understood...that *all rules considered mandatory by the consumer's habitual residence were covered* unless, of course, either by statutory provision or judicial decision, the

---

[103] Beim Kauf eines Gebrauchtwagens durch eine Privatperson bei einem Händler sind die deutschen Gerichte mit der Annahme einer stillschweigenden Zusicherung im Rahmen der Angaben über die wichtigsten technischen Eigenschaften des Kfz sehr großzügig. Das basiert auf der Überlegung, daß andernfalls der Käufer wegen des üblicherweise vereinbarten Gewährleistungsausschlusses einerseits und seiner unterlegenen Fachkenntnis andererseits bei Mängeln recht- und schutzlos gestellt wäre, vgl. neuestens BGH NJW 1991, 1880 (1881); umfassend *Reinking/Eggert*, Der Autokauf, Rdn. 1318 ff. Die Zusicherung führt nun zwingend zum umfassenden Schadensersatzanspruch aus § 463 BGB, während man in anderen Rechtsordnungen vorsichtiger ist: Nach Schweizer Recht z.B. ist es möglich, auch bei einer Zusicherung Schadensersatzansprüche vertraglich auszuschließen und den Käufer auf Nachbesserungs-, Nachlieferungs- oder Wandelungsansprüche zu verweisen, vgl. *Keller/Lörtscher*, Kaufrecht, S. 110.

[104] S.o. S. 26.

application of the rule in question had been limited to exclusively domestic situations"[105].

Es ist zu bedauern, daß der Bericht *Giuliano/Lagarde* eine ähnlich klare Aussage zu Art. 5 II EVÜ vermissen läßt.

4. *Insbesondere: Anwendung des AGBG*

Das Kernstück des vertraglichen Verbraucherschutzes ist der vor unlauteren vorformulierten Geschäftsbedingungen des Vertragspartners[106]. Dies gilt auch im internationalen Bereich. Deshalb und weil sich hier eigene Probleme stellen, soll der Durchsetzung des deutschen AGBG trotz der Wahl eines anderen Rechts besondere Aufmerksamkeit geschenkt werden.

Die Beschränkung auf das *deutsche* AGBG dient der Übersichtlichkeit der Darstellung. Wegen der internationalen Zuständigkeit aus Art. 14 EuGVÜ dürften die deutschen Gerichte in der Praxis im übrigen ohnehin trotz der allseitigen Fassung des Art. 29 I EGBGB zumeist allein mit der Frage des Schutzes eines deutschen Verbrauchers vor den Folgen einer Rechtswahl durch die Anwendung deutscher zwingender Normen konfrontiert sein. Die folgenden Ausführungen können aber - mutatis mutandis - auch für die kollisionsrechtliche Behandlung der AGB-Schutzgesetze anderer Länder Geltung beanspruchen.

a) In- oder ausländisches dispositives Recht als Wertungsgrundlage?

Es ist im Grundsatz unzweifelhaft, daß bei einem Vertrag mit einem in Deutschland wohnhaften Konsumenten trotz der Wahl eines ausländischen Rechts unter den Voraussetzungen des Art. 29 I Nr. 1-3 EGBGB das deutsche AGBG zu berücksichtigen und gegebenenfalls anzuwenden ist, wenn der Günstigkeitsvergleich zu seinen Gunsten ausfällt. Nach der hier vertretenen Auffassung folgt dies ohne weiteres aus dem zwingenden Charakter dieses Gesetzes, die h.M. muß zu einer (durchaus problematischen[107]) Einstufung als Verbraucherschutzbestimmung greifen[108]. Nun ist die mögliche Anwendung des AGBG trotz anderslautender Rechtswahl im deutschen Kollisionsrecht keine umwälzende Neuerung, sondern wird bereits seit 1976 durch den entgegen den ur-

---

105 *V.Mehren*, Report, 194, (Hervorhebung hinzugefügt).

106 Das ist hier im Sinne eines rein *faktischen* Befundes gemeint und soll nicht die obige Feststellung in Zweifel ziehen, daß das AGBG in der Regelungstechnik einen sachlichen statt eines verbraucherbezogenen Ansatzes verfolgt (oben S. 46 f.).

107 S.o. S. 46 f.

108 S. z.B. Palandt-*Heldrich*, Art. 29 EGBGB Rdn. 6; Ulmer-Brandner-Hensen (-*H.Schmidt*), § 12 Rdn. 2.

sprünglichen Vorstellungen des Regierungsentwurfs[109] auch nach der IPR-Reform weitergeltenden[110] § 12 AGBG unter Voraussetzungen ermöglicht, die denen des Art. 29 I Nr. 1, 2 EGBGB ähneln. § 12 AGBG hat die Gerichte kaum, die Literatur aber umso stärker beschäftigt[111], wobei bis heute ein gewisses Unbehagen vorherrscht, das seine Ursache in dem dort verwandten Begriff des "Berücksichtigens" findet. Nach überwiegender Meinung soll damit im Rahmen eines dem Günstigkeitsvergleich des Art. 29 I EGBGB entsprechenden "Äquivalenztests" der Schutz durch das AGBG als Minimalstandard Beachtung finden[112]. Äußerst umstritten ist allerdings, wie dieser Minimalstandard insbesondere hinsichtlich der Inhaltskontrolle[113] nach §§ 8 ff. AGBG zu definieren ist. Die §§ 10, 11 AGBG mit ihren detaillierten Klauselverboten nehmen über ihre "Anschlußbegriffe" Bezug auf ganz bestimmte Regelungen des deutschen dispositiven Vertragsrechts. Wenn etwa das AGBG die Einschränkung von Leistungsverweigerungsrechten (§ 11 Nr. 2a, b), die Freistellung von dem Erfordernis einer Nachfristsetzung (§ 11 Nr. 5) oder die Verkürzung der gesetzlichen Gewährleistungsfristen (§ 11 Nr. 10 f) mißbilligt, so baut dies auf den entsprechenden Bestimmungen des BGB (§§ 273, 320, 326, 477, 638) auf. Und auch dort, wo es scheinbar selbst die Prüfungskriterien festlegt ("Treu und Glauben" in § 9 I, Einschränkung von Kardinalpflichten in § 9 II Nr. 2), greift es stillschweigend auf Rechtsvorstellungen zurück, die durch Rechtsprechung und Literatur gerade für das deutsche Vertragsrecht entwickelt worden sind[114]. Das dispositive Recht wird insoweit "AGB-fest" gemacht. Nach einer Meinung setzt sich dies nun im internationalen Bereich fort: § 12 AGBG habe die Aufgabe, die im deutschen Recht vom AGBG im Zusammenhang mit den deutschen abdingbaren Normen abgesicherten materiellen Rechtspositionen des Klauselgegners gegenüber nachteiligen (materiellen) Normen des ausländischen Rechts abzusichern[115]. Eine andere Auffassung

---

109 S. BTag-Drucks. 10/504, 95.

110 Zu den Gründen s. Reithmann-Martiny(-*Martiny*), Rdn. 456.

111 Umfangreiche Nachweise bei Erman-*O. Werner*, § 12 AGBGB vor Rdn. 1.

112 Vgl. Wolf-Horn-Lindacher(-*Lindacher*), § 12 Rdn. 16; Reithmann-Martiny (-*Martiny*), Rdn. 459 unter b).

113 Die Einbeziehungskontrolle und die Auslegungsfrage machen insoweit keine Schwierigkeiten. Die §§ 2-5 AGBG lassen sich auch bei grundsätzlicher Geltung einer ausländischen Rechtsordnung unverändert anwenden, weil sie ohne Rückgriff auf externe Maßstäbe einer autonomen Geltung fähig sind, *Roth*, Internationales Versicherungsvertragsrecht, 223; Wolf-Horn-Lindacher(-*Lindacher*), § 12 Rdn. 14; *Reichert-Facilides*, VersR 1978, 481 (483).

114 *Reichert-Facilides*, VersR 1978, 481 (483).

115 Vgl. *v. Westphalen*, WM 1978, 1310 (1315); *U.Hübner*, ZVersWiss 1983, 21 (37f.); Wolf-Horn-Lindacher(-*Lindacher*), § 12 Rdn. 15: "Gewährleistung eines inhaltlichen Mindeststandards nach dem Maßstab des inländischen Rechts".

meint, § 12 AGBG ziele lediglich auf die Berücksichtigung der *Kontrollmechanismen* des AGBG ab, deren Anwendung dann aber auf dem ausländischen dispositiven Recht aufbauen müsse[116]. Die in diesem Recht niedergelegten Wertmaßstäbe sollen bestimmen, ob eine AGB-Klausel eine unangemessene Benachteiligung enthält.

Ein Beispiel mag die durchaus unterschiedlichen Konsequenzen der beiden Meinungen verdeutlichen. Enthält ein vorformulierter Kaufvertrag eine Klausel über die Verjährung von Gewährleistungsrechten des Kunden, so ist diese nach der ersten Auffassung gem. § 11 Nr. 10 f AGBG i.V.m. § 477 I 1 BGB unwirksam, wenn die Frist 6 Monate ab Gefahrübergang unterschreitet. Die zweite Auffassung wendet über § 12 AGBG allein § 11 Nr. 10 f AGBG an, der eine Verkürzung der "gesetzlichen" Gewährleistungsfristen verbietet. Welche aber die hier einschlägige Gewährleistungsfrist ist, bestimmt sich nach dem *ausländischen* Vertragsstatut; unangemessen ist die Klausel nur, wenn sie von *diesem* für den Kunden nachteilig abweicht.

Es wurde nun die Hoffnung geäußert, daß die Kontroverse durch die IPR-Reform für den Bereich des Art. 29 I EGBGB (der § 12 AGBG ja weitestgehend ablöst[117]) gegenstandslos und im Sinne der ersteren Meinung entschieden ist. Denn, so wird argumentiert, Art. 29 I EGBGB begnüge sich als "ergebnisorientierte"[118] Vorschrift nicht mit einer "Berücksichtigung" des AGBG, sondern fordere dessen "Anwendung", womit man den inländischen Standard energischer durchsetzen könne[119].

Diese Hoffnung trügt jedoch. Nicht nur § 12 AGBG nimmt das abdingbare deutsche Recht nicht (jedenfalls nicht unmittelbar) in seinen kollisionsrechtlichen Eingriffsbefehl auf. Man darf nicht übersehen, daß auch Art. 29 I EGBGB die Alternativanknüpfung und damit den Günstigkeitsvergleich auf die "zwingenden Vorschriften" beschränkt und folglich das *ius dispositivum* am gewöhnlichen Aufenthaltsort des Vebrauchers ausschließt. Insoweit bleibt es also uneingeschränkt und ausschließlich beim gewählten Recht. Ist aber das deutsche abdingbare Recht auch nach Art. 29 I EGBGB nicht unmittelbar zur Anwendung berufen, so stellt sich hier die gleiche Frage wie bei § 12 AGBG:

---

116 *Stoll*, FS Beitzke, 759 (780); *Reichert-Facilides*, VersR 1978, 431 (483); *Roth*, Internationales Versicherungsvertragsrecht, 222 ff.

117 Zum schmalen verbleibenden Anwendungsgebiet des § 12 AGBG Ulmer-Brandner-Hensen(-*H.Schmidt*), § 12 Rdn. 3.

118 Reithmann-Martiny(-*Martiny*) Rdn. 458.

119 S. Wolf-Horn-Lindacher(-*Lindacher*), § 12 Rdn. 2; Reithmann-Martiny (-*Martiny*) Rdn. 458; ähnlich Ulmer-Brandner-Hensen(-*H.Schmidt*), § 12 Rdn. 2: "Die inländischen Verbraucher stehen daher [nach Art. 29 EGBGB] unter dem Schutz des AGBG in weitergehendem Umfang als nach § 12 [AGBG]..."; Ulmer-Brandner-Hensen(-*Ulmer*), Anh. § 2 Rdn. 2a: Uneingeschränkte Anwendung des AGBG statt beschränkter Sonderanknüpfung nach § 12 AGBG.

Kann man diese Entscheidung dadurch umgehen, daß man mittelbar über das AGBG das deutsche dispositive Recht zum Maß aller (vorformulierten) Vertragsbedingungen erhebt?

Die Antwort darauf lautet nein. Denn wer dies anders sieht, verwickelt sich in unlösbare Wertungswidersprüche. Verwendet der Vertragspartner des Verbrauchers *keine* Allgemeinen Geschäftsbedingungen, so kommen unstreitig allein die dispositiven Vertragsnormen des (durch Individualabrede) gewählten ausländischen Rechts zur Anwendung[120]. Dies gilt ebenso unstreitig auch dann, wenn diese im konkreten Fall ungünstiger sind als das einschlägige abdingbare deutsche Recht[121]. So trifft beispielsweise den privaten deutschen Kunden eines Schweizer Verkäufers gem. des dispositiven[122] Art. 201 OR eine Untersuchungs- und Mängelrügeobliegenheit, um seine Gewährleistungsrechte zu erhalten, obwohl dies in Deutschland nach dem ebenfalls der Parteidisposition unterworfenen[123] § 377 HGB nur für den Handelskauf vorgesehen ist. Verwendet der Verkäufer nun AGB, die von der fraglichen ausländischen Norm nicht abweichen, sondern auf diese nur informativ hinweisen, so kann das Ergebnis kein anderes sein. Und doch müßten die Vertreter der Gegenmeinung im geschilderten Fall über § 11 Nr. 10 e AGBG eine Rügeobliegenheit für nicht offensichtliche Mängel (also für solche, die bei einer Untersuchung erkennbar gewesen wären) verneinen. Entsprechendes gilt für Verjährungsfristen: Die bloße Wiederholung einer ausländischen Gewährleistungsfrist, die kürzer ist als die einschlägige deutsche, würde dem AGB-Verwender zum Verhängnis[124]. Dies würde nur dann Sinn machen, wenn es Zweck des AGBG wäre, die Verwendung von AGB ganz allgemein und ohne Rücksicht auf deren Inhalt zu unterbinden. Davon kann aber keine Rede sein. Das AGBG soll le-

---

120 Vorbehaltlich einer Verdrängung durch *zwingende* deutsche Vorschriften nach Art. 29 I EGBGB.

121 Nur *U.Hübner*, NJW 1980, 2601 (2605 Fn. 58) erwägt vorsichtig, über § 12 AGBG die Wertungen §§ 10, 11 AGBG auch dann durchzusetzen, wenn der ausländische Unternehmer gar keine AGB verwendet. Dem steht aber nicht nur das rechtspolitische Ziel des AGBG, sondern auch sein eindeutiger Wortlaut entgegen; es ist nicht anwendbar, wenn es am Tatbestandsmerkmal "AGB" fehlt (§ 1 AGBG).

122 *Keller/Lörtscher*, Kaufrecht, 68.

123 Baumbach/Duden/*Hopt*, § 377 Anm. 1) E.

124 Unbehagen an einer solchen Lösung verspürt auch Wolf-Horn-Lindacher (*-Lindacher*), § 12 Rdn. 15. Obwohl er meint, § 12 AGBG gewährleiste den materiellen inländischen Mindeststandard, will er doch gleichzeitig verhindern, daß der Vertragspartner des Verwenders via Berücksichtigung des AGBG im Ergebnis besser steht als bei Vertragsschluß ohne AGB. Deshalb müsse Grenze der Durchsetzung des inländischen Mindeststandards stets die Regelung des dispositiven Rechts des Schuldstatuts sein. Insoweit ist ihm zuzustimmen, unklar bleibt freilich, warum er dann nicht gleich im ausländischen Recht ansetzt.

diglich eine einseitige und das Vertragsgleichgewicht störende Inanspruchnahme der Vertragsgestaltungsfreiheit verhindern[125]. Diese steht jedoch gar nicht in Frage, wenn eine Bestimmung in den vorformulierten Vertragsbedingungen nicht von den ohnehin anwendbaren Rechtsvorschriften abweicht. Im Gegenteil: Eine Information des Vertragspartners über den Inhalt des einschlägigen (hier ausländischen) Rechts ist rechtspolitisch durchaus erwünscht[126]. Das AGBG stellt dem Richter nicht die Aufgabe, das dispositive Gesetzesrecht selbst zu korrigieren.

So ist denn der Befund unvermeidlich: Ob man das AGBG über seinen § 12 "berücksichtigt" oder gem. Art. 29 I EGBGB "anwendet", in beiden Fällen kommt es nicht zur "Berücksichtigung" oder "Anwendung" des deutschen dispositiven Rechts, in beiden Fällen ist die grundlegende Entscheidung des deutschen Gesetzgebers zu respektieren, den kollisionsrechtlichen Eingriffsbefehl auf das AGBG selbst (§ 12 AGBG) oder die zwingenden Normen in ihrer Gesamtheit (Art. 29 I EGBGB) zu beschränken. Das dispositive Gesetzesrecht, auf dem das Gericht gem. § 8 AGBG sein Urteil über die Unangemessenheit oder Unbilligkeit einer AGB-Klausel aufbauen muß, ist hier das ausländische Recht. Nicht "allgemeine Vertragsgerechtigkeit"[127] nach deutschen Vorstellungen bildet insoweit das kollisionsrechtliche Ziel, sondern "nur" die Kontrolle der negativen Folgen einer unilateralen Vorformulierung von Vertragbedingungen.

Der Begriff des "Berücksichtigens" stellt sich somit gegen die h.M. nicht als ein "minus" zur "Anwendung" dar, sondern beruht auf der richtigen Erkenntnis des Gesetzgebers, daß derjenige, der eine Vertragskontrolle nach deutschen Vorstellungen auf der Basis von ausländischem dispositiven Recht durchführen will, zwangsläufig "die Vorschriften des AGB-Gesetzes in einer dem anwendbaren Recht angepaßten Weise anzuwenden"[128] (sic!) hat.

b) Praktische Probleme

Es ist allerdings nicht zu verkennen, daß daraus diffizile praktische Probleme erwachsen. Bereits oben wurde erwähnt und mit Beispielen versehen, daß zahlreiche Klauselverbote mit ihren "Anschlußbegriffen" und Wertungsgrundlagen im deutschen dispositiven Recht nur auf eben dessen

---

125 Ulmer-Brandner-Hensen(-*Ulmer*), Einl. Rdn. 28.

126 *Roth*, Internationales Versicherungsvertragsrecht, 229, Fn. 117.

127 *U.Hübner*, NJW 1980, 2601 (2605 Fn. 58).

128 Gesetzesbegründung, BRat-Drucks. 360/75, 41.

Boden verständlich sind. Wird nun aber nach der hier vertretenen Auffassung bei einem internationalen Verbrauchervertrag über Art. 29 I EGBGB nicht das deutsche, sondern das ausländische *ius dispositivum* vor einem einseitigen "*contracting out*"[129] bewahrt, so entstehen unvermeidliche Friktionen. Eine unmittelbare und wortlautgetreue Anwendung der AGBG-Vorschriften verbietet sich in aller Regel, vielmehr muß sich das Gericht in das gewählte Recht und dessen Grundanschauungen hineindenken und dem Geist der §§ 8-11 AGBG entsprechende Normen formulieren, die der Gesetzgeber des gewählten Rechts hätte schaffen müssen, um einen dem deutschen Recht zumindest äquivalenten Schutz gegenüber AGB zu erreichen[130]. Die solchermaßen angepaßten Vorschriften des AGBG dienen dann als Grundlage für den Günstigkeitsvergleich mit dem ausländischen Recht in der oben unter 2. beschriebenen Form. *Zu vergleichen ist also das Ergebnis nach dem gewählten Recht in seiner Gesamtheit mit den Folgen einer dem gewählten Recht angepaßten, also von dessen dispositiven Vorschriften ausgehenden Inhaltskontrolle nach den Grundsätzen der §§ 9-11 AGBG*[131].

Dies ist nun leichter gesagt als getan[132]. *Sonnenberger* befürchtet (für § 12 AGBG) sogar "nahezu unüberwindliche Hindernisse"[133]. Es dürften zwar die Fälle nicht so selten sein, in denen das gewählte ausländische Recht hinsichtlich der konkret zu entscheidenden Frage im wesentlichen inhaltsgleich mit dem deutschen ist; gerade im Verbraucherrecht ist nicht zuletzt durch die Richtlinienaktivitäten der EG eine stetige Rechtsangleichung mit den wichtigsten Nachbarländern der Bundesrepublik zu beobachten. Jedoch bleiben genug Konstellationen denkbar, in denen erhebliche Unterschiede auszumachen sind. Und hier wird dem Richter einiges abverlangt. So beträgt beispielsweise in der Schweiz die gesetzliche Gewährleistungsfrist beim Kauf gem. Art. 210 I OR ein Jahr gegenüber 6 Monaten in Deutschland nach § 477 BGB. Wird nun die Frist formularmäßig auf 9 Monate verkürzt, so bedeutet angepaßte Anwendung des AGBG nicht, daß dies mechanisch nach § 11 Nr. 10 f AGBG i.V.m. mit der ausländischen Vorschrift des Art. 210 I OR für unwirksam erklärt wird. Vielmehr beruht die genannte AGBG-Norm gerade auf der Erwägung, daß die deutschen Verjährungsfristen der §§ 477, 638 BGB zum Schutz des Vekäufers bzw. Werkunternehmers und zu Lasten des Kunden bereits außerordentlich

---

129 *Stoll*, FS Beitzke, 759 (780).

130 Vgl. *Sonnenberger*, FS Ferid 1978, 377 (394).

131 Ähnlich zu § 12 AGBG *Roth*, Internationales Versicherungsvertragsrecht, 236.

132 Zutreffend *Stoll*, FS Beitzke, 759 (780).

133 So *Sonnenberger*, FS Ferid 1978, 377 (394).

kurz sind[134]. Dies kann nun nicht ohne weiteres auf eine Einjahresfrist übertragen werden, vielmehr wird erst eine *in ihrem Ausmaß unangemessene* Verkürzung als unwirksam anzusehen sein[135]. Auch wird ein Unwerturteil dann milder auszufallen haben, wenn die gewählte Rechtsordnung dem Klauselgegner in Deutschland unbekannte Rechte einräumt, die die nachteiligen Folgen einer AGB-Klausel aber zu beseitigen in der Lage sind. Die AGB-Klausel eines französischen Unternehmens, die den Erwerber eines Produkts bei Mangelhaftigkeit auf Ansprüche gegen Dritte beschränkt oder deren vorherige gerichtliche Inanspruchnahme verlangt, muß nicht notwendig gegen § 11 Nr. 10 a AGBG verstoßen, da das französische Recht anders als das deutsche dem Erwerber die Möglichkeit einräumt, in einer "action directe" bei Mangel oder Mangelfolgeschäden *vertragliche* Schadensersatzansprüche gegen den Vorlieferanten des Vertragspartners oder des Herstellers geltend zu machen[136].

Eine Bewertung kann also in der Tat im Einzelfall äußerst schwierig sein. Patentrezepte wird es dafür nicht geben; vielmehr stehen Widersprüche und Fehlschlüsse in der Praxis zu erwarten. Es ist zweifelhaft, ob sich die Verfasser des Art. 5 EVÜ, die sich doch dem Ideal der Rechtssicherheit verschrieben hatten[137], dieser mißlichen Konsequenz ihrer Lösung bewußt waren. Angesichts des Schweigens in den Dokumenten zu den Vertragsverhandlungen und im Bericht *Giuliano/Lagarde* ist eher zu befürchten, daß sie die Gefahren, die durch diese gesetzliche *dépeçage* - also der Anwendung zweier Rechtsordnungen auf ein Vertragsverhältnis - geschaffen wurden, eher zu leicht gewogen haben.

---

134 So auch *Roth*, Internationales Versicherungsvertragsrecht, 226.

135 *Roth*, Internationales Versicherungsvertragsrecht, 226; nach Staudinger-*Schlosser*, § 12 AGBG Rdn. 8 sollen im allgemeinen Verkürzungen bis auf das Niveau der deutschen Verjährungsfristen den Grundgedanken des AGBG nicht entgegenstehen.

136 Beispiel nach *Sonnenberger*, FS Ferid 1978, 377 (394); näher zum französischen Recht *Ferid-Sonnenberger*, Das Französische Zivilrecht II, Rdn. 2 G 651 ff. m.w.N.

137 Bericht *Giuliano/Lagarde*, BRat-Drucks. 224/83, 37.

III. Kritik

1. Praktikabilität

a) Rechtsunsicherheit

Die obigen Ausführungen haben gezeigt, daß der Günstigkeitsmaxime in der speziellen Ausformung des Art. 29 I EGBGB schon aus praktischen Gründen mit Skepsis zu begegnen ist. Sie ist mit einem erheblichen Maß an Rechtsunsicherheit verbunden, auch wenn man wie hier die Form des konkreten Vergleichs auf der Basis einer Gesamtbetrachtung wählt. Damit wird zwar dem Richter die Arbeit erleichtert, weil er der leidigen Aufgabe enthoben ist, von zwei Verbraucherschutzkonzepten das "bessere" auszuwählen. Aber kommt es für den Vergleich auf das Prozeßbegehren des Verbrauchers an, dann bleibt bis zum gerichtlichen Verfahren die Frage nach dem anwendbaren Recht nicht eindeutig klärbar. Und das ist für beide Parteien mißlich. Das materielle Vertragsrecht vieler Länder enthält in zunehmendem, aber unterschiedlichem Maße Normen, die das Verhalten der Parteien schon vor Streitentstehung steuern sollen und für den Fall der Nichterfüllung mit Nachteilen für die jeweilige Partei bewehrt sind. Man denke z.B. an die zahlreichen Aufklärungsobliegenheiten beim Vertragsschluß im deutschen Recht, deren Verletzung Ansprüche aus *culpa in contrahendo* begründen kann[138], an Rügeobliegenheiten im deutschen Reisevertrags- und im Schweizer Kaufrecht (§ 651 d II BGB; Art. 201 I OR), an die von vielen Rechten vorgesehene Pflicht zur Vereinbarung einer Mindestanzahlung bei Abzahlungsgeschäften (z.B. § 20 I 1 österr. KSchG, Art. 226 d I OR) oder schließlich an die Obliegenheit zur Kenntnisverschaffung von AGB gem. § 2 I AGBG.

Alle diese Regeln haben ein *präventives* Ziel. Sie sollen Schwierigkeiten bei der Vertragsabwicklung verhindern bzw. eine rasche und außergerichtliche Beilegung von Streitigkeiten ermöglichen. Ihre Beachtung setzt aber voraus, daß das auf den Vertrag anzuwendende Recht möglichst eindeutig bestimmt ist. Der konkrete Günstigkeitsvergleich verhindert diese Eindeutigkeit und wirkt damit der Steuerungsfunktion der Verhaltensnormen entgegen[139]. Das materiellrechtliche Ziel der Streitvermeidung wird kollisionsrechtlich der möglichst großen Bevorzugung des Verbrauchers im Prozeß geopfert.

---

[138] Vgl. MüKo-*Roth*, § 242 Rdn. 197 ff. Zur kollisionsrechtlichen Behandlung von c.i.c.-Ansprüchen s. neuestens *Fischer*, JZ 1991, 168.

[139] *Roth*, Internationales Versicherungsvertragsrecht, 269.

Hinzu kommt, daß auch der Ausgang des einmal begonnenen Prozesses für die Parteien in nicht wenigen Fällen nur schwer voraussehbar sein wird, selbst wenn die hier bevorzugte Gesamtbetrachtung relativ leicht zu handhaben ist. Dies liegt zum einen daran, daß es Konstellationen gibt, bei denen ein Rückgriff auf die konturenlosen Figuren des Rechtsmißbrauches oder der Anpassung/Angleichung notwendig ist, um angemessene Ergebnisse zu erzielen[140]. Hier hat der Richter großen Freiraum, und dieser korreliert notgedrungen mit einer ebenso großen Prognoseunsicherheit für die Parteien. Zum anderen wirkt sich die Beschränkung der Alternativanknüpfung auf die zwingenden Normen negativ aus. Sie führt u.U. zu einer verschachtelten Anwendung von dispositivem gewähltem Recht und zwingenden Vorschriften des Rechts am gewöhnlichen Aufenthaltsort des Verbrauchers. Wie zuletzt gesehen[141], macht dies gerade im wichtigen Bereich des Schutzes vor unlauteren vorformulierten Vertragsbedingungen erhebliche Schwierigkeiten. Es dürfte hier den Parteien besonders schwerfallen vorauszusehen, zu welchen Ergebnissen das Gericht kommen wird, wenn es versucht, z.B. das deutsche AGBG "ohne Sinnfraktur"[142] mit dem maßgeblichen dispositiven Recht zusammenzufügen.

Für beide Parteien ist also wegen des Günstigkeitsprinzips das Prozeßrisiko weitgehend unkalkulierbar[143]. Für den Vertragspartner des Verbrauchers mag man das mit einem Achselnzucken übergehen, hat er doch durch die Rechtswahl die Situation erst herbeigeführt. Aber auch dem Verbraucher erweist man einen Bärendienst, wenn man seine materielle Bevorzugung mit Rechtsunsicherheit erkauft.

b) Zusammenspiel mit Art. 29 III EGBGB

Ein weiterer Unsicherheitsfaktor entsteht aus der merkwürdigen, in der bisherigen Literatur mit Schweigen übergangenen Diskrepanz zwischen der Alternativanknüpfung des Art. 29 I EGBGB und der starren Anknüpfung der Formvorschriften an das Umweltrecht des Verbrauchers in Art. 29 III EGBGB. Es entbehrt nicht einer gewissen Ironie, daß sich die Verfasser des EVÜ gerade hinsichtlich der Form, die traditionell alternativ nach dem Grundsatz des *favor negotii*[144] angeknüpft wird, nicht zu einer Alternativanknüpfung nunmehr nach

[140] S.o. S. 42 f.

[141] Oben S. 52 ff.

[142] Staudinger-*Schlosser*, § 12 AGBG Rdn. 8.

[143] Aus diesem Grunde scharf ablehnend auch *Birk*, RdA 1989, 201 (206): "Das Günstigkeitsprinzip kommt ... kollisionsrechtlich einer Bankrotterklärung nahe."

[144] Näher dazu MüKo-*Spellenberg*, Art. 11 EGBGB Rdn. 1, 36 ff.

dem Prinzip des *favor consumptoris* - also der Durchsetzung der stärkeren Formvorschriften - durchringen konnten, wenn gewähltes und Umweltrecht des Konsumenten auseinanderfallen.

Zeigen sich darin Zweifel an der eigenen Lösung zu Art. 5 II EVÜ oder "nur" mangelnde Koordination der Arbeit an dem Übereinkommen[145]? Wahrscheinlicher ist letzteres, rechtfertigt doch *Lagarde* im Bericht *Giuliano/Lagarde* die Regelung des Art. 9 V EVÜ (= Art. 29 III EGBGB) gerade "mit dem sehr engen Zusammenhang..., der im Bereich des Verbraucherschutzes zwischen den zwingenden Formvorschriften und den materiellrechtlichen Vorschriften" bestehe[146]. In der Tat: Vorschriften über die bei Vertragsschluß zu beachtende Form dienen häufig ebenso wie materielle Normen dem Ziel, eine Übervorteilung des Verbrauchers zu verhindern. Was hätte da aber näher gelegen, als beide Normgruppen im Falle einer Rechtswahl der gleichen Regelung, also dem Günstigkeitsprinzip *oder* der zwingenden singulären Anknüpfung an das Umweltrecht des Verbrauchers zu unterwerfen?

Die unbestreitbare und von *Lagarde* zu Recht hervorgehobene Interdependenz von Form- und sonstigen Bestimmungen zum Schutz des Verbrauchers schafft nun angesichts der unterschiedlichen Regelungstechniken Schwierigkeiten. Bestimmte materielle Regelungen mögen auf bestimmten Lösungen formeller Fragen beruhen und umgekehrt. Löst man kollisionsrechtlich diesen Zusammenhang auf, können untragbare Ergebnisse die Folge sein.

Dies sei an einem Beispiel illustriert. Ein in Basel ansässiges Unternehmen schließt mit einem Verbraucher aus Lörrach an dessen Wohnort einen Abzahlungskauf und vereinbart die Geltung Schweizer Rechts; die Kaufsache wird dem Käufer gegen eine Anzahlung übergeben. Die sowohl nach deutschem als auch nach schweizerischem Recht erforderlichen Angaben über den Teilzahlungsgesamtpreis (§ 4 I 2 Nr. 2 b VerbrKG, Art. 226 a II Nr. 5 OR) fehlen. Folge nach deutschem Recht ist die Reduzierung des Kaufpreises auf den Barpreis zuzüglich der gesetzlichen Verzinsung von 4% (§ 6 III 2 VerbrKrG i.V.m. § 246 BGB), nach Schweizer Recht Nichtigkeit (und Rückabwicklung) des Vertrages (Art. 226 a III 1 OR). Weiterhin sei unterstellt, daß die vom Käufer geleistete Anzahlung hinter der nach Art. 226 d I, II OR i.V.m. Art. 1 der Verordnung vom 23. April 1975 über die Mindestanzahlung und die

---

145 Im EVÜ ist die Frage der notwendigen Form von Verbraucherverträgen nicht in den Art. 5 integriert worden, sondern Teil der allgemeinen Regelung des Art. 9.

146 Bericht *Giuliano/Lagarde*, BRat-Drucks. 224/83, 64.

Höchstdauer beim Abzahlungsvertrag[147] erforderliche Mindesthöhe von 30% des Barkaufpreises zurückbleibt. Gem. Art. 226 d III 1 OR hat der Verkäufer in diesem Fall einen um die Differenz zwischen geleisteter und erforderlicher Anzahlung geminderten Kaufpreisanspruch; das deutsche Recht sieht bekanntlich keine Mindestanzahlung vor.

Wie ist dieser Fall nun unter dem Blickwinkel des Art. 29 EGBGB zu würdigen? Für die Folgen des Formverstoßes ist gem. Art. 29 III EGBGB allein das deutsche materielle Recht maßgeblich. Der Vertrag ist wirksam, der Verbraucher schuldet aber nur den mit 4% zu verzinsenden Barpreis. Fraglich ist, ob er diesen nun *zusätzlich* nach Art. 226 d III 1 OR um die nicht geleistete Anzahlung reduzieren kann, weil hinsichtlich dieser Frage das Schweizer Recht günstiger ist als das deutsche. Wären beide Aspekte, Form und Anzahlung, einheitlich dem Günstigkeitsprinzip unterworfen, fiele die Antwort anhand der "konkreten Gesamtbetrachtung" nicht schwer: Das Prozeßbegehren des Verbrauchers ist jeweils getrennt nach deutschem (zwingendem) und Schweizer Recht zu würdigen; eine Kombination beider Rechte, um die Rosinen herauszupicken, ist nicht gestattet[148]. Will also der Käufer eine etwaige Zahlungsklage des Verkäufers vollständig abwehren, so ist ihm das Schweizer Recht günstiger, weil es wegen des Formfehlers den Vertrag für nichtig ansieht; dann muß er aber auch in Kauf nehmen, daß der Vertrag rückabgewickelt wird und er die Kaufsache herausgeben muß. Will er hingegen die Kaufsache behalten, so wird deutsches Recht angewandt, nach dem der Vertrag wirksam ist; dann bleibt es allerdings dabei, daß die Kaufsumme nur auf den Barpreis zusätzlich der gesetzlichen Zinsen herabgesetzt wird und ihm eine zusätzliche Berufung auf Art. 226 d III 1 OR verwehrt ist.

Dieser Gesamtvergleich wird nun willkürlich zerrissen durch Art. 29 III EGBGB. Wenn die Frage des Formverstoßes und dessen Folgen zwingend aus dem Umweltrecht des Verbrauchers zu beantworten ist, so muß man konsequenterweise den Günstigkeitsvergleich des Art. 29 I EGBGB auf die noch offenen *materiellen* Fragen beschränken und dabei das Ergebnis zur Formfrage, also die Gültigkeit des Vertrages, als "Datum" voraussetzen. Dies aber würde hier in der Tat dazu führen, daß bei einem um die Formfrage reduzierten Vergleich des schweizerischen und des deutschen Rechts das erstere vorzuziehen ist, weil nur dieses eine verringerte Zahlungsverpflichtung des Käufers wegen der zu niedrigen Anzahlung vorsieht. Fügt man dem nun die über Art. 29 III

[147] SR 221.211.43; abgedruckt bei *Schönenberger/Gauch*, OR-Textausgabe, hinter § 226 d OR.

[148] S.o. S. 37 ff.

EGBGB gewonnene Erkenntnis hinzu, daß der Verbraucher ohnehin nur den gesetzlich zu verzinsenden Barpreis begleichen muß, dann läuft dies auf eine doppelte Bevorzugung hinaus, die *so* beiden Rechten fremd ist. Wenn es dabei nicht bleiben soll (und das wird keiner wollen), dann muß man wohl zu einer Angleichung/Anpassung im Schweizer Recht greifen und eine Anwendung des Art. 226 d III 1 OR ablehnen, wenn der Vertrag Formfehler aufweist, die ihn nach dem (in dieser Hinsicht eigentlich nicht gefragten!) schweizerischen Recht nichtig machen würden, nach dem anwendbaren Recht aber "nur" zu einer Vergünstigung des Verbrauchers führen.

Es mögen andere Lösungen denkbar sein. Dieses Beispiel zeigt jedoch bereits so zu Genüge, daß die gespaltene Lösung des Art. 29 I, III EGBGB mit der Einfachanknüpfung der Formvorschriften und der Alternativanknüpfung im übrigen in der praktischen Anwendung höchst unglückliche und nur mühsam zu beseitigende Konsequenzen zeitigen kann.

2. *Ungleichbehandlung*

Über das Günstigkeitsprinzip wird der Verbraucher, der einen internationalen Vertrag schließt, besser gestellt als bei einem rein nationalen Vertrag; er hat zwei Lose in der Lostrommel statt nur einem. Diese Ungleichbehandlung bedarf einer Begründung[149].

a) Materiellrechtliche Gerechtigkeit

Häufig wird sie in der Verwirklichung *materiellrechtlicher* Gerechtigkeitsvorstellungen gesucht. Es wird behauptet, eine Alternativanknüpfung mit Günstigkeitsvergleich diene der Durchsetzung "inländischer Wertvorstellungen"[150] oder "materieller Gerechtigkeitserwägungen"[151].

---

[149] Zwar ist der Gleichheitssatz entgegen *E.Lorenz*, Struktur des internationalen Privatrechts, 60, nicht geeignet, als *Fundament* des IPR zu dienen, denn der Forderung, Ungleiches ungleich, also internationale Sachverhalte gegebenenfalls anders als rein inländische zu behandeln, kann auch durch besondere *Sach*normen für Auslandssachverhalte begegnet werden (z.B. EKG/EAG, CISG). Aber der *Inhalt* der Kollisionsnormen als einfachem Gesetzesrecht ist selbstverständlich am Gleichheitsgrundsatz zu messen, nicht erst seit der "Spanier"-Entscheidung des BVerfG (BVerfGE 31, 58). Vgl. dazu und zu einer anderen Herleitung des IPR *Schurig*, Kollisionsnorm und Sachrecht, 51 ff., 56.

Diejenigen, die Art. 29 EGBGB für eine Form der "Sonderanknüpfung" zwingenden Rechts halten[152], reihen sich hier insoweit ein, als die Sonderanknüpfung ohnehin als Mittel verstanden wird, das als wertblind empfundene "klassische" Kollisionsrecht zu verlassen und die Lösung internationaler Konflikte stärker materiellrechtlichen Bewertungen zu unterwerfen.

Doch hier ist Vorsicht geboten. Es ist keineswegs ausgemacht, daß eine Alternativanknüpfung, die dem einen Vertragspartner die Berufung auf mehrere Sachrechte ermöglicht, auch zu mehr Sach*gerechtigkeit* (im Sinne des Forums) führt. Im Gegenteil: Wird der Verbraucher dergestalt begünstigt, so wird umgekehrt sein Vertragspartner mehr belastet, als es nach der materiellen *lex fori* der Fall wäre. Im deutsch-österreichischen Pauschalreisefall[153] beispielsweise steht dem österreichischen Reisenden, wenn er die Frist zur Geltendmachung seiner Ansprüche aus § 651 g I BGB versäumt hat, über das österreichische Recht immer noch der Weg zu materiellem Schadensersatz offen, obwohl nach der Wertung des deutschen Rechts die Mißachtung der Anzeigeobliegenheit den Verlust *sämtlicher* Gewährleistungsansprüche aus dem Reisevertrag nach sich ziehen soll. Die Kumulation von Rechten des Verbrauchers dient also nicht deutschen materiellen Gerechtigkeitsvorstellungen (ebensowenig wie den österreichischen), sondern überspielt die der jeweiligen Sachrechtsordnung zugrundeliegende Abwägung zwischen den Interessen der Beteiligten, zwischen Freiheit und Zwang im Vertragsrecht und setzt eine neue an deren Stelle, die das Pendel stärker zu Lasten der anderen Seite ausschlagen läßt. Damit wird nicht nur diese "diskriminiert", sondern auch der Verbraucher, der "nur" ein Inlandsgeschäft tätigt und deshalb auch bei einer Rechtswahlklausel sich allein auf das inländische zwingende Recht berufen kann, Art. 27 III EGBGB[154,155].

---

150 *Baum*, Alternativanknüpfungen, 273; ähnlich *Schwander*, SJIR XLV (1989), 246 (257):"[Z]umeist ... wird damit [i.e. Alternativanknüpfungen] ein Ergebnis angestrebt, das dem schweizerischen Privatrecht entspricht oder näher liegt."

151 *Juenger*, Wandel des Internationalen Privatrechts, 22 f.; *Schwind*, IPR, Rdn. 25; ähnlich *Vitta*, Rec.des cours 162 (1979-I), 21 (41), nach dem sich hier "des éléments de justice matérielle ... se combinent à des éléments de justice conflictuelle"; zustimmend *Pocar*, Rec. des cours 188 (1984-V), 338 (360).

152 Nachweise s.o. S. 31 Fn. 23.

153 S.o. S. 34.

154 Näher unten S. 73 ff.

155 *Wengler*, FS Maridakis Bd. III, 323 (344f.), meint, die Ungleichbehandlung durch eine Alternativanknüpfung in eine mathematische Formel fassen zu können. "Ist ... für einen Vertrag, der nur mit der Rechtsordnung A verknüpft ist, und auf den daher nur das Recht A angewendet werden kann, die Wahrscheinlichkeit der Gültigkeit mit x Prozent einzusetzen und ist die Wahrscheinlichkeit für einen Vertrag, auf den nur das Recht B angewendet werden kann, y Prozent, so ist die Wahrscheinlichkeit der Gültigkeit des

Es stellt sich als unverhofftes Glück heraus, wenn der Konsument in einen internationalen statt in einen nationalen Konflikt verwickelt ist[156].

b) Internationalprivatrechtliche Gerechtigkeit

Daran zeigt sich: Materielle Wertvorstellungen vermögen das Günstigkeitsprinzip im IPR nicht zu rechtfertigen, sondern es bedarf umgekehrt einer Begründung, warum für internationale Sachverhalte die von den beteiligten Sachrechten gefundene Balance der widerstreitenden Interessen *mißachtet* wird. Die zunehmende Tendenz zum Schutz des schwächeren Vertragspartners in vielen Rechtsordnungen ist für das Kollisionsrecht kein Freibrief, sich von der vom jeweiligen materiellen Gesetzgeber getroffenen Entscheidung über die den Vertragspartnern des Verbrauchers zumutbaren Schranken ihrer Regelungs- und Gestaltungsfreiheit zu lösen[157]. Vielmehr ist eine Alternativanknüpfung nur dort legitimiert, wo sie gerade durch die Besonderheiten in der internationalen Verknüpfung notwendig gemacht wird. Mit anderen Worten: Nicht die materiellrechtliche, nur die *internationalprivatrechtliche* Gerechtigkeit bildet den Maßstab, an dem alternative Anknüpfungen zu messen sind.

Um Mißverständnissen vorzubeugen: Natürlich ist Gerechtigkeit im Ergebnis unteilbar, auch für internationale Sachverhalte[158]. Jedoch zeigen gerade die obigen Ausführungen, daß sie als undifferenzierte Gesamtidee keine hinreichende Grundlage für eine rationale Rechtsfindung bildet[159]. Wenn ein spezielles Rechtsgebiet wie hier das IPR eine spezielle Frage, nämlich die nach dem anzuwendenden Recht, beschäftigt, so hilft die Berufung auf die Gerechtigkeit nur weiter, wenn man sie auf eben diese Fragestellung bezieht. Die Verfeinerung und Aufgliederung der Gerechtigkeitsidee in sachlicher und funktioneller Hinsicht ist gerade bei komplizierten Sachverhalten unabdingbare Voraussetzung ihrer Handhabung und Verwirklichung. Die Aufdeckung eines spezifischen internationalprivatrechtlichen Gerechtigkeitsaspektes steht deshalb nicht im Gegensatz zu,

---

mit den Ländern A und B verknüpften Vertrages, der als gültig behandelt werden muß, wenn er entweder nach dem Recht A oder nach dem Recht B gültig ist, gleich x + y Prozent." Doch mit einer einfachen Addition ist es nicht getan. Denn soweit die Nichtigkeitsgründe in beiden Rechten identisch sind (und einen gemeinsamen Grundstock an Nichtigkeitsgründen wird es mit den meisten Rechten geben), ändert sich durch eine Alternativanknüpfung die prozentuale Wahrscheinlichkeit einer Ungültigkeit im Vergleich zu einem reinen Inlandsgeschäft nicht. Nur insoweit, als die Regelungen voneinander abweichen, kommt es zu einer Erhöhung der Gültigkeitschancen.

156 Ähnlich *de Boer*, RabelsZ 54 (1990), 24 (35). Seine "main objection against a favor approach - notably the one based on comparative evaluation - is the windfall the favored party gains if he has the good fortune to be involved in a multistate rather than a domestic controversy."

157 *Roth*, Internationales Versicherungsvertragsrecht, 268.

158 *Kegel*, IPR, 90; *ders.*, FS Lewald, 259 (270); *Schurig*, Kollisionsnorm und Sachrecht, 59f.

159 So auch *Coester*, ZvglRWiss 82 (1983), 1 (8).

sondern entlastet die Frage nach der materiellen Gerechtigkeit, wo diese nicht mehr weiterhilft[160].

Wann nun die Anknüpfung eines Rechts internationalprivatrechtlich "gerecht" ist, bestimmt sich wie überall im Privatrecht, seit der Gedanke der Interessen- oder Wertungsjurisprudenz Fuß gefaßt hat[161], nach den einschlägigen Interessen und deren Bewertung[162], wobei hier entsprechend der Aufgabe des IPR die "einschlägigen" Interessen solche an der Anwendung eines bestimmten Rechts sind, in Abgrenzung zu den materiellen Interessen an einer bestimmten sachlichen Lösung[163]. Die Evaluierung der internationalprivatrechtlichen Interessen zielt nun regelmäßig auf die Bestimmung *eines* für eine Rechtsfrage maßgeblichen Rechts ab, schon aus dem Gesichtspunkt, daß eine gleichzeitige Anwendung mehrerer Rechte auf eine Frage grundsätzlich nicht möglich ist[164]. Dabei muß diese Anknüpfung keineswegs die einzig mögliche sein, im Gegenteil sind - wie bei jeder Wertungsfrage - meist auch andere Lösungen denkbar, wie die Unterschiede zwischen den einzelnen nationalen Kollisionsrechten zeigen. Den "rechtspolitischen Kraftakt"[165], sich am Ende zu einer Anknüpfung durchzuringen, kann und darf jedoch die Alternativanknüpfung dem Gesetzgeber nicht abnehmen. Sie ist kein Mittel, um den kollisionsrechtlichen Normfindungsprozeß aus kollisionsrechtlicher "Entscheidungsschwäche" vor dem Ende abzubrechen und durch Rechtsvergleichung zu ersetzen[166]. Gerechtfertigt ist sie nur dort, wo man kollisionsrechtlich nicht zu Ende entscheiden *kann*[167], weil und soweit *aus der Internationalität* des Sachverhalts besondere Probleme oder Gesichtspunkte erwachsen, die eine eindeutige Zuordnung zum einen oder anderen Recht anhand der kollisionsrechtlichen Interessen nicht möglich oder zumindest unangemessen erscheinen lassen. Das ist nicht immer bereits dann der Fall, wenn verschiedene kollisionsrechtliche Interessen auf verschiedene Rechte verweisen. Hier eine eindeutige Entscheidung zu treffen, mag mitunter

---

160 *Coester*, ZvglRWiss 82 (1983), 1 (8).

161 S. allg. dazu *Larenz*, Methodenlehre, 119 ff.

162 Grundlegend für das IPR *Kegel*, FS Lewald, 259.

163 Dies wird häufig in die plakative Formulierung gebracht, das IPR suche nach dem *räumlich* besten im Gegensatz zum *sachlich* besten Recht, s. *Kegel*, IPR, 81. Gerade im internationalen Vertragsrecht darf man sich davon aber nicht täuschen lassen: Es ist nicht unbedingt erforderlich, daß das anzuwendende Recht eine territoriale Beziehung zum zugrundeliegenden Sachverhalt aufweist, vgl. nur *Kropholler*, IPR, 264.

164 S.o. S. 27.

165 *Schurig*, Kollisionsnorm und Sachrecht, 204.

166 Vgl. *Kegel*, FS Beitzke 551 (571) zum in dieser Hinsicht ähnlichen "better law approach".

167 *Schurig*, JZ 1987, 870 (871); ähnlich *ders.*, Kollisionsnorm und Sachrecht 207 (wenn Wertung der kollisionsrechtlichen Interessen zu einem "Patt" geführt hat).

schwierig sein, ist jedoch die ureigene Aufgabe des kollisionsrechtlichen Gesetzgebers. Anderes gilt aber insbesondere dann, wenn man zwar *ein* kollisionsrechtliches Interesse als das maßgebliche, daß es zu berücksichtigen gilt, isolieren kann, dieses Interesse aber nicht eindeutig auf nur *ein* anzuwendendes Recht verweist. Hier ist man mit dem kollisionsrechtlichen "Latein" am Ende. Zur endgültigen Entscheidung bedarf es nunmehr einer materiellrechtlichen Hilfe.

Hinsichtlich des Formstatuts beispielsweise ist es bei einer Diskrepanz zwischen Geschäftsstatut und Recht am Abschlußort nicht möglich zu entscheiden, zu welchem Recht die im Vordergrund stehenden und im Regelfall gleichgerichteten Parteiinteressen führen. Einerseits ist die Anwendung des Ortsrechts interessengerecht, weil die Parteien sich am leichtesten nach der von diesem geforderten Form erkundigen und diese erfüllen können[168]. Andererseits kann der Abschlußort zufällig und wenig bedeutungsvoll sein und deshalb das Interesse an der Anwendung des Wirkungsstatuts zwecks einheitlicher Beurteilung des Geschäfts überwiegen. Mit der alternativen Anknüpfung trägt man nun der besonders mißlichen Lage und dem erhöhten Unsicherheit der Parteien im internationalen Rechtsverkehr Rechnung: eine spezifisch internationalprivatrechtliche Überlegung[169].

Zweifelhafter ist schon die Anknüpfungshäufung im internationalen Deliktsrecht bei Auseinanderfallen von Handlungs- und Erfolgsort. Akzeptiert man, daß das kollisionsrechtliche Interesse des Schädigers auf das Recht am Handlungsort, das des Geschädigten auf das Recht am Erfolgsort gerichtet ist, so ist eine Entscheidung zwischen diesen Interessen, d.h. deren Bewertung durchaus noch mit dem kollisionsrechtlichen Repertoire möglich und folglich auch eine singuläre Anknüpfung z.B. an das Recht des Geschädigten denkbar, wenn man dessen Interesse höher bewertet. Die Alternativanknüpfung erklärt sich hier denn auch weniger aus einer genuin kollisionsrechtlichen Entwicklung, sondern einerseits aus der unkritischen Übernahme des für das *Prozeßrecht* entwickelten Ubiquitätsprinzips[170], andererseits aus dem Bestreben, möglichst häufig die *lex fori* anwenden zu können[171].

Die Alternativanknüpfung des Art. 29 I EGBGB ist also dann gerechtfertigt, wenn eine kollisionsrechtliche Interessenbewertung in den erfaßten Fällen eine Zuordnung zu nur einem Recht nicht zu erbringen vermag. Nun begründet man, wie oben dargelegt[172], die Regelung mit der Erwägung, unter den besonderen Umständen des Art. 29 I Nr. 1-3 EGBGB sei der Vertrag so eng mit dem Aufenthaltsort des Verbrauchers verbunden, daß es nicht gerechtfertigt sei, diesem den Schutz der heimatlichen Rechtsordnung zu entziehen. Er habe

---

168 S. MüKo-*Spellenberg*, Art. 11 EGBGB Rdn. 1.

169 So zu Recht *Kegel*, FS Lewald, 259 (272).

170 Vgl. Soergel-*Lüderitz*, Art. 12 EGBGB Rdn. 16 m.w.N.

171 S. MüKo-*Kreuzer*, Art. 38 EGBGB Rdn. 51; kritisch zur Ubiquitätsregel auch *Chr.v.Bar*, JZ 1985, 961 (964, 966); Soergel-*Lüderitz*, Art. 12 EGBGB Rdn. 16.

172 S. 24.

als der schwächere Vertragspartner keinen Einfluß auf die Vertragsgestaltung im allgemeinen und die Rechtswahl im besonderen, und es sei ihm nur schwer möglich, sich über das ausländische Recht Gewißheit zu verschaffen. Deshalb bestehe "eine schutzwürdige Verbindung zum inländischen Recht, die *den Auslandsbezug und das Unternehmensinteresse an der Vereinbarung seines Rechts zugunsten des Verbrauchers zurücktreten läßt*"[173]. Mit anderen Worten: Die kollisionsrechtlichen Interessen des Konsumenten werden (mit Recht) als vorrangig bewertet und sollen hier eindeutig zur Anwendung "seines" Rechts führen. Steht dies aber fest, so besteht kein Anlaß, zu einer Alternativanknüpfung zu greifen, sondern wäre eine einfache Anknüpfung an das Aufenthaltsrecht des Verbrauchers, also ein Rechtswahlverbot die richtige Konsequenz! So aber entsteht eine Diskrepanz zwischen Anlaß und Folge der Norm. Der Verbraucher soll in den hier interessierenden Fällen dem "inländisch nachfragenden" Privatmann gleichgestellt werden, weil auch er den Vertrag für einen inländischen halten durfte - im Ergebnis wird er aber gerade nicht gleich behandelt, sondern bevorzugt. Während die Alternativanknüpfung des Art. 11 I EGBGB sich aus der *erhöhten* Unsicherheit hinsichtlich der zu erfüllenden Formerfordernisse im internationalen Verkehr rechtfertigt, soll hier die *gleiche* Schutzbedürftigkeit des Verbrauchers wie im Inlandsgeschäft eine doppelten Schutzstandard ermöglichen. Eine überzeugende Begründung dafür steht bislang noch aus[174].

c) Rechtfertigung aus der Rechtswahl

Nun wird auch von Autoren, die dem Günstigkeitsprinzip im Bereich der *objektiven* Anknüpfung skeptisch gegenüberstehen, die Alternativanknüpfung des Art. 29 I EGBGB gerade mit Blick auf die *Rechtswahl* verteidigt[175]. Für die Verfasser des EVÜ schien dies ebenfalls der entscheidenden Gesichtspunkt zu sein, haben sie sich doch bei Art. 5 III EVÜ (= Art. 29 II EGBGB) für eine Einfachanknüpfung an das Recht des gewöhnlichen Aufenthaltsortes entschieden.

Unmittelbar einleuchtend ist diese Differenzierung nicht. Ob der Verbraucher über eine Rechtswahl nach Art. 27 I EGBGB dem Recht seines Ver-

---

173 MüKo-*Martiny*, Art. 29 EGBGB Rdn. 2 (Hervorhebung hinzugefügt).

174 Ablehnend im Ergebnis auch *Imhoff-Scheier*, Protection du consommateur, 204; *Birk*, RdA 1989, 201 (206, zu Art. 30 I EGBGB).

175 Vgl. z.B. *Roth*, Internationales Versicherungsvertragsrecht, 270 Fn. 327, 496, 500 ff.; *Sauveplanne*, NILR XXXII (1985), 100 (103 f. bzgl. der Rechtswahl, 105 f. bzgl. der objektiven Anknüpfung).

tragspartners "ausgeliefert" wird oder ob man dasselbe Ergebnis über eine objektive Anknüpfung nach Art. 28 II EGBGB erreicht, bleibt sich gleich. Sie wird denn auch mit zwei durchaus entgegengesetzten Argumenten gestützt, die beide wenig Überzeugungskraft besitzen.

Zum einen wird behauptet, dem Verbraucher die Fähigkeit zum Abschluß kollisionsrechtlicher Rechtswahlverträge durch ein Rechtswahlverbot ganz oder teilweise zu versagen, führe der Sache nach zu einer "sozial-politisch begründeten beschränkten Geschäftsfähigkeit", die leicht als herabsetzende Unmündigkeit mißverstanden werden könne[176]. Damit wird der (durchschnittliche) Verbraucher aber wohl überschätzt. Denn um ein Rechtswahlverbot als schmerzliche Einschränkung seiner Entfaltungsmöglichkeiten begreifen zu können, müßte dem Konsumenten zunächst das Institut der Rechtswahlfreiheit selbst ein Begriff sein; Kenntnisse im Internationalen Privatrecht gehören aber kaum zum üblichen Allgemeinwissen. Wichtiger noch: Art. 29 I EGBGB beruht gerade auf der Prämisse, daß der Verbraucher in Realität keinen echten, ausgehandelten Rechtswahl-"vertrag" abschließt, sondern - gelesen oder ungelesen - einen Vertrag akzeptiert, der unter anderem eine einseitig vorgegebene Rechtswahlklausel des anderen Vertragspartners enthält. In dem Versuch, negative Folgen einer solchen Klausel durch ihr Verbot zu verhindern, eine Beschränkung der Freiheit des Verbrauchers sehen zu wollen, geht an der Wirklichkeit vorbei.

Ernster zu nehmen ist eine andere Auffassung, die an den Gedanken der aufgezwungenen Rechtwahl anknüpft und meint, der Unternehmer, der einseitig eine Rechtswahl durchsetzt, dürfe sich dann nicht beschweren, wenn der Konsument später den Schutz gerade des gewählten Rechts geltend macht[177], eine Argumentation, die auf der Idee des *venire contra factum proprium* aufbaut. Sie klingt eingängig, greift aber zu kurz. Denn dabei wird übersehen oder bewußt außer acht gelassen, daß das Günstigkeitsprinzip zu mehr führt, als dem Verbraucher nur die Berufung auf das gewählte Recht zu ermöglichen. Er kann sich ja daneben auf sein Aufenthaltsrecht stützen und sichert sich so einen erhöhten Schutzstandard, der den Vertragspartner zweifach belastet. Daß dies gerade dessen in der Rechtswahlklausel (die auf die Bestimmung *eines* maßgeblichen Rechts abzielt) geäußertem Willen entsprechen soll, wird man nur schwerlich behaupten können. Im Gegenteil, hierin liegt eine *Bestrafung* der

---

176 *E.Lorenz*, RIW 1987, 569 (571); zustimmend *Kren*, ZvglRWiss 88 (1989), 48 (69).

177 Vgl. *Kropholler*, RabelsZ 42 (1978), 634 (657): "Die stärkere Partei [hat] die Nachteile bei einer Rechtswahl sich selbst zuzuschreiben..."; ähnlich *Roth*, Internationales Versicherungsvertragsrecht, 497 f.

Rechtswahl - soll er doch, wenn ihm der zweifache Schutz nicht paßt, von einer solchen Klausel Abstand nehmen[178]!

In der Tat liegt der Verdacht nicht fern, daß manche Rechtswahlklausel allein dem sanktionswürdigen Zweck dient, die materiellrechtliche Position des Verbrauchers zu untergraben, indem auf ein Recht verwiesen wird, das geringere Bindungen zum Schutz der schwächeren Partei vorschreibt. Nur: Ist das gewählte Recht ungünstiger, erreicht man durch einen Günstigkeitsvergleich mit allen seinen Komplikationen nicht mehr, als auch eine einfache Anknüpfung an das Aufenthaltsrecht des Konsumenten bieten könnte!

In den wenigen verbleibenden Fällen, in denen das gewählte Recht dem Verbraucher *mehr* Rechte einräumt, wird eine Rechtswahlklausel hingegen weniger Ausdruck bösen Willens denn Folge von Rationalisierungsbemühungen sein. Gewerbliche Unternehmer, die massenweise gleiche oder zumindest ähnliche Verträge abschließen, haben ein Interesse daran, daß alle diese Geschäfte einem einzigen Recht unterstehen, damit eventuelle Streitigkeiten auf einer einheitlichen Basis beurteilt werden können. So ist es durchaus verständlich, wenn beispielsweise ein deutscher Reiseveranstalter, der seine Leistungen auch in Österreich und der Schweiz anbietet, versucht, alle Verträge mit den Reisenden dem deutschen Recht zu unterstellen, denn ein konstanter Rechtsrahmen erleichtert über eine vereinfachte Kostenkalkulation und einen verminderten Verwaltungsaufwand die Abwicklung der Einzelverträge und verringert so die Transaktionskosten. Das erhöhte Risiko, immateriellen Schadensersatzansprüchen auch ausländischer Kunden ausgesetzt zu sein, läßt sich unter diesem Aspekt leicht verschmerzen.

Eine solche Position ist nicht nur betriebswirtschaftlich legitim, sondern wird grundsätzlich auch vom Gesetzgeber anerkannt, was sich nicht zuletzt daran zeigt, daß ihr im Rahmen der *objektiven* Anknüpfung Art. 28 II EGBGB entgegenkommt: Derjenige, der die "charakteristische Leistung" erbringt, ist häufig der, der im Verhältnis zu seinen Kunden berufsmäßig handelt, also der Stärkere ist - "wer da hat, dem wird gegeben"[179]. Eine Rechtswahlklausel zielt unter diesen Umständen also nicht selten nur darauf ab, was ohnehin nach objektiven Kriterien gegolten hätte. Nun muß zu Recht im Rahmen von Verbrau-

---

[178] *Schurig*, RabelsZ 54 (1990), 217 (225).

[179] Soergel-*Kegel*, vor Art. 7 EGBGB, Rdn. 354. Die Lehre von der charakteristischen Leistung geht auf *Schnitzer*, Handbuch des IPR II, 641 f., 644 ff., zurück. Kritisch zu dem dergestalt bewirkten Schutz des Stärkeren vor dem Schwächeren *Jessurun d'Oliveira*, Am.J.Comp.L. 25 (1977), 303 (327); *Juenger*, RabelsZ 46 (1982), 57 (79); *W. Weitnauer*, Der Vertragsschwerpunkt, 165 ff.

cherverträgen das "Uniformitätsinteresse"[180] des Unternehmers dem des Verbrauchers an der Anwendung des ihm vertrauten Rechts weichen. Zu bestrafen mit einem *doppelten* Schutzstandard ist der Unternehmer, der Erwägungen in sein Vertragsformular aufnimmt, die auch der Gesetzgeber anstellt, deshalb noch nicht. Vielmehr sollte die Reaktion hier wie dort dieselbe sein: So wie Art. 28 II EGBGB für Konsumententransaktionen ohne Günstigkeitsvergleich durch Art. 29 II EGBGB ersetzt wird, müßte auch ein gewähltes Recht ohne Günstigkeitsvergleich hinter dem Recht des Verbrauchers zurückstehen[181].

Man braucht schließlich nicht zu befürchten, dem Verbraucher würde bei dieser Lösung zuviel genommen, weil er sich nicht auf die Wohltaten des gewählten Rechts berufen kann. Denn eine in ihrer *kollisionsrechtlichen* Form unzulässige Rechtswahl kann regelmäßig in eine *materiellrechtliche* umgedeutet werden, die ihre Wirkung begrenzt von den zwingenden Normen des Rechts am Aufenthaltsort des Verbrauchers entfaltet. Dem österreichischen Kunden eines deutschen Reiseveranstalters wäre es auch bei einem kollsionsrechtlichen Rechtswahlverbot nicht verwehrt, unter den Voraussetzungen des § 651 f II BGB immateriellen Schadensersatz zu verlangen, da (und soweit) das materielle österreichische Recht Parteivereinbarungen, die die Stellung des Reisenden in dieser Hinsicht stärken, nicht verbietet.

3. Ergebnis und Ausblick

Alles in allem sprechen sowohl Gründe der Praktikabilität als auch der internationalen Gerechtigkeit für ein bloßes Rechtswahlverbot bei Verbraucherverträgen mit besonderer Verknüpfung zum Aufenthaltsrecht des Verbrauchers. Die objektive Anknüpfung garantiert zum einen größerer Rechtssicherheit, weil der Ausgang des Prozesses nicht von einem Günstigkeitsvergleich abhängt, und verspricht zum anderen eine ausgewogenere Berücksichtigung der Interessen beider Parteien. Sie vermeidet eine Bevorzugung des "internationalen" Verbrauchers, die sowohl gegenüber seinem Vertragspartner als auch gegenüber dem Konsumenten auf dem inländischen Markt nicht zu rechtfertigen ist. Auch der Gedanke der Sanktion einer ungehörigen Rechtswahl führt nicht weiter: Dort, wo eine Rechtswahl tatsächlich "bestrafenswert" ist, läuft das Günstigkeitsprinzip ins Leere; dort, wo es Wirkung zeigt, ist die Klausel in aller Regel

---

180 *W. Weitnauer*, Der Vertragsschwerpunkt, 165.

181 Ein Verbot der Rechtswahl zieht im Ergebnis auch *Imhoff-Scheier*, Protection du consommateur, 205, der Günstigkeitsmaxime vor.

nicht Ausdruck einer verwerflichen Gesinnung. Die ob ihres Rigorismus vielgescholtene[182] schweizerische Lösung des Art. 120 II IPRG[183], nach der eine Rechtswahl bei bestimmten Konsumentenverträgen ausgeschlossen ist, ist deshalb im Ergebnis dem Art. 29 I EGBGB vorzuziehen[184].

Nun braucht man sich keinen Illusionen darüber hinzugeben, die erst 1986 eingeführte Norm könne in absehbarer Zeit eine Änderung erfahren; das verhindert schon die völkerrechtliche Bindung durch das EVÜ. Immerhin läßt sich aber die rechtspolitische Kritik am Günstigkeitsprinzip bei der Frage des Konkurrenzverhältnisses zwischen Art. 29 I EGBGB und Art. 27 III EGBGB auch schon *de lege lata* fruchtbar machen[185]. Weiterhin ist es ein gewisser Trost, daß die effektive Verwirklichung der kollisionsrechtlichen Günstigkeitsmaxime in der Praxis schnell auf Grenzen stoßen wird. Soweit nämlich das günstigere Recht das ausländische ist, wird der durchschnittliche Verbraucher von den ihm vorteilhaften Normen kaum Kenntnis haben und im Inland erheblichen Informationsschwierigkeiten gegenüberstehen[186]. Und wenn auch der Günstigkeitsvergleich im Prozeß vom Richter *ex officio* vorzunehmen ist, so hängt doch die Frage, ob es überhaupt zu einem Gerichtsverfahren kommt bzw. welcher Antrag dort gestellt wird, maßgeblich vom Verbraucher selbst ab. Das Günstigkeitsprinzip setzt einen informierten Verbraucher voraus, den es typischerweise nicht gibt[187] - was paradoxerweise ja auch gerade Grund für eine verbraucherschützende Sondervorschrift im IPR war! So nimmt es denn nicht wunder, daß alle bisher zu Art. 29 I EGBGB bekanntgewordenen Urteile sich ausschließlich mit der Frage beschäftigen, ob der Verbraucher sich trotz der Rechtswahl auf zwingende Normen seines Aufenthaltsrechts berufen kann. *Diese* Möglichkeit hätte ihm auch das schlichte Rechtswahlverbot eröffnet.

---

182 Z.B. von *Keller*, FS Vischer, 175 (185); *Heini*, FS Moser, 67 (75); *Kren*, ZvglRWiss 88 (1989), 48 (56).

183 BBl. 1983 I 263ff.; in Kraft seit dem 01.Januar 1989.

184 Positiv zu Art. 120 II IPRG auch *Schwenzer*, IPRax 1991, 129 (131).

185 S.u. S. 95 f.

186 *Roth*, Internationales Versicherungsvertragsrecht, 269.

187 Treffend *Roth*, Internationales Versicherungsvertragsrecht, 269, was ihn allerdings nicht daran hindert, im Rahmen der subjektiven Anknüpfung die Günstigkeitsmaxime dennoch zu befürworten, s.o. S. 68 Fn. 175.

Zweiter Teil

Art. 27 III EGBGB

A. Problemlage

Nach Art. 27 III EGBGB kann die Rechtswahl bei einem Sachverhalt, der nur mit einem Staat verbunden ist, die zwingenden Bestimmungen dieses Staates "nicht berühren". Anders als bei Art. 29 I EGBGB wird also nicht alternativ angeknüpft mit materiellem Stichentscheid, sondern setzt sich das inländische unabdingbare Recht immer gegen eine abweichende Parteivereinbarung durch, auch auf Kosten einer u.U. günstigeren ausländischen Norm. Ebenfalls anders als bei Art. 29 I EGBGB[1] steht hier dank der beigefügten Legaldefinition auch fest, daß *alle* einschlägigen unabdingbaren Normen gemeint sind.

Art. 27 III EGBGB findet auf jeden von den Art. 27 ff. EGBGB erfaßten Vertrag Anwendung, erfüllt deshalb keine primär verbraucherschützende Funktion. Jedoch kann er verbraucherschützende *Wirkung* entfalten. Sind die zwingenden Normen unantastbar, ist dem Verbraucher durch eine Rechtswahlklausel der inländische Schutzstandard nicht zu nehmen.

So stellen sich denn im vorliegenden Zusammenhang drei Fragen:

1. Der scheinbar eindeutige Wortlaut der Vorschrift läßt offen, ob Art. 27 III EGBGB im Inlandsfall die Parteiautonomie, wie die einen vertreten[2], nur auf eine Abweichung von den dispositiven Normen *beschränkt* oder eine kollisionsrechtliche Rechtswahl ganz *untersagt* und den Parteien allein eine materiellrechtliche Verweisung gestattet, so die h.M.[3]. Bevor zu dieser Streitfrage

---

1 S.o. S. 43 ff.

2 *Diamond*, Rec. des cours 199 (1986-IV), 233 (266 f.); *E.Lorenz*, RIW 1987, 569; diesem zustimmend *Birk*, RdA 1989, 202 (204); *Ebenroth/ Fischer/Sorek*, ZvglRWiss 88 (1989), 124 (126), *Schwarz*, Schutzkollisionen, 172.

3 *Chr.v.Bar*, IPR II, Rdn. 417; *Firsching*, IPRax 1981, 37 (38); *Gamillscheg*, ZfA 1983, 307 (327); *Kegel*, IPR, 423; *Kropholler*, IPR, 264; *W.Lorenz*, IPRax 1987, 269 (271); *Lüderitz*, IPR, Rdn. 273; *Mincke*, IPRax 1985, 857 (858); *Sandrock*, RIW 1986, 841 (846); *Siehr*, FS Keller, 485 (497 Fn. 75, 504); *Thode*, ZfBR 1989, 43 (45); unent-

Stellung genommen wird, ist allerdings zu klären, ob sich aus den unterschiedlichen dogmatischen Standpunkten praktische Auswirkungen bei der Anwendung des Art. 27 III EGBGB ergeben.

2. Weiterhin ist das Problem des Konkurrenzverhältnisses zwischen Art. 27 III EGBGB und Art. 29 I EGBGB für die Fälle zu lösen, in denen ihrem Wortlaut nach beide Vorschriften einschlägig sind[4]; wegen der starren Anknüpfung auf der einen und dem Günstigkeitsprinzip auf der anderen Seite können sich durchaus unterschiedliche Lösungen ergeben.

Die Meinungen sind hier geteilt. Nach einer Auffassung geht Art. 27 III EGBGB vor[5], andere vertreten wegen des zusätzlichen Schutzes, den Art. 29 I EGBGB gewährt, die entgegengesetzte Position[6].

Einige Autoren sehen im Inlandsfall eine Art Aufgabenteilung zwischen den beiden Vorschriften. Art. 29 I EGBGB berufe (nur) zwingendes Verbraucherschutzrecht, folglich können sonstige unabdingbare Normen des Inlandes zusätzlich über Art. 27 III EGBGB durchgesetzt werden[7]. Die Prämisse, auf der diese Auffassung beruht, ist hier aber bereits als unzutreffend abgelehnt worden[8].

Ausgangspunkt zur Lösung des Konflikts ist auch hier die Frage nach dem kollisions- oder materiellrechtlichen Gehalt der Rechtswahl nach Art. 27 III EGBGB. Denn Art. 29 I EGBGB seinerseits setzt eine wirksame kollisionsrechtliche Rechtswahl voraus, benutzt diese als (subjektives) Anknüpfungsmerkmal zur Bestimmung des Vertragsstatuts und stellt "nur" ergänzend im

---

schieden *Schurig*, RabelsZ 54 (1990), 217 (222); unklar *Ferid*, IPR, Rdn. 6-27,3, nach dem "die kollisionsrechtliche Verweisung als solche nicht ausgeschlossen, aber die «materiellrechtliche» Verweisung ... insofern beschränkt [ist], als durch eine solche Rechtswahl das zwingende inländische Recht nicht ausgeschaltet werden kann".

4 Vgl. z.B. OLG Frankfurt, NJW-RR 1989, 1018 (1019), mit allerdings zweifelhafter Deutung des Sachverhalts; näher dazu unten S. 114; ebenso LG Hamburg NJW-RR 1990, 495. Beide Gerichte brauchten sich jedoch in dieser Hinsicht nicht zu entscheiden, da es nur um die Anwendung heimatlicher Schutzvorschriften des Verbrauchers ging, was über beide Normen gleichermaßen erreicht werden kann.

5 *E.Lorenz*, RIW 1987, 569 (574); wohl auch Palandt-*Heldrich*, Art. 30 EGBGB Rdn. 4.

6 *Schurig*, RabelsZ 54 (1990), 217 (226); Reithmann-Martiny(-*Martiny*) Rdn. 719 (zu Art. 30 EGBGB); unentschieden *Junker*, IPRax 1989, 69 (72). Die Materialien schweigen zu dem Problem.

7 *Jackson*, in: North (Hrsg.), Contract Conflicts, 59 (68).

8 S.o. S. 43 ff.

Wege der Alternativanknüpfung zugunsten des Verbrauchers auch die zwingenden Normen des potentiellen objektiven Vertragsstatuts zur Verfügung. Nicht die Freiheit des kollisionsrechtlichen Verweisungsvertrages wird beschnitten, sondern allein dessen Folgen abgemildert[9].

Verbietet nun Art. 27 III EGBGB, wie die h.M. vertritt, für reine Inlandsfälle die kollisionsrechtliche Rechtswahl, so ist damit der Weg zu Art. 29 I EGBGB versperrt. Wenn "im Inland" eine Rechtswahl (kollisionsrechtlich) wirkungslos sein soll, dann kann es, will man einen Wertungswiderspruch vermeiden, auch bei Verbraucherverträgen unter diesen Umständen keine Alternativanknüpfung unter Einbeziehung einer kollisionsrechtlichen Rechtswahl geben. Vielmehr bliebe dann allein die (selbstverständlich zum Inland führende) objektive Ermittlung des Vertragsstatuts übrig. In dessen Rahmen kann die Rechtswahl - umgedeutet in eine materiellrechtliche Verweisung - wieder an Bedeutung gewinnen; zu einem Günstigkeitsvergleich kommt es jedoch nicht.

Sieht man hingegen in Art. 27 III EGBGB mit der Mindermeinung keine Untersagung der kollisionsrechtlichen Rechtswahl, so bleibt es auch in Inlandsfällen zumindest denkbar, Art. 29 I EGBGB unter dem Gesichtspunkt der *lex specialis* für einen besonderen Kreis von Verträgen vorrangig anzuwenden.

3. Es wird sich im Laufe der Untersuchung im übrigen zeigen, daß die Suche nach dem richtigen Verständnis des Art. 27 III EGBGB in obiger Hinsicht auch den Ansatz zur Klärung der dritten Frage liefern wird, die diese Norm aufwirft: Wann ist der sonstige Sachverhalt "nur mit einem Staat verbunden"? Wörtlich kann man dieses Tatbestandsmerkmal nicht nehmen, denn *irgendein* Auslandsbezug wird bei sehr vielen Verträgen zu finden sein. Ob aber beispielsweise die Materialien für ein Produkt aus dem Ausland stammen oder im Rahmen einer Dienstleistung auf ausländische Computer oder fremde Software zurückgegriffen wird, dies kann zweifellos keine ausschlaggebende Rolle spielen. Das eigentliche Problem ist daher nicht, Fälle mit und ohne Auslandsbezug voneinander zu trennen, sondern *beachtliche* von *unbeachtlichen* Berührungs-

---

9 Dies meint wohl auch *E.Lorenz*, RIW 1987, 569 (571) mit dem "Übergang von der Abschluß- zur Inhaltskontrolle der kollisionsrechtlichen Verweisungsverträge". Er bezieht dies allerdings nicht nur auf Art. 29 I EGBGB.

punkten mit anderen Staaten[10]. Das ist eine (kollisionsrechtliche) Wertungsfrage[11]. Welches sind die Kriterien für diese Wertung?

---

10 Ähnlich *Schurig*, in: Holl/Klinke, Internationales Privatrecht, Internationales Wirtschaftsrecht, 55 (61 Fn. 26).

11 Was im übrigen gegen die Auffassung von *E.Lorenz* spricht, das Kollisionsrecht erfasse *nur* Fälle mit Auslandsberührung und habe in der Masse von "reinen" Inlandsfällen nicht einmal einen theoretischen Platz (Struktur des IPR, 56; ZRP 1982, 148 (149)). Der wirklich "reine" Inlandsfall, bei dem nicht das kleinste Detail ins Ausland weist, dürfte überaus selten sein und kaum eine geeignete Basis für diese Theorie abgeben. Bei Fällen wie den obigen (die nach *Lorenz* zweifellos Inlandsfälle sind) bedarf es hingegen schon einer Entscheidung, daß *dieser* Auslandsbezug unbeachtlich ist und man deshalb nicht einmal einen Gedanken an die Anwendung fremden Rechts zu verschwenden hat - eine spezifisch kollisionsrechtliche Überlegung. Daß die Entscheidung häufig so selbstverständlich ausfällt und im Regelfall gar nicht ins Bewußtsein des Rechtsanwenders dringt, ändert an ihrem theoretischen Stellenwert nichts, so wie ja auch beispielsweise die Tatsache, daß der Frage der Prozeßfähigkeit in der überwiegenden Mehrzahl der Gerichtsverfahren keine besondere Beachtung geschenkt wird, dieser nicht den Charakter einer zwingend erforderlichen Prozeßhandlungsvoraussetzung nimmt. Vgl. dazu bereits *Schurig*, Kollisionsnorm und Sachrecht, 57 m.w.N.

B. Materiellrechtliche oder beschränkte kollisionsrechtliche Rechtswahl?

I. Dogmatischer Ausgangspunkt der Unterscheidung

Der dogmatische Ausgangspunkt für eine Unterscheidung der beiden Arten von Verweisungen ist hinlänglich bekannt. Die kollisionsrechtliche Rechtswahl als Ausfluß der *Partei*autonomie bestimmt das Vertragsstatut. Genauer: Sie dient dem Kollisionsrecht des Forums als (subjektives) *Anknüpfungsmerkmal* für die Berufung des den Vertrag beherrschenden Rechts[1]. Die materiellrechtliche Verweisung hingegen ist eine Vereinbarung, die bei objektiv bereits bestimmtem Vertragsstatut im Rahmen der internen *Privat*autonomie Regeln eines ausländischen Rechts in den Vertrag inkorporiert. Einer solchen Einigung auf der Ebene des Sachrechts haftet kein spezifisch internationalprivatrechtlicher "Geruch" an: So wie es den Parteien grundsätzlich freisteht, ihre vertraglichen Beziehungen ausdrücklich und ausführlich durch eine Vielzahl von Einzelbestimmungen zu ordnen, so können sie sich auch zur technischen Vereinfachung durch eine "Referenzklausel" auf externe Regelwerke berufen, die ihren Intentionen entsprechen. Die Herkunft eines solchen Regelwerkes ist dabei unerheblich. Es macht keinen Unterschied, ob die Parteien im Rahmen eines Bauvertrages auf die VOB/B verweisen, außerhalb des sozialen Wohnungsbaus Nebenkosten "im Sinne des § 27 II. BerechnungsVO"[2] auf den Mieter abwälzen oder in einen dem deutschen Recht unterliegenden Kaufvertrag Regelungen des Schweizer Rechts im allgemeinen oder dessen Mängelhaftungsbestimmungen im speziellen durch eine Verweisungsklausel übernehmen[3]. In allen diesen Fällen stellt sich die Verweisung gleichermaßen nur als "Chiffre" für den von den Parteien selbst geschaffenen Vertragsinhalt dar[4]. Es ist daher eher mißlich, wenn in Deutschland die materiellrechtliche Verweisung auf ein ausländisches Recht ebenso wie die kollisionsrechtliche als

---

1 *Keller/Siehr*, IPR, 370.

2 Verordnung über wohnungswirtschaftliche Berechnungen i.d.F. der Bekanntmachung vom 12. Oktober 1990, BGBl. I 2178.

3 Vgl. *Reese*, Proc.Am.Soc.Int.L. 54 (1960), 50 f.: "The parties can spell out the terms of their agreement in the contract. In the alternative, they can incorporate into the contract by reference extrinsic material which may, among other things, be the provisions of some foreign law."

4 S. dazu *Kelly*, I.C.L.Q. 26 (1977), 857; Staudinger-*Firsching*, vor Art. 12 EGBGB, Rdn. 305.

"Rechtswahl" bezeichnet und damit terminologisch eine Gemeinsamkeit suggeriert wird, obwohl mehr Anlaß bestünde, die aus den unterschiedlichen dogmatischen Standorten folgenden Differenzen hervorzuheben[5].

Die materiellrechtliche Wahl eines fremden Rechts greift nicht weiter als die Privatautonomie der Parteien. Diese wird begrenzt durch die zwingenden Normen des auf kollisionsrechtlicher Ebene ermittelten Vertragsstatuts; folglich ist auch eine sachrechtliche Verweisung nicht in der Lage, das *ius cogens* zu überspringen, und muß sich auf eine Abweichung vom dispositiven Gesetzesrecht beschränken. Darin liegt der sicher bedeutsamste Unterschied zur kollisionsrechtlichen Parteiautonomie: Diese bezeichnet das Vertragsstatut mitsamt *dessen* zwingenden Normen; das unabdingbare Recht des Staates, der in Ermangelung einer Rechtswahl das Vertragsstatut kraft objektiver Bestimmung gestellt hätte, hat (grundsätzlich) keine Bedeutung[6].

Art. 27 III EGBGB "immunisiert" nun ausdrücklich die zwingenden Bestimmungen des objektiven Vertragsstatuts gegen eine Rechtswahl. Die h.M., darin das hervorstechende Charakteristikum der materiellrechtlichen Verweisung erkennend, folgert ohne weiteres, Art. 27 III EGBGB erlaube im reinen Inlandsfall nur diese[7], ja liefere geradezu eine Definition derselben[8].

Doch ist die Gleichsetzung einer auf das abdingbare Recht beschränkten Rechtswahl mit einer schuldrechtlichen Verweisung allzu vorschnell. Es bleibt, wie die Mindermeinung zutreffend hervorhebt, auch eine kollisionsrechtliche Erklärung für die Unantastbarkeit der zwingenden Normen denkbar. Im Wege der Abschichtung von Teilbereichen beruft dann die Rechtswahl kollisionsrechtlich nur die dispositiven Bestimmungen der fraglichen Rechtsordnung, während daneben die zwingenden Regeln einer anderen Rechtsordnung aufgrund einer objektiven Anknüpfung Anwendung finden[9]. Ein solcher Vorgang wäre nichts ungewöhnliches, man denke nur an die Frage der Geschäftsfähigkeit, die auch bei einer Rechtswahl nicht am dergestalt gefundenen Vertragsstatut zu messen ist, sondern gem. Art. 7 I EGBGB einer objektiven Anknüp-

---

5 Deutlicher z.B. die englische Unterscheidung zwischen "choice of law" und "incorporation (by reference)", s. nur *Kelly*, I.C.L.Q. 26 (1977), 857 (858).

6 Soergel-*Kegel*, vor Art. 7 EGBGB, Rdn. 325.

7 Bezeichnend z.B. die knappe Feststellung von *Gamillscheg*, ZfA 1983, 307 (327): "Bei reinen Inlandsfällen ... hat eine etwaige Verweisung auf fremdes Recht nur die Kraft einer schuldrechtlichen Verweisung, wirkt mithin nur in den Grenzen der zwingenden Bestimmungen des inländischen Rechts. Art. 27 III EGBGB besagt dies ausdrücklich."

8 *Sandrock*, RIW 1986, 841 (846).

9 Vgl. *Schurig*, RabelsZ 54 (1990), 217 (222).

fung unterstellt wird. Dennoch erschiene ein Streit über die richtige Deutung dann ziemlich unfruchtbar, wenn sich aus den unterschiedlichen Lösungen im Rahmen des Art. 27 III EGBGB abgesehen vom Konkurrenzverhältnis zu Art. 29 I EGBGB keine unterschiedlichen Rechtsfolgen ergäben, also durch die auf abdingbares Recht beschränkte Rechtswahl nur das erreicht werden kann, was auch die sachrechtliche zu leisten vermag und umgekehrt[10].

Jedoch ist, und auch das vernachlässigt die h.M., gerade dies nicht der Fall. Die Auswirkungen der Unterscheidung zwischen kollisions- und materiellrechtlicher Rechtswahl erschöpfen sich keineswegs in der Frage der Behandlung zwingender Normen.

II. Praktische Konsequenzen der Unterscheidung

1. Verfahrensrecht

Nicht zu unterschätzen sind zunächst die *verfahrensrechtlichen* Differenzen. Eine schuldrechtliche Verweisung macht die Aussage der betreffenden ausländischen Norm zu einem integralen Bestandteil der vertraglichen Vereinbarungen der Parteien. Nicht "als Norm" gewinnt sie Bedeutung, sondern als Chiffre für die Intentionen der Parteien. Ist nun im Prozeß der Inhalt dieser Bestimmung im Streit, so geht es folglich um den Inhalt der Parteivereinbarung selbst. Deren Auslegung ist *Tatfrage*[11]. Somit ist auch der Regelungsgehalt einer materiellrechtlich inkorporierten ausländischen Norm Tat- und nicht Rechtsfrage. In der Konsequenz liegt, daß ihre "Anwendung" von dem Beweis durch die Parteien abhängig ist[12]. Gelingt der Beweis des streitigen Inhalts der nach den allgemeinen Regeln beweisbelasteten Partei nicht, so kommen wie auch sonst bei Fehlen vorrangiger Parteivereinbarungen ersatzweise die dispositiven Normen des objektiven Vertragsstatuts zur Anwendung[13]. § 293 ZPO, der gemein-

---

10 So zu Recht *Schurig*, RabelsZ 54 (1990), 217 (222).

11 Statt aller Baumbach-Lauterbach-Albers-Hartmann(-*Hartmann*), Einf. § 284 Anm. 4 A.a.

12 *Schütze*, NJW 1965, 1652; *Sumampouw*, RabelsZ 30 (1966), 334 (336); zustimmend Staudinger-*Firsching*, vor Art. 12 EGBGB Rdn. 305.

13 Dies verkennt *Schütze*, NJW 1965, 1652. Er meint, eine auf Verzinsung eines Darlehens gerichtete Klage, die mit der Behauptung begründet wird, es sei für die Zinshöhe im Wege einer schuldrechtlichen Verweisung bolivianisches Recht vereinbart worden, müsse abgewiesen werden, wenn der Kläger den streitigen Inhalt der entsprechenden Normen nicht beweisen könne. Das wäre allerdings vorschnell. Ist eine Einigung über

hin dahingehend ausgelegt wird, daß das Gericht ausländische Rechtsnormen von Amts wegen ermitteln muß und dabei lediglich unter anderem auch die Mithilfe der Parteien in Anspruch nehmen darf[14], greift hingegen nur ein, wenn ausländisches Recht "als Recht" anzuwenden ist[15]. Dies wiederum setzt einen kollisionsrechtlichen Anwendungsbefehl voraus, hier also eine Rechtswahl kollisionsrechtlichen Charakters.

Kegel möchte hingegen auch bei einer materiellrechtlichen Verweisung eine Pflicht des Gerichts zur amtswegigen Feststellung des ausländischen Rechts bejahen[16]. Sein Argument, die Herrschaft des ausländischen Rechts beruhe in beiden Fällen auf dem Parteiwillen und die Unterscheidung zwischen kollisions- und sachrechtlicher Verweisung sei "subtil", erscheint allerdings wenig tragfähig. Wer die zugegebenermaßen im Prozeß oft schwierig zu beantwortende Frage nach einer kollisions- oder materiellrechtlichen Rechtswahl dadurch umgehen will, daß er die Unterschiede einebnet, reißt an anderen Stellen Gräben auf, deren Berechtigung eher noch zweifelhafter ist. Denn haben die Parteien inhaltlich aus fremdem Recht stammende Regelungen *in extenso* und ohne Hinweis auf die Herkunft in ihren Vertrag aufgenommen, so kann ein Streit über deren Bedeutung nur als Tatfrage behandelt und der Beweislast unterworfen werden. Kürzen die Parteien den Vertragstext ab, ohne eine inhaltliche Änderung zu bezwecken, und verweisen kurzerhand auf die entsprechende ausländische Vorschrift, so soll nunmehr der Richter den Inhalt von Amts wegen ermitteln? Dies wäre, mit dem Wort *Kegels*, wohl eine noch größere und schwerer nachzuvollziehende Subtilität.

2. *Rechtswahl in Allgemeinen Geschäftsbedingungen*

Zu dieser verfahrensrechlichen Komponente gesellen sich weitere Unterschiede, die in der bisherigen Diskussion weitestgehend vernachlässigt wurden. Sie betreffen in Allgemeine Geschäftsbedingungen aufgenommene Rechtswahlklauseln. Diese Art der "Rechtswahl" dürfte nicht nur für Verbraucherverträge

---

die Zins*höhe* nicht bewiesen, ist für die Entscheidung des Gerichts die dispositive gesetzliche Festlegung auf 4 bzw. 5 % (§§ 246 BGB, 352 HGB) maßgeblich. Richtig *Sumampouw*, RabelsZ 30 (1966), 334 (336).

14 Baumbach-Lauterbach-Albers-Hartmann(-*Hartmann*), § 293 Anm. 1 B., 2 A. m.w.N. Was allerdings zu geschehen hat, wenn das Gericht den Inhalt des ausländischen Rechts nicht feststellen *kann*, ist str., zum Meinungsstand MüKo-*Sonnenberger*, Einl. IPR Rdn. 559. Die wohl h.M. befürwortet die hilfsweise Anwendung des "wahrscheinlich" geltenden oder "nächstverwandten" Rechts, s. *Kegel*, IPR, 323; *Ferid*, IPR, Rdn. 4-401: *Keller/Siehr*, IPR, 502, jeweils m.w.N., a.A. z.B. BGHZ 69, 387 (393 ff.); MüKo-*Sonnenberger*, Einl. IPR Rdn. 560 (*lex fori*).

15 *Schütze*, NJW 1965, 1652, s. auch Staudinger-*Firsching*, vor Art. 12 EGBGB, Rdn. 620 (unter VI. 1. c).

16 Soergel-*Kegel*, vor Art. 7 EGBGB, Rdn. 128.

den Regelfall darstellen und damit in der Praxis von erheblicher Bedeutung sein.

Zwar hat *Junker* Unrecht, wenn er praktische Konsequenzen aus dem Meinungsstreit zu Art. 27 III EGBGB für das Recht der Allgemeinen Geschäftsbedingungen bei § 12 AGBG ansiedeln will[17]. Er meint, diese Norm sei bei einer kollisionsrechtlichen Verweisung anzuwenden, weil dann der Vertrag (abgesehen von den zwingenden Normen) ausländischem Recht unterliege, wie § 12 AGBG voraussetzt. Folglich wäre hier das AGBG nur zu "berücksichtigen", was bei einer materiellrechtlichen Verweisung im Rahmen des deutschen Sachrechts nicht der Fall wäre. Dies ist bereits von *Schurig* zurechtgerückt worden[18]. In der Tat ist bei einer schuldrechtlichen Verweisung das AGBG als zwingendes Recht des (objektiv ermittelten) deutschen Vertragsstatuts unmittelbar anzuwenden. Das gilt jedoch gleichermaßen, wenn eine kollisionsrechtliche Rechtswahl nur dispositive Normen erfaßt und die zwingenden inländischen Normen, darunter auch das AGBG, nicht berührt! Es kommt demnach in *beiden* Fällen nicht auf § 12 AGBG an.

Aber: Ist das AGBG auch unterschiedslos *anwendbar*, so sind doch seine *Auswirkungen* je nach dem Charakter der Rechtswahl höchst unterschiedlich[19].

a) Einbeziehungskontrolle

Zunächst sei noch einmal betont, daß eine materiellrechtliche Rechtswahl nur eine Abkürzung des Vertragstextes darstellt. Statt jede Einzelheit der gewollten vertraglichen Regelung *en détail* festzuhalten, wird auf ein externes Regelwerk, ein ausländisches Recht verwiesen. Dessen Bestimmungen gelten nicht kraft gesetzlicher Anordnung "als Recht", sondern sind chiffrierter Teil der Parteivereinbarung. Ist eine solche Verweisung nun nicht individuell ausgehandelt, sondern eine von vielen Klauseln in einem AGB-Formular, kommt § 2 I Nr. 2 AGBG ins Spiel. Danach ist derjenige, der den Vertragsin-

17 *Junker*, IPRax 1989, 69 (70); ähnlich *E.Lorenz*, RIW 1987, 569; *Schwarz*, Schutzkollisionen, 172 f.

18 *Schurig*, RabelsZ 54 (1990), 217 (222).

19 Art. 27 III EGBGB ist eine allseitige Kollisionsnorm und betrifft demnach auch Fälle, in denen die gegen eine Rechtswahl durchzusetzenden zwingenden Normen nicht die des deutschen Rechts sind (unrichtig daher *Ferid*, IPR Rdn. 6-27,3 u. 3-29,10, der Art. 27 III als "spezielle Vorbehaltsklausel" bezeichnet; allerdings ist er mit diesem Etikett ohnehin sehr großzügig, s. bereits oben zu Art. 29 EGBGB S. 31 mit Fn. 26). Aus Gründen der Einfachheit der Darstellung sollen die Ausführungen aber im folgenden auf das deutsche AGBG beschränkt werden. Wegen Art. 14 EuGVÜ dürfte im übrigen in der Praxis das inländische Recht des Art. 27 III EGBGB mit der deutschen *lex fori* zumeist zusammenfallen.

halt einseitig durch vorformulierte Bedingungen festsetzen will, gehalten, dem anderen (nichtkaufmännischen, § 24 AGBG) Vertragspartner *bei Vertragsabschluß* die Möglichkeit zumutbarer Kenntnisnahme von deren Inhalt zu verschaffen. Wenn Geltungsgrund von AGB nicht unilaterale Rechtsetzungsmacht, sondern die vertragliche Einigung der Parteien ist[20], so soll der Kunde diese Tragweite seiner Erklärung ermessen und sich von Anfang an über den Inhalt der vertraglich vereinbarten Rechte und Pflichten informieren können, um die Möglichkeit zur Ablehnung unangemessener Bedingungen zu erhalten[21]. Darüber hinaus bedarf der Vertragspartner des Verwenders zu seiner Orientierung während der Vertragsabwicklung und in einem eventuellen späteren Konfliktfall eines mühelosen Zugangs zu einem Text der vom dispositiven Recht abweichenden Bedingungen[22].

Es versteht sich von selbst, daß der Verwender diesen Zweck der Vorschrift nicht dadurch zu unterlaufen vermag, daß er in seinen AGB auf anderweitige Regelungen verweist, die ebenfalls Inhalt der Parteivereinbarung werden sollen, dem Vertragspartner aber nicht vorliegen. Dem Verwender obliegt es, seinem Vertragspartner die Kenntnisnahme von *allen* Bedingungen zu ermöglichen, die er dem Vertrag zugrunde legen will[23]. Die von § 2 I Nr. 2 AGBG geforderte "zumutbare" Möglichkeit der Kenntnisnahme zielt zwar zunächst nur auf eine verständliche und lesbare Form der AGB selber ab[24]. An der Verständlichkeit der AGB aus sich selber heraus mangelt es aber, wenn auch andere Regelwerke einbezogen werden sollen und sich erst aus deren Zusammenspiel mit den "eigentlichen" AGB der wahre Gehalt der Parteivereinbarung ergibt[25]. So ist denn einhellige Meinung, daß der Inhalt weiterer Klauselwerke nur dann Vertragsbestandteil wird, wenn auch in dieser Hinsicht die Voraussetzungen des § 2 I Nr. 2 AGBG erfüllt sind[26]. Konkret bedeutet das: *Der Verwender muß im Regelfall seinem Vertragspartner auch einen Text des in Bezug genommenen Regelwerkes zur Verfügung stellen*[27]. Das gilt auch dann,

---

20 Vgl. Ulmer-Brandner-Hensen(-*Ulmer*), Einl. Rdn. 22 f.; Wolf-Horn-Lindacher(-*Wolf*), Einl. Rdn. 13; § 2 Rdn. 2.

21 Wolf-Horn-Lindacher(-*Wolf*), § 2 Rdn. 1; BTag-Drucks. 7/3919, 17.

22 Vgl. Staudinger-*Schlosser*, § 2 AGBG Rdn. 26.

23 BGHZ 86, 135 (138) = BGH NJW 1983, 816 (817).

24 S. Wolf-Horn-Lindacher(-*Wolf*), § 2 Rdn. 27.

25 Ebenso Ulmer-Brandner-Hensen(-*Ulmer*), § 2 Rdn. 52.

26 Staudinger-*Schlosser*, § 2 AGBG Rdn. 30 m.w.N.; Ulmer-Brandner-Hensen(-*Ulmer*), § 2 Rdn. 52; Wolf-Horn-Lindacher(-*Wolf*), § 2 Rdn. 26.

27 Für den Verweis auf die VOB/B z.B. BGHZ 86, 135 (138) = NJW 1983, 816 (817) (Ausnahme nach Sinn und Zweck des § 2 I Nr. 2 AGBG allerdings dann, wenn der Verwender mit Sicherheit erwarten kann, daß der Vertragspartner die fraglichen Ver-

wenn auf *gesetzliche* Regelungen verwiesen wird, die für das konkrete Vertragsverhältnis nicht bereits *ipso iure* gelten. Eine Überbürdung der Betriebskosten "gem. § 27 II. BerechnungsVO" in einem Mustermietvertrag außerhalb des preisgebundenen sozialen Wohnungsbaus verstößt gegen § 2 I Nr. 2 AGB, wenn die Anlage 3 zur II. BerechnungsVO, in der die von § 27 erfaßten Nebenkosten detailliert aufgeführt sind, nicht mit abgedruckt ist[28]; eine Honorarvereinbarung in einem Behandlungsvertrag "bis zum maximalen 5fachen Satz der GOÄ" ist unzureichend, wenn im Vordruck nicht die in Betracht kommenden Positionen des Gebührenverzeichnisses der GOÄ wiedergegeben werden[29].

Daraus kann im hier interessierenden Zusammenhang nur ein Schluß gezogen werden: Erst recht kann eine Klausel keinen Bestand haben, in der nicht auf einzelne deutsche Normen, sondern pauschal auf nicht zugängliches ausländisches Recht verwiesen wird. Im Falle der materiellrechtlichen Wahl "des französischen Rechts" wäre vielmehr dem Kunden ein Text des code civil und der ihn ergänzenden Gesetze auszuhändigen; war die Verhandlungssprache deutsch, überdies in einer deutschen Übersetzung[30].

Dies macht natürlich eine materiellrechtliche Rechtswahl in einer AGB-Klausel unpraktikabel, wenn nicht in den meisten Fällen sogar unmöglich. Doch nur zu Recht: Der Kunde geht bei einer solchen Verweisung ein unkalkulierbares Risiko ein, weil er nicht weiß und nicht wissen kann, in welchem Maße seine vertraglichen Rechte und Pflichten vom andernfalls anwendbaren dispositiven Recht abweichen; ein Risiko, das erheblich höher einzuschätzen ist als bei dem Verweis auf in Deutschland weithin bekannte Regeln wie die der VOB/B oder des § 27 II. BerechnungsVO.

---

tragsbedingungen bereits kennt, *in casu* bejaht); für den Verweis in einem Leasingvertrag auf die AGB des Lieferanten *v. Westphalen*, BB 1990, 1 (2) m.w.N.

28 OLG Karlsruhe NJW-RR 1986, 91 (92); LG Aachen, WuM 1982, 254; LG Hamburg, WuM 1982, 86; Löwe-v.Westphalen-Trinkner(-*v. Westphalen*) III, 50.1 Rdn. 88; *Sternel*, Mietrecht II Rdn. 63. A.A. BayObLG WuM 1984, 104, mit dem allerdings wenig hilfreichen Verweis auf § 4 MHG (der die einseitige Erhöhung von Betriebskostenumlagen regelt) und § 9 AGBG (nach dem eine Beteiligung an den Betriebskosten nicht unangemessen sein könne). Beide Vorschriften regeln nicht die hier interessierende Frage der Einbeziehung solcher Klauseln in den Vertrag, sondern setzen sie voraus. Zu Recht scharf ablehnend *Löwe*, WuM 1984, 192 (193) ("...eines Obergerichts unwürdig").

29 AG Bad Homburg v.d.H. NJW 1984, 2637 (2638).

30 Vgl. Wolf-Horn-Lindacher(-*Lindacher*) Anh. § 2 Rdn. 41. Bedenkt man fernerhin, daß die ABG nach § 2 I Nr. 2 AGBG für den Durchschnittskunden "verständlich" sein sollen (oben Fn. 24), dann müßte man zusätzlich wohl noch ein populärwissenschaftliches Erläuterungswerk fordern...

Ganz anders ist die Rechtslage bei einer kollisionsrechtlichen Rechtswahl. Zwar sind auch hier über Art. 27 IV, 31 I, 27 III EGBGB die zwingenden Einbeziehungsvoraussetzungen des AGBG zu beachten. Jedoch ist Inhalt der Parteivereinbarung in diesem Fall *allein die Rechtswahl selbst*; nur in dieser Hinsicht muß folglich den Anforderungen des § 2 I Nr. 2 AGBG Genüge getan werden. An die Rechtswahl schließt sich dann die *normative* Regelung des Art. 27 I EGBGB an, der das gewählte Recht für anwendbar erklärt. Wie bei jeder kollisionsrechtlichen Verweisung unterliegt das fragliche Rechtsverhältnis damit auch im Rahmen der subjektiven Anknüpfung dem betreffenden Recht aufgrund des Anwendungsbefehls der gesetzlichen Kollisionsnorm, die Rechtswahl ist nur eine Tatbestandsvoraussetzung für diesen Befehl[31]. Das gewählte Recht wird "als Recht", *ipso iure*, angewandt und nicht in den Inhalt einer rechtsgeschäftlichen Vereinbarung konvertiert. Folglich kann, und das ist bisher zutreffenderweise völlig unbestritten, eine kollisionsrechtliche Rechtswahlklausel in AGB nicht daran scheitern, daß dem Kunden eine Kenntnisnahme des Inhalts des gewählten Vertragsstatuts bei Vertragsschluß unmöglich ist. Unkenntnis des Gesetzesrechts hindert dessen normative Anwendung weder auf nationaler noch auf internationaler Ebene[32].

b) Inhaltskontrolle

Die unterschiedliche Behandlung von kollisions- und sachrechtlichen Rechtswahlklauseln in vorformulierten Vertragsbedingungen setzt sich bei der Inhaltskontrolle nach § 9 AGBG fort - einmal unterstellt, auch die Einbeziehung einer materiellrechtlichen Verweisung sei trotz der hohen Hürde des § 2 I Nr. 2 AGBG geglückt. Der Inhaltskontrolle unterliegen gem. § 8 AGBG nur die rechtsgeschäftlichen, vom Gesetzesrecht abweichenden Bestimmungen der AGB selbst. Wenn bei einer kollisionsrechtlichen Verweisung das gewählte Recht "als Recht" und nicht "als AGB" zur Anwendung kommt, ist es damit einer Überprüfung anhand der §§ 9 ff. AGBG nicht zugänglich[33]. Das AGBG dient nicht dazu, ausländisches Recht am deutschen zu messen, sondern die einseitige Inanspruchnahme der rechtsgeschäftlichen Gestaltungsmacht zu kontrollieren. Erst wenn der Verwender zusätzlich zur "nackten" Rechtswahl rechtsgeschäftliche Klauseln einfügt, die vom gewählten dispositiven Recht ab-

31 *Neuhaus*, IPR, 256.

32 Davon zu unterscheiden ist die Frage, ob das Gesetz bestimmte *Rechtsfolgen* aufgrund der fehlenden Kenntnis anordnet bzw. nicht eintreten läßt, man denke z.B. an den Verbotsirrtum im Strafrecht.

33 Ebenso *E.Lorenz*, FS Kegel 1987, 303 (314).

weichen, können die §§ 9 ff. AGBG eingreifen, zu einem Unwerturteil allerdings nur auf Basis des bezeichneten ausländischen Rechts führen[34].

Anders die Lage bei einer sachrechtlichen Verweisung. Hier wird das in Bezug genommene Recht Inhalt der (vorformulierten) Parteivereinbarung und unterliegt als solches in vollem Umfang der Inhaltskontrolle anhand des deutschen dispositiven Rechts, als wären sie in allen Einzelheiten in die AGB aufgenommen worden[35]. Die Chiffrierung einer Vertragsklausel nimmt ihr nicht den Charakter einer rechtsgeschäftlichen Vereinbarung.

III. Zwischenergebnis

Als Ergebnis der obigen Ausführungen läßt sich also festhalten: Eine Rechtswahl, die die zwingenden Bestimmungen des objektiven Vertragsstatuts nicht berühren darf, ist gegen die h.M. nicht zwangsläufig als materiellrechtliche Verweisung einzustufen; ebenso möglich ist die Deutung als eine in ihrer Reichweite beschränkten kollisionsrechtlichen Rechtswahl. Welche Form Art. 27 III EGBGB nun meint, kann nicht offengelassen werden[36], weil sich unterschiedliche Auswirkungen im Bereich des Verfahrensrechts und insbesondere des Rechts der Allgemeinen Geschäftsbedingungen ergeben: Eine materiellrechtliche Verweisung in vorformulierten Vertragsbedingungen ist anders als eine kollisionsrechtliche wegen der Hürde des § 2 I Nr. 2 AGBG in aller Regel wirkungslos.

Ein kollisionsrechtliches Etikett für die Rechtswahl im Rahmen des Art. 27 III EGBGB ist also denkbar und hätte praktisch bedeutsame Folgen - ist es auch das richtige? Eine Mindermeinung, wie bereits oben erwähnt, bejaht diese Frage[37].

---

[34] Vgl. die entsprechende Problematik bei Art. 29 I EGBGB, oben S. 52 ff.

[35] Allerdings kann der ausländischen Rechtsordnung wohl regelmäßig die Vermutung zugebilligt werden, *im ganzen* einigermaßen ausgewogen die beteiligten Interessen zu berücksichtigen. Insofern unterscheidet sich eine pauschale Verweisung auf sie von üblichen, den Interessen allein des Verwenders dienenden AGB. Es wäre daher verfehlt, *einzelne* Bestimmungen einer Billigkeitskontrolle anhand von § 9 AGBG zu unterwerfen, weil so der im Zusammenspiel *sämtlicher* einschlägiger Vorschriften liegenden billige Interessenausgleich gestört würde. Vgl. zur ähnlichen Problematik bei einer Gesamtverweisung auf die VOB/B BGHZ 86, 135 (143) = NJW 1983, 816 (818).

[36] So aber *Schurig*, RabelsZ 54 (1990), 217 (222).

[37] *Diamond*, Rec. des cours 199 (1986-IV), 233 (266 f.); *E.Lorenz*, RIW 1987, 569; diesem zustimmend *Ebenroth/Fischer/Sorek*, ZvglRWiss 88 (1989), 124 (126); *Birk*, RdA 1989, 201 (204); *Schwarz*, Schutzkollisionen, 172.

IV. Stellungnahme

1. Systematische Argumentation

E.Lorenz meint, eine Begründung für die kollisionsrechtliche Sichtweise u.a. aus einem Vergleich mit den Art. 29 I, 30 I EGBGB ziehen zu können. Auch dort dürften (wie bei Art. 27 III EGBGB) die zwingenden Bestimmungen des ohne Rechtswahl anzuwendenden Rechts "nicht übersprungen" werden, ohne daß dies an dem Befund einer kollisionsrechtliche Rechtswahl etwas ändere[38]. Das ist jedoch ungenau. Um im Bild zu bleiben: Bei Art. 29 I, 30 I EGBGB darf das unabdingbare Recht jedenfalls dann übersprungen werden, wenn im gewählten Recht die Latte für den Schutz des Verbrauchers/Arbeitnehmers im konkreten Fall noch höher liegt. Die beiden Normen sehen eine Alternativanknüpfung vor und sind damit unbrauchbar für einen Rückschluß auf Art. 27 III EGBGB, der nicht alternativ, sondern allenfalls (bei kollisionsrechtlicher Deutung) "gespalten" anknüpft.

2. Historische Argumentation

Ein gewichtigeres Argument liefert der Bericht *Giuliano/Lagarde*. Dort heißt es, die Lösung stelle einen "Kompromiß" dar zwischen zwei entgegengesetzten Auffassungen innerhalb der Kommission. Die einen hätten beabsichtigt, eine kollisionsrechtliche Rechtswahl in Inlandssachverhalten überhaupt nicht zuzulassen, während andere auch in diesen Fällen das Recht auf freie Rechtswahl gewährleisten wollten und nur bei Vorliegen "außergewöhnlicher Umstände" zu Ausnahmen bereit waren[39]. In der Tat liegt hier der Schluß nahe, Art. 27 III EGBGB wolle die kollisionsrechtliche Rechtswahl nicht verbieten, sondern nur beschränken. Andernfalls enthielte sie nicht den angedeuteten Kompromiß zwischen untersagter und freier Rechtswahl, sondern hätte sich in vollem Umfang die erstere Auffassung durchgesetzt[40].

---

38 *E.Lorenz*, RIW 1987, 569; zustimmend *Schwarz*, Schutzkollisionen, 172.

39 Bericht *Giuliano/Lagarde*, BRat-Drucks. 224/83, 50.

40 So denn auch *E.Lorenz*, RIW 1987, 569.

Diese Schlußfolgerung scheint nur schwer zu widerlegen sein, und so ist es denn verständlich, daß die h.M. sie zumeist mit Schweigen übergeht. Wie aber ein Blick in die Protokolle der Verhandlungen zum EVÜ zeigt, drückt sich *Giuliano* hier mißverständlich aus. Seine Formulierung gibt die Kontroverse, die zur endgültigen Fassung des Art. 3 III EVÜ (= Art. 27 III EGBGB) geführt hat, nur in entstellter Form wieder. Tatsächlich stützt die Entstehungsgeschichte des EVÜ die Auffassung der Mindermeinung keineswegs.

Um dies zu begründen, muß ein wenig ausgeholt werden. Der Vorentwurf zu einem europäischen Schuldrechtsübereinkommen von 1972 (ESÜ)[41], auf dem das EVÜ aufbaut, enthielt noch keine dem Art. 27 III EGBGB vergleichbare Einschränkung der Rechtswahlfreiheit bei Inlandssachverhalten. Dem lag nicht eine damals noch großzügigere Geisteshaltung zugrunde, sondern die schlichte Tatsache, daß der Anwendungsbereich der *gesamten* Konvention auf "Sachverhalte internationalen Charakters" (situations of an international character/situations ayant un caractère international) beschränkt war. Verträge ohne Auslandsbezug wurden somit ohnehin nicht erfaßt; welche Wirkung in einem solchen Fall einer Rechtswahlklausel zukommt, blieb Sache der nationalen Gesetzgeber.

Nach dem Beitritt Irlands, Dänemarks und des Vereinigten Königreichs zur EG und der Wiederaufnahme der Vertragsverhandlungen kritisierte die deutsche Delegation in einer Stellungnahme aus dem Jahre 1975 die Umschreibung des Anwendungsbereichs des Übereinkommens[42]. Es sei insbesondere im Bereich der objektiven Vertragsanknüpfung und der (damals noch erfaßten) außervertraglichen Schuldverhältnisse wünschenswert, auch solche Fallgestaltungen aufzunehmen, in denen ein zunächst "rein inländischer Sachverhalt" nur durch die prozessuale Situation eine grenzüberschreitende Komponente erhält. So z.B. dann, wenn aus einem Verkehrsunfall im Inland, an dem nur Inländer beteiligt sind, Schadensersatzansprüche vor einem ausländischen Gericht geltend gemacht werden, etwa weil die beklagte Partei ihren Wohnsitz ins Ausland verlegt hat. Hier könne man argumentieren, der Sachverhalt sei aus der Sicht des Richters kein "internationaler", sondern lediglich ein "ausländischer"; dennoch müsse das Abkommen anwendbar sein und den Weg zum maßgeblichen Recht weisen. Gestützt wurde die Kritik an Art. 1 ESÜ unter einem anderen Aspekt von der britischen und der irischen Delegation[43]. Die

---

41 Abgedruckt in RabelsZ 38 (1974), 211 (deutsch); Am.J.Comp.L. 21 (1973), 587 (engl.); Rev.crit. 62 (1973), 209 (franz.).

42 Dok. XI/412/75, 2.

43 Dok. XI/727/75-D, 10.

Festlegung auf "internationale Sachverhalte" verhindere die doch wünschenswerte Erfassung auch solcher Rechtsstreitigkeiten, die zwar nur mit einem Vertragsstaat verknüpft seien, in denen der Richter aber zwischen verschiedenen, in diesem Land nebeneinander bestehenden Rechtssystemen zu wählen habe. Genannt wurde der "rein britische" Fall, bei dem zweifelhaft sein kann, ob englisches oder schottisches Recht einschlägig ist. Es gebe keinen Grund, diese Frage nicht auch über das Abkommen zu lösen.

Die Kommission sah die geäußerten Bedenken als berechtigt an und faßte Art. 1 I ESÜ wie folgt neu:

> "Les règles de la présente convention sont applicables, dans les situations comportant un conflit de lois, aux obligations contractuelles et non-contractuelles"[44].

Damit sollte klargestellt werden, "que la convention doit s'appliquer dans tous les cas où la situation litigieuse donnerait lieu à un conflit entre deux ou plusieurs systèmes juridiques..."[45], also immer dann, wenn der Richter sich die Frage nach dem anwendbaren Recht stellt, unabhängig davon, ob der Fall nun "international", "national" (britisches Beispiel) oder "ausländisch" (deutsches Beispiel) ist. Diese Formulierung wurde bis auf den Ausschluß der außervertraglichen Schuldverhältnisse unverändert in die endgültige französische Fassung des EVÜ übernommen, während die deutsche Version ("Sachverhalte, die eine Verbindung zum Recht verschiedener Staaten aufweisen") die Intentionen der Verfasser nicht in genügendem Maße reflektiert[46]. Allzuleicht kann daraus die Folgerung gezogen werden, der Fall müsse *objektive* Berührungspunkte zu verschiedenen Ländern aufweisen - was durch die Neufassung doch gerade vermieden werden sollte. So verwundert es nicht, wenn *Firsching* meint, die Anwendung des EVÜ erfordere einen Fall "mit Auslandsberührung"; Art. 3 III EVÜ (= Art. 27 III EGBGB) stelle lediglich klar, daß hierfür die Wahl eines fremden Rechts allein nicht ausreiche[47]. Richtig ist jedoch das Gegenteil: Die Vorschrift wurde von der Kommission als notwendige *Kompensation* zur Neufassung des Art. 1 I EVÜ angesehen. Wenn nämlich das Übereinkommen insgesamt nunmehr auch im "Inlandsfall" anwendbar ist, dann gilt dies auch für

---

44 Dok. XI/79/76-F, 2. Die nachstehenden Zitate zur Entstehungsgeschichte des EVÜ konnten nicht in einer einheitlichen Sprache erfolgen, weil dem Verf. die Dokumentation der Vertragsverhandlungen in einer sprachlich bunt gemischten Version vorgelegen hat.

45 Dok. XI/79/76-F, 1.

46 Die englische Fassung beschreitet einen Mittelweg ("any situation involving a choice between the laws of different countries"); Konflikte innerhalb *eines* Landes werden von dieser Formulierung über Art. 19 I EVÜ erfaßt.

47 *Firsching*, IPRax 1981, 37 (38).

Art. 3 I EVÜ (= Art. 27 I EGBGB), der die Rechtswahlfreiheit garantiert. Die Möglichkeit einer kollisionsrechtlichen Rechtswahl wollten die meisten Delegierten aber nur "in Sachverhalten internationalen Charakters" gewähren; andernfalls sei jede Bemühung des Gesetzgebers um den Erlaß zwingender Vorschriften vergeblich[48]. Man einigte sich deshalb zunächst auf folgenden Zusatz zu Art. 3 I EVÜ:

> "Die vorstehende Bestimmung gilt nicht, wenn sich der Vertrag nicht auf eine Maßnahme internationalen Charakters bezieht"[49].

Die *Delegation des Vereinigten Königreichs* vertrat nun in einem Memorandum[50] eine abweichende Meinung. Es sei zu differenzieren: Auf der einen Seite stünden Fälle, in denen der Rechtsstreit vor den Gerichten des Landes stattfindet, das allein mit dem Vertrag verknüpft ist. Hier läge kein "echter" Fall einer Rechtsnormenkollision vor, und das Gericht müsse ohnehin, nicht erst aufgrund der Regeln des Internationalen Privatrechts "sein" Recht anwenden und könne dann in dessen Rahmen (also auf materiellrechtlicher Ebene) über die Wirkung einer Rechtswahl entscheiden. Für solche Konstellationen solle folglich die Anwendung des Abkommens (und damit auch die kollisionsrechtliche Rechtswahlfreiheit) ausdrücklich ausgeschlossen werden[51].

Auf der anderen Seite könne das Übereinkommen sehr wohl eine angemessene Regelung für Situationen treffen, in denen sich das Problem der Wahl eines ausländischen Rechts für einen inländischen Vertrag vor einem *ausländischen* Gericht stelle[52]. Hier dürfe das Problem der Umgehung zwingender Normen nicht dadurch gelöst werden, daß generell die Rechtswahl der Vertragsparteien für ungültig erklärt werde. Es reiche vielmehr aus, deren *Wirkung* im Einzelfall einzuschränken und gegebenenfalls einzelne inländische zwingende Vorschriften, insbesondere verbraucherschützende, über Art. 7 EVÜ (teilweise übernommen in Art. 34 EGBGB) gegen eine abweichende Rechtswahl durchzusetzen[53]. Denn es gebe in der Praxis verschiedene Situationen, die kein ausländisches Element beinhalteten und wo es dennoch sinnvoll erscheinen könne und deshalb zulässig sein müsse, ein fremdes Recht zu wäh-

48 Dok. XI/727/75-D, 11.

49 Dok. XI/727/75-D, 13.

50 Dok. XI/104/76-D.

51 Dok. XI/104/76-D, 1 f.

52 Dok. XI/104/76-D, 2.

53 Dok. XI/104/76-D, 7.

len[54]. Die in dem Memorandum vorgebrachten Belege stützen diese These aber nur sehr unzureichend.

So wird ein Statement Lord *Diplocks* zitiert[55], in dem es heißt:

"...where the same shipment of goods may be bought and sold many times before delivery of the actual goods to the last buyer, it is of great commercial convenience that all the contracts relating to such sales should be subject to the same proper law irrespective of the place of shipment or discharge, the residence or nationality of the parties, or the place where the contract was made. This is the basis on which commodity markets operate..."[56].

In diesem Fall ging es jedoch um einen nach wohl allen Betrachtungsweisen "internationalen" Vertrag zwischen einer tunesischen und einer französischen Firma über den Transport von Rohöl mit unter wechselnden Flaggen fahrenden Tankern[57]. Lord *Diplocks* Erwägung stand allein in Zusammenhang mit der (*in casu* verneinten) Frage, ob sich aus einer Schiedsgerichtsklausel zu einem Londoner Schiedsgericht auch die Wahl des englischen Rechts herauslesen ließ, obwohl die Parteien ausdrücklich festgelegt hatten, "this contract should be governed by the laws of the flag of the vessel carrying the goods..."[58]. Nur auf ersten Blick mehr Überzeugungskraft haben zwei weitere Beispiele der Delegation. Zum einen wird ein zuerst von *Martin Wolff*[59] gebildeter Fall herangezogen. Amerikanisches Getreide wird demnach an ausländische Abnehmer zumeist unter Verwendung von Formularverträgen der London Corn Trade Association (LCTA) veräußert, die die Geltung englischen Rechts vorsehen. Verkaufe nun ein deutscher Importeur das erworbene Getreide anschließend in Deutschland an einen deutschen Kaufmann weiter, so dürfe er nicht um die Möglichkeit gebracht werden, hier die gleichen Vertragsbedingungen und damit auch die Anwendung englischen Rechts zu vereinbaren.

---

54 Dok. XI/104/76-D, 4.

55 Dok. XI/104/76-D, 4.

56 Compagnie d'Armement Maritime SA v. Compagnie Tunisienne de Navigation SA (1971) A.C. 572 (609).

57 Das Memorandum verschweigt im übrigen, daß der nur auszugsweise wiedergegebene Satz Lord *Diplocks* mit den Worten beginnt: "In international transactions..."!

58 A.a.O., 572. Der eigentliche Wert dieser Entscheidung liegt denn auch darin, daß hier die früher rigide Haltung der englischen Gerichte zum Zusammenhang zwischen Gerichtsstands- und Rechtswahl ("*qui eligit judicem eligit ius*") aufgegeben wurde, vgl. *Delaume*, I.C.L.Q. 28 (1979), 258 (259 Fn. 7); *Dicey/Morris* Conflict of Laws, 537.

59 *M. Wolff*, Private International Law, 420.

Zum anderen weist die Delegation auf die Entscheidung im Fall International Tank and Pipe S.A.K. v. Kuwait Fuelling Co. K.S.C.[60] hin. Zwei in Kuwait eingetragene Firmen hatten in einem Vertrag über Arbeiten am Kuwait International Airport die Geltung englischen Rechts vereinbart. Aus den Umständen geht jedoch hervor, daß es sich hier um nur formell selbständige Tochtergesellschaften europäischer Firmen handelte, die ihnen übertragene Aufgaben durch lokale Arbeitskräfte durchführen lassen wollten[61].

Nun mag man über die Qualität des jeweiligen Auslandsbezugs in den geschilderten Fällen und über die Frage, ob er eine Rechtswahl ermöglichen solle, geteilter Meinung sein. Eines aber ist sicher: Um reine "Inlandsfälle" *strictu sensu,* ohne jedes fremde Element handelt es sich zweifellos nicht.

Entsprechend kühl war die Reaktion der übrigen Kommissionsmitglieder auf den Vorstoß Großbritanniens[62]. Zum einen bemängelten sie zu Recht, daß eine Unterscheidung danach, welches Gericht mit dem Fall befaßt sei, keinen Sinn mache. Eine Gerichtsstandsklausel dürfe nicht Auswirkungen auf die Frage des anzuwendenden materiellen Rechts haben. Zum anderen könne Art. 7 EVÜ keine Lösung sein, da er nicht jede, sondern nur *besonders* zwingende Normen ("hautement impératives") meine. Sie blieben deshalb dabei, daß im Fall ohne Auslandsberührung eine kollisionsrechtliche Rechtswahl nicht zu gestatten sei. Immerhin kamen sie aber der Delegation des Vereinigten Königreichs insoweit entgegen, als sie die von dieser genannten Beispielsfälle als *internationale* anzuerkennen bereit waren:

> "Il existe un intérêt légitime à reconnaître le choix d'une loi étrangère pour des cas internes (*apparemment* rattachés à un seul pays) mais qui, *considérés dans leur ensemble,* présentent des liens étroits avec un autre pays"[63].

Hier, und nur hier liegt nun der Grund, warum man Art. 3 III EVÜ als "Kompromiß" bezeichnen kann. Die endgültige Fassung sollte, ohne das Erfordernis einer Auslandsberührung für eine kollisionsrechtliche Rechtswahl ganz aufzugeben, jeden Zweifel darüber ausschließen, daß in Fällen wie den oben geschilderten die Parteien in ihrer Wahl frei sind. Deshalb wurde die ursprünglich für Art. 3 III EVÜ ins Auge gefaßte Formulierung "Ist *der Vertrag* im Zeitpunkt der Rechtswahl nur mit einem Land verbunden..." ersetzt durch die weitherzigere Wendung "Sind alle anderen *Teile des Sachverhalts* ... in ein

---

60 (1975) Q.B. 224.

61 Vgl. Dok. XI/104/76-D, 5.

62 S. Dok. XI/514/76-F, 8f.

63 Dok. XI/514/76-F, 9 (Hervorhebung hinzugefügt).

und demselben Staat belegen..."[64]. Die Verfasser des EVÜ trugen also den britischen Bedenken Rechnung, indem sie die Grenze zwischen Inlands- und internationalem Vertrag flexibler gestalteten, ohne jedoch im ersteren Fall eine kollisionsrechtliche Rechtswahl zu gestatten.

3. Übereinstimmung mit herrschender Meinung in Europa

Nun gibt die Entstehungsgeschichte keine unüberwindbaren Vorgaben für die Interpretation einer Norm; manchmal ist das Gesetz klüger als der historische Gesetzgeber[65]. Ist die Norm aber vergleichsweise jung, müssen schon gewichtige Gründe vorliegen, um ein abweichendes Ergebnis zu rechtfertigen[66]. Solche sind hier nicht ersichtlich. Im Gegenteil sprechen weitere Erwägungen für die von der Entstehungsgeschichte vorgegebene Richtung. Nicht ohne Bedeutung ist zunächst, daß sich die Lösung des Art. 27 III EGBGB so auf dem Boden der bisher schon herrschenden Meinung in Europa bewegt. Die Verfasser des EVÜ waren ja nicht mit dem Ziel angetreten, das europäische internationale Vertragsrecht zu revolutionieren, sondern strebten lediglich eine behutsame Harmonisierung der Kollisionsnormen auf dem Boden gemeinsamer Rechtsgrundsätze an, um einem "forum shopping" vorzubeugen und die Rechtssicherheit sowie die Voraussehbarkeit hinsichtlich des anwendbaren Rechts zu erhöhen[67]. Eine Auslandsberührung, also ein "internationaler" Vertrag, wurde und wird aber in Europa weit überwiegend als Voraussetzung für eine kollisionsrechtliche Rechtswahl angesehen[68]; auch Autoren, die stattdessen

---

64 Dok. XI/514/76-F, 9: "Les mots *éléments de la situation* ont été expressément employés à la place d'«éléments du contrat» afin de donner à la règle la souplesse nécessaire pour couvrir notamment les cas mentionnés au n°7 [= die von den Briten genannten Beispiele]" (Hervorhebung im Original). Die leicht abweichende Formulierung des Art. 27 III EGBGB ("Ist der sonstige Sachverhalt ... nur mit einem Staat verbunden...") enthält keine inhaltliche Änderung.

65 Allg. zur Bedeutung der Normvorstellungen der an der Beratung und Abfassung von Gesetzestexten beteiligten Personen als (nur) eines der anerkannten Auslegungskriterien *Larenz*, Methodenlehre, 328 ff., 344.

66 Vgl. *Zippelius*, Methodenlehre, 23.

67 Bericht *Giuliano/Lagarde*, BRat-Drucks. 224/83, 37; daher auch die ausführlichen Bemühungen im Bericht *Giuliano/Lagarde* nachzuweisen, daß sich z.B. die Regelungen der Art. 3 I, 4, 7 EVÜ auf Vorläufer in Lehre und Rechtsprechung aller oder zumindest der meisten Mitgliedsstaaten berufen können.

68 Vgl. z.B. *Batiffol/Lagarde*, D.i.p. II, Tz. 575; *De Nova*, FS Ferid 1978, 307 (311); *Gamillscheg*, AcP 157 (1958/1959), 303 (313); *Hambro*, I.C.L.Q. 6 (1957), 589 (594); *van Hecke*, Internationaal Privaarecht, Tz. 694; *Knoepfler/Schweizer*, D.i.p. suisse, 487; *Lando*, Kontraktstatuttet, 4; *Miaja de la Muela*, Derecho Internacional Privado, 303 f.; *Moser*, Parteiwille im Internationalen Obligationenrecht, 197; *Neuhaus*, IPR, 259; *Strikwerda*, Nederlandse internationaal privaatrecht, Tz. 167; BGH, NJW 1961,

"nur" ein anerkennenswertes Interesse fordern, sehen hierfür eine internationale Verknüpfung zumindest als Indiz an[69]. Dies beruht auf dem Gedanken, daß die Rechtswahlfreiheit kollisionsrechtliche Probleme lösen, nicht aber solche schaffen soll[70]. Sie setzt daher eine mehr oder minder große Anknüpfungsverlegenheit voraus, dient aber nicht der künstlichen Internationalisierung eines eindeutig in einer Rechtsordnung lokalisierten Geschäfts.

Selbst in England ist die Rechtswahl gegen die von der britischen Delegation vertretenen Ansicht keineswegs auch im Inlandsfall völlig frei; ob sie nach der berühmten Formulierung von Lord *Wright*[71] als "bona fide and legal" angesehen wird, hängt im Gegenteil maßgeblich von objektiven Berührungspunkten des Vertrages zu verschiedenen Rechtsordnungen ab; oft wird sogar eine Beziehung gerade zum gewählten Recht gefordert[72].

Auf diesem Hintergrund ist es nicht nur verständlich, sondern im Ergebnis auch begrüßenswert, wenn die meisten Autoren Art. 27 III EGBGB im obigen traditionellen Sinne deuten.

4. Interessenbewertung

Schließlich führt die materiellrechtliche Lösung auch zu interessengerechteren Ergebnissen als die Variante einer beschränkten kollisionsrechtlichen Rechtswahl. Dies wird insbesondere im Hinblick auf die oben dargelegte AGB-Problematik[73] deutlich. Das gilt zum einen für die Einbeziehungskontrolle: Wer in einem Fall, der zum Ausland keine relevanten Bezüge aufweist, mit Hilfe von vorformulierten Vertragsbedingungen vom inländischen dispositiven Recht abweichende Regeln einführen will, sollte einer einheitlichen Behandlung unterliegen, gleichviel ob er diese Regeln einer fremden Rechtsordnung oder privaten Regelwerken entnimmt; der Kunde ist in beiden Konstellationen gleichermaßen schutzbedürftig. Eine Gleichbehandlung garantiert aber allein das Verbot einer kollisionsrechtlichen Rechtswahl im Inlandsfall, weil nur die ma-

---

1061; BAG IPRspr. 1966-67 Nr. 50 b (167), Cour de cass., Rev.crit. 70 (1981) 313 (315) m.Anm. *Mestre*; s. auch die Nachweise bei *Lando*, in: International Encyclopedia of Comparative Law, Vol. III, Chap. 24: Contracts, Nr. 64.

69 Z.B. *Kegel*, IPR, 422; Staudinger-*Firsching*, vor Art. 7 EGBGB Rdn. 332.

70 Vgl. *Sumampouw*, RabelsZ 30 (1966), 334 (337).

71 In Vita Food Products Inc. v. Unus Shipping Co. Ltd. (1939) A.C. 277 (290).

72 Vgl. *Upjohn* J. in Re Helbert Wagg & Co. Ltd.'s Claim (1956) Ch. 323 (341): The court "will not necessarily regard" an express choice of law "as being the governing consideration where a system of law is chosen which has no real or substantial connection with the contract...". S. auch *Dicey/Morris*, Conflict of Laws II, 1172 ff.; *Cheshire/North*, P.I.L., 454.

73 S. 80 ff.

teriellrechtliche Verweisung auf fremdes Recht über § 2 I Nr. 2 AGBG denselben Einbeziehungsvoraussetzungen wie beispielsweise der Verweis auf weitere AGB unterliegt[74].

Zum anderen sprechen auch die Unterschiede bei der Inhaltskontrolle[75] für die hier vertretene Lösung, wie ein von *E.Lorenz*[76] gebildetes Beispiel aufzeigt. Werden in einem deutschen Inlandsfall Regeln des englischen Vertragsrechts *expressis verbis* in das Vertragsformular übernommen, so unterliegen für den Kunden nachteilige Bestimmungen über §§ 9-11 AGBG der vollen Kontrolle anhand des deutschen dispositiven Rechts. Ganz anders liegt der Fall bei einer kollisionsrechtlich wirksamen Verweisung auf das englische Vertragsrecht: §§ 9-11 AGBG helfen nicht weiter, da dann das englische Recht nicht "als AGB" zur Anwendung gelangt[77]. *E.Lorenz* will diese Diskrepanz als Folge des von ihm vertretenen kollisionsrechtlichen Gehalts von Art. 27 III EGBGB klaglos hinnehmen[78]. Doch kann es wirklich sein, daß der Schutz des Kunden im Inlandsfall bei einer undurchsichtigen Pauschalverweisung auf fremdes Recht geringer ist als bei ausdrücklicher Aufnahme einzelner Bestimmungen in den Vertragstext?

5. Ergebnis

Damit läßt sich als Ergebnis für die hier interessierende Frage festhalten: In einem Fall ohne Auslandsberührung ist den Parteien nur eine schuldrechtliche Verweisung möglich; eine kollisionsrechtlich gemeinte Rechtswahl wird gegebenenfalls in eine solche umgedeutet.

---

74 Näher oben S. 81 ff.

75 S.o. S. 84 f.

76 *E.Lorenz*, FS Kegel 1987, 303 (313f.).

77 S.o. S. 77 f.

78 *E.Lorenz*, FS Kegel 1987, 303 (314).

C. Konkurrenzverhältnis zwischen Art. 27 III und 29 I EGBGB

Zugleich ist damit das Rangverhältnis zwischen Art. 27 III und 29 I EGBGB entschieden. Art. 29 I EGBGB setzt eine wirksame kollisionsrechtliche Rechtswahl voraus, die Art. 27 III EGBGB für den reinen Inlandsfall verbietet. Folglich kann Art. 29 I EGBGB in einem eindeutig auf dem Binnenmarkt lokalisierten Vertrag nicht angewandt werden. Die zwingenden inländischen Normen kommen zur Anwendung ohne Rücksicht darauf, ob das gewählte ausländische Recht dem Verbraucher günstiger ist.

Das mag auf ersten Blick unbefriedigend erscheinen. Wer gegenüber einem Verbraucher in einem Fall ohne Auslandsbeziehung die Wahl eines fremden Rechts durchsetzt, kann auf noch weniger Verständnis dafür hoffen als derjenige, der dies bei bloß "ungenügender", aber immerhin vorhandener Auslandsverknüpfung i.S.d. Art. 29 I Nr. 1-3 EGBGB tut. Gleichwohl steht er im Ergebnis besser, weil er sich nicht über den Günstigkeitsvergleich einem doppelten Schutzstandard, sondern nur den inländischen Normen gegenübersieht. Aber ist das Günstigkeitsprinzip aus dem Gesichtspunkt der Gleichbehandlung heraus schon bei Art. 29 I EGBGB problematisch[1], so wird es erst recht unhaltbar in einem Inlandsfall. Besteht *keine* relevante Auslandsberührung, läßt sich mangels einschlägiger kollisionsrechtlicher Interessen die Anwendung fremden zwingenden Rechts nicht rechtfertigen. Sie würde im Gegenteil zu einer zweifelhaften Differenzierung führen. Eine Vertragsklausel, die eine "ungehörige"[2] Rechtswahl beinhaltet, würde bestraft, indem man doppelte Hürden aufbaut, während im reinen Inlandsfall ansonsten die Sanktion unbilliger Vertragsbedingungen "nur" in deren Unwirksamkeit und Ersetzung durch dispositive Normen besteht - zu Recht, denn Strafe über den gerechten Interessenausgleich zwischen den Parteien hinaus ist die Sache des Privatrechts nicht. Wenn in einem rein internen Fall niemand auf die Idee kommt, eine § 11 Nr. 10 f AGBG widersprechende Verkürzung der gesetzlichen Gewährleistungsfrist nicht nur für unwirksam zu erklären, sondern in eine Verlängerung zugunsten des Kunden umzudeuten, dann sollte eine Rechtswahlklausel unter gleichen Umständen ebenfalls wirkungslos bleiben, nicht aber zu einer Begünstigung des Verbrauchers führen.

---

1 Oben S. 63 ff.

2 *M. Wolff*, IPR, 139.

Im übrigen sei daran erinnert, daß Art. 27 III EGBGB in der hier vertretenen Auslegung für den Verbraucher nicht nur Nachteile gegenüber Art. 29 I EGBGB hat. Wenn eine pauschale Verweisungsklausel als schuldrechtliche im Rahmen des Art. 27 III EGBGB i.d.R. insgesamt an § 2 I Nr. 2 AGBG scheitern dürfte, dann muß sich der inländische Konsument im Konfliktfall nicht auf die Geltung ausländischen dispositiven Rechts einstellen, was ihm Art. 29 I EGBGB mitsamt den damit verbundenen, u.U. schwierigen Anpassungsfragen immerhin abverlangt. Die vorrangige Anwendung des Art. 27 III EGBGB mag dem Verbraucher somit durchaus auch zum Vorteil gereichen.

D. Fehlender Auslandsbezug

I. Allgemeines

Die obigen Ausführung galten nicht nur dem Problem, ob Art. 27 III EGBGB im Inlandsfall eine beschränkte kollisionsrechtliche oder eine schuldrechtliche Verweisung im Auge hat. Sie haben auch den Grundstock für die Antwort auf die dritte Frage gelegt, wann nun ein Vertrag ein Inlandsvertrag ist, oder, anders ausgedrückt, welche Auslandsberührungen erforderlich sind, um die Hürde des Art. 27 III EGBGB zu überspringen.

Die Autoren des EVÜ haben einen flexiblen Ansatz gewählt. Die "weiche" Formulierung "Ist der sonstige Sachverhalt ... nur mit einem Staat verbunden..." soll eine kollisionsrechtliche Rechtswahl immer dann ermöglichen, wenn über eine internationale Verknüpfung des Vertrages ein "intérêt légitime" an ihrer Anerkennung besteht[1]. Hierin liegt der Schlüssel zum Verständnis des Art. 27 III EGBGB. "Legitime", also berücksichtigungswerte Interessen im Rahmen einer kollisionsrechtlichen Fragestellung sind nichts anderes als die *kollisionsrechtlichen Interessen*, deren Bewertung jeder internationalprivatrechtlichen Lösung zugrundeliegt[2]. Im Regelfall nimmt die Abwägung der Gesetzgeber vor, der daraufhin eine bestimmte Anknüpfung (oder eine Anknüpfungshäufung) festlegt. Im Bereich der Privatautonomie ist die Lage anders. Nicht das Abwägungsergebnis wird gesetzlich festgeschrieben, sondern nur, wann eine autonome Abwägung durch die Parteien zulässig ist[3]. Die Antwort darauf ist im Prinzip einfach: Sie ist es dann, wenn die einschlägigen kollisionsrechtlichen Interessen auf mehr als ein Land verweisen. Denn andernfalls steht das Anknüpfungsergebnis bereits fest, einer Abwägung, die statt durch den Gesetzgeber von den Parteien vorgenommen wird, bedarf es dann nicht mehr[4].

---

1 Dok. XI/514/76-F, 9; s.o. S. 91.

2 Grundlegend *Kegel*, FS Lewald, 259.

3 Ähnlich *Schurig*, RabelsZ 54 (1990), 217 (223).

4 Was einige zu der unzutreffenden Folgerung veranlaßt, im Inlandsfall stelle sich die Rechtsanwendungsfrage gar nicht (zuletzt z.B. *Schubert*, RIW 1987, 729 (739)). Im Gegenteil: Eine Antwort setzt auch dann, wenn sie eindeutig ausfällt, eine entsprechende Frage (hier nach dem anzuwendenden Recht) voraus.

Die einschlägigen Interessen bei der Ermittlung des Vertragsstatuts sind nun in erster Linie die *Parteiinteressen*[5], denn die vertraglichen Verpflichtungen berühren - zumeist - nur die Rechtssphären der Vertragspartner selbst. Verkehrsinteressen treten hier zurück; sie sind wichtig bei Rechtsfragen, die *beliebige* Personen betreffen können, nicht aber im Rahmen von schuldrechtlichen Verträgen, die *bestimmte* Personen *freiwillig* schließen[6], und die Rechtsfolgen regelmäßig nur in diesem bilateralen Verhältnis auslösen.

Damit ist die Ausgangslage wie folgt zu präzisieren: Den Parteien ist die kollisionsrechtliche Wahl des anzuwendenden Rechts immer und nur dann zu gestatten, wenn sich aus dem Sachverhalt Beziehungen zu mindestens zwei verschiedenen Staaten ergeben, die durch ein kollisionsrechtliches *Partei*interesse mit dem Vertrag verbunden sind[7], in Abgrenzung zu bloßen sachrechtlichen Interessen an einer bestimmten materiellen Lösung einer Rechtsfrage. Die Parteien sind dann aber nicht auf die Wahl eines dieser Rechte beschränkt, sondern können sich nach heute einhelliger und durch Art. 27 I EGBGB bestätigten Meinung auch auf ein neutrales Recht einigen, das keine Beziehung zum Vertragsverhältnis aufweist[8]. Denn hat die eine Partei ein Interesse an der Anwendung des Rechts A, während die anderer Recht B vorzieht, so muß die Lösung nicht darin bestehen, den Konflikt zugunsten eines von diesen aufzulösen; ein dem Kräfteverhältnis der Parteien gerecht werdender Interessenausgleich kann auch und gerade darin liegen, das Recht C zu wählen, das beiden Parteien gleich nah oder fern liegt.

Konkrete Folgerungen aus diesen Prämissen abzuleiten, indem man etwa einen allgemeingültigen Katalog relevanter Berührungspunkte aufstellt, fällt schwer. Alle bisherigen Versuche, eine griffige Definition des "internationalen" Vertrages zu finden, belegen das[9]. Der Grund liegt in der unübersehbaren Vielfalt der Lebenssachverhalte im Rahmen internationaler Handelsbeziehungen. Eine Formel zu prägen, die gleichermaßen dem "schlichten" Kauf wie dem hochkomplexen Generalunternehmervertrag für einen schlüsselfertigen In-

---

[5] *Kegel*, IPR, 416; ebenso bereits *Haudek*, Bedeutung des Parteiwillens, 31.

[6] *Kegel*, IPR, 416.

[7] Ohne Beschränkung auf die *Partei*interessen ebenso *Schurig*, RabelsZ 54 (1990), 217 (223).

[8] MüKo-*Martiny*, Art. 27 EGBGB Rdn. 18 m.w.N.; *Chr.v.Bar*, IPR I, Rdn. 575 Fn. 293.

[9] Vgl. etwa *Delaume*, I.C.L.Q. 28 (1979), 258; *De Nova*, FS Ferid 1978, 307; *Lalive*, FS Lipstein, 135 (136 ff.). Sandrock-*Steinschulte*, Rdn. 113, legt eine Aufstellung maßgeblicher Auslandsberührungspunkte vor, betont aber gleichzeitig deren vorläufigen Charakter.

dustriekomplex oder Streckengeschäften[10] gerecht wird, dürfte auch in Zukunft ein müßiges Unterfangen bleiben. Man bleibt hier auf Einzelfallbetrachtungen angewiesen.

Die besondere Kategorie der Verbraucherverträge ist indessen einfacher strukturiert als der internationale Wirtschaftsverkehr im allgemeinen. Zum einen stehen sich hier gem. der Definition des Art. 29 I EGBGB immer ein Konsument auf der Nachfrageseite und nach wohl h.M. ein Unternehmer auf der Angebotsseite gegenüber[11]; zum anderen ist in sachlicher Hinsicht nur der Bezug von Waren und Dienstleistungen erfaßt, der Kreis der Geschäfte also im wesentlichen auf den Kauf beweglicher Sachen sowie Dienst- und Werkverträge samt evt. damit verbundener Finanzierungsgeschäfte beschränkt[12]. Dieses relativ homogene Feld, begünstigt durch die in der Regel geringere Komplexität von Verbraucherverträgen rechtfertigt einen Versuch, die für einen "internationalen Verbrauchervertrag" maßgeblichen Kriterien näher zu bestimmen.

II. Internationaler Verbrauchervertrag

1. Vertragsabwicklung mit Auslandsberührung

Die "klassische" Konstellation eines internationalen Vertrages ist die Fallgestaltung, in der die *Vertragsabwicklung* mehrere Rechtsordnungen berührt. Das ist gegeben, wenn der Vertrag Wertbewegungen auslöst, die in den Geltungsbereich eines ausländischen Rechts berühren, also beispielsweise der Vertragsgegenstand zur Vertragserfüllung aus dem Gebiet eines Staates in das eines anderen befördert werden soll. Gleiches gilt, wenn Erfüllungs- oder Handlungsort für zumindest eine der vertraglichen Verpflichtungen außerhalb des Landes liegt, in dem die Parteien ihren gewöhnlichen Aufenthalt haben, ferner, wenn

---

10 Vgl. dazu österr. OGH ZfRV 32 (1991), 232 (Ls.): "Beim Streckengeschäft, bei dem Kaufverträge in der «Kette» abgeschlossen werden, indem der erste Käufer die Sache weiterverkauft und an einer realen Erfüllung an sich selbst nicht interessiert ist, ist ein hinreichender Auslandsbezug [für alle Verträge in der Kette] schon dann anzunehmen, wenn der [erste] Verkäufer ein Unternehmen mit Sitz im Ausland ist...". S. auch *W.Lorenz*, IPRax 1987, 269 (271).

11 *Chr.v.Bar*, IPR II, Rdn. 435; *E.Lorenz*, RIW 1987, 569 (576); *Pocar*, in: Treves (Hrsg.), Verso una disciplina communitaria della legge applicabile ai contratti, 305 (308); vgl. auch *Morse*, I.C.L.Q. 41 (1992), 1 (4); zu § 41 österr. IPRG ebenso *Schwimann*, ÖJZ 1981, 309 (310); *ders.*, IPRax 1989, 317; a.A. Palandt-*Heldrich*, Art. 29 EGBGB Rdn. 3; Reithmann-Martiny(-*Martiny*), Rdn. 435 a.E.

12 Einzelheiten dazu bei Reithmann-Martiny(-*Martiny*), Rdn. 436 ff.

nicht nur vorübergehend im Ausland belegenes Vermögen betroffen ist[13]. Hier liegt es auf der Hand, daß die Parteien ein kollisionsrechtliches Interesse an der Anwendung des Rechts haben, das über eine territoriale Beziehung mit dem Vertrag verbunden ist. Die Möglichkeit einer Rechtswahl wird für diese Sachverhalte denn auch von keinem ernsthaft bestritten[14]. Der Verbraucher, der einen im Ausland zu erfüllenden Dienst- oder Werkvertrag schließt (Sprachkurs, Hotelunterkunft, Flugreise, Reparaturen am Ferienhaus), eine im Ausland verlegte Zeitung abonniert oder in der Türkei einen Teppich erwirbt, kann sich gegenüber einer Rechtswahlklausel nicht auf Art. 27 III EGBGB berufen[15].

2. *Unterschiedlicher gewöhnlicher Aufenthaltsort*

Neben dem sachlichen Kriterium der grenzüberschreitenden Vertragsabwicklung ist als maßgeblicher Umstand weithin der gewöhnliche Aufenthalt der Parteien anerkannt. Der Durchschnittsbürger hat typischerweise ein Interesse an der Anwendung "seines" Rechts, d.h. des Rechts, mit dem er sich eng verbunden fühlt[16]. Das ist i.d.R. das an seinem gewöhnlichen Aufenthaltsort. Dies beruht auf der Vermutung, daß dieses Recht ihm mehr als andere Rechte vertraut ist, er also auf dessen Basis am ehesten in der Lage ist, Chancen und Risiken vertraglicher Bindungen zu ermessen. Und selbst wenn man hier - wohl zu Recht - skeptisch ist und die Rechtskenntnisse des Laien im allgemeinen und des Verbrauchers im speziellen eher gering einschätzt, so greift hilfsweise das *Ermittlungsinteresse* ein: Über den Inhalt des am gewöhnlichen Aufenthaltsort geltenden Rechts kann sich der einzelne am einfachsten vergewissern[17].

So ist denn heute außer Streit, daß es Vertragsparteien mit gewöhnlichem Aufenthalt[18] in verschiedenen Staaten gestattet ist, durch grundsätzlich freie Rechtswahl eine angemessene Risikoverteilung entsprechend ihrem Kräftever-

---

13 Vgl. *Chr.v.Bar*, IPR II, Rdn. 419; *Diamond*, Rec. des cours 199 (1986-IV), 233 (248); Reithmann-Martiny(-*Martiny*), Rdn. 30; *S.Simitis*, JuS 1966, 209 (211); *Trinkner*, AWD 1973, 33.

14 Vgl. *Lando*, in: International Encyclopedia of Comparative Law, Vol. III, Chap. 24: Contracts, Nr. 64.

15 Und auf Art. 29 I EGBGB allenfalls (und unter besonderen Umständen) in den letzten beiden Beispielen, Art. 29 V EGBGB.

16 Vgl. *Kegel*, FS Lewald, 259 (274); *ders.*, IPR, 83 f.; *Lüderitz*, FS Kegel 1977, 31 (36).

17 *Lüderitz*, FS Kegel 1977, 31 (36).

18 Zu den Kriterien im einzelnen vgl. *Neuhaus*, IPR, 225 ff.

hältnis zu finden[19]. Ist eine der Parteien eine juristische Person, tritt an die Stelle des gewöhnlichen Aufenthaltes der Ort der (Haupt-) Niederlassung des Unternehmens[20].

3. Staatsangehörigkeit

Häufig wird behauptet, eine ins Ausland weisende *Staatsangehörigkeit* der Parteien oder einer von ihnen eröffne die kollisionsrechtliche Rechtswahlfreiheit[21]. Dazu verlockt natürlich die Tatsache, daß die Staatsangehörigkeit als Anknüpfungsmerkmal speziell im internationalen Familien- und Erbrecht eine gewichtige Rolle spielt[22]. Dennoch ist diesem Gedanken, zumindest für den Bereich der Verbraucherverträge, mit Vorsicht zu begegnen.

Die Staatsangehörigkeit soll die Einbettung in eine bestimmte Kultur- und Rechtstradition symbolisieren und damit ein Recht bezeichnen, mit dem eine Partei verbunden ist[23]. Nun verbindet nicht wirklich die politische Zugehörigkeit zu einem Staat mit dessen Zivilrechtsordnung - sie ist allenfalls ein Indiz für das Recht, unter dem eine Person wahrscheinlich aufgewachsen ist[24]; ein Indiz, das zudem in vielen Fällen irreführt, nicht nur deshalb, weil Staats- und Zivilrechtsgrenzen abweichen können. Die Gründe für Erwerb und Verlust einer Staatsangehörigkeit weichen von Land zu Land so voneinander ab, daß eine tatsächliche Beziehung des Staatsangehörigen zu der betreffenden Rechtsordnung und damit der durch sie vermittelte Grad an Vertrautheit mit ihr im Einzelfall völlig ungewiß ist[25]; erinnert sei nur an den Erwerb der Staatsangehö-

---

19 *Chr.v.Bar*, IPR II, Rdn. 419; *Diamond*, Rec. des cours 199 (1986-IV), 233 (248); MüKo-*Martiny*, Art. 27 EGBGB Rdn. 71; Reithmann-Martiny (-*Martiny)* Rdn. 30; Sandrock-*Steinschulte* Rdn. 113 (der allerdings den im internationalen Bereich unklaren Begriff des "Wohnsitzes" verwendet); a.A. noch *S.Simitis*, JuS 1966, 209 (211): "Subjektive", d.h. an die Person der Vertragspartner anknüpfende Umstände sind unmaßgeblich.

20 *Kegel*, IPR, 84.

21 Reithmann-Martiny(-*Martiny*), Rdn. 30; enger MüKo-*Martiny*, Art. 27 EGBGB, Rdn. 71 ("u.U."); *De Nova*, FS Ferid 1978, 307 (313); *Delaume*, I.C.L.Q. 28 (1979), 258 (262 ff.); BAG RIW 1975, 521 (522).

22 *E.Lorenz*, RIW 1987, 569 (575). Vgl. auch *De Nova*, FS Ferid 1978, 307 (317), der ausdrücklich alle positivrechtlichen Anknüpfungskriterien im gesamten IPR für die Frage der hinreichenden Auslandsberührung eines Vertrages verwenden will.

23 Vgl. *Kegel*, in: Lauterbach (Hrsg.), Vorschläge und Gutachten zur Reform des deutschen internationalen Eherechts, 106; *ders.*, IPR, 83; kritisch dazu *Lüderitz*, FS Kegel 1977, 31 (36).

24 Diesen Aspekt betont auch *Kegel*, IPR, 83.

25 *Neuhaus*, IPR, 209.

rigkeit durch Eheschließung oder Adoption oder über den Geburtsort. Überdies: Wer sich dauernd in einem anderen Land aufhält als dem, dessen Staatsangehörigkeit er besitzt und in dem er vielleicht aufgewachsen ist, mag zwar seiner Heimat emotional und staatsrechtlich noch verbunden sein; die *Vertrautheit* mit deren Rechtssystem, so sie denn vorhanden war, schwindet aber schnell. Dann aber nimmt das bereits oben erwähnte "Ermittlungsinteresse" den ersten Rang ein - und dieses führt nicht zum Recht der Staatsangehörigkeit, sondern zum Recht am gewöhnlichen Aufenthaltsort. Sich über ein dem Aufenthaltsort fremdes Recht zu informieren, ist erheblich schwerer als sich dem dort geltenden Recht zu unterwerfen[26]. Dieser Punkt gewinnt noch an Bedeutung, wenn man für Verbraucherkreise davon ausgeht, daß eine echte Vertrautheit mit dem geltenden Recht, sei es im Aufenthalts-, sei es im Heimatstaat, ohnehin fehlt. Maßgeblich ist unter dieser Prämisse allein das Interesse an rascher, kostengünstiger und zuverlässiger Information.

Kollisionsrechtliche Interessen, die eine Rechtswahl rechtfertigen könnten, kommen also allein durch einen ausländischen Paß nicht ins Spiel[27]. Dies gilt umso mehr, als die Staatsangehörigkeit der Parteien für die Abwicklung von Verbraucherverträgen in aller Regel ohne jede Bedeutung ist. *Lorenz* hebt als Beispiel Verträge hervor, die in Deutschland aufgewachsene Kinder ausländischer Gastarbeiter im Inland mit inländischen Unternehmen abschließen und die ausschließlich im Inland abzuwickeln sind[28] - hier würde in der Tat eine kollisionsrechtliche Rechtswahl mehr als seltsam anmuten: Soll ein seit 20 Jahren in Deutschland ansässiger italienischer Gemüsehändler seine Salatköpfe anders als sein deutscher Kollege nach italienischem Recht verkaufen dürfen? *Lorenz* aber will differenzieren: Die ausländische Staatsangehörigkeit einer Partei könne im Rahmen des Art. 27 III EGBGB immer dann als hinreichende Auslandsberührung angesehen werden, wenn sie auch der anderen Partei bekannt war und den Abschluß oder die Ausgestaltung des Vertrages objektiv beeinflußt hat[29]. Doch dies ist gefährlich: So könnte eine deutsche Bank einen Personalkredit an einen in Deutschland ansässigen Türken mit der Wahl eines beliebigen ausländischen Rechts verknüpfen, um den Hürden des § 138 I BGB und des VerbrKrG zu entgehen[30], und dies mit der Begründung rechtfertigen,

---

26 *Raape*, IPR, 51; zustimmend *Lüderitz*, FS Kegel 1977, 31 (36).

27 Im Ergebnis ebenso *S.Simitis*, JuS 1966, 209 (211).

28 *E.Lorenz*, RIW 1987, 569 (575).

29 *E.Lorenz*, RIW 1987, 569 (575); zustimmend *Schurig*, RabelsZ 54 (1990), 217 (223); ähnlich *Chr.v.Bar*, IPR II, Rdn. 419.

30 Auch Art. 29 I EGBGB hilft hier nicht. Nach h.M. erfaßt er keine isoliert gegebenen Verbraucherkredite, vgl. Palandt-*Heldrich*, Art. 29 EGBGB Rdn. 2; Reithmann-Mar-

die ausländische Staatsangehörigkeit des Kunden habe sie veranlaßt, bei den Zinsen einen "Risikozuschlag" zu fordern! Hier ist es Sache der *materiellen* inländischen Vorschriften, eine derartige *sachliche* Vertragsgestaltung hinzunehmen oder angemessen auf sie zu reagieren; für eine "Belohnung" in Form der kollisionsrechtlichen Rechtswahlfreiheit besteht darüber hinaus kein Anlaß.

4. Abschlußort

Bedenken bestehen auch dagegen, den *Ort des Vertragsschlusses* als ein maßgebliches Kriterium anzusehen[31].

Der Abschlußort ist zufällig und flüchtig[32]. Die Kontakte der Parteien zu ihm können u.U. nur minimaler Natur sein. Der Manipulation durch die Parteien wäre Tür und Tor geöffnet: Bad Reichenhaller müßten nur nach Salzburg, Parteien aus Kehl nach Straßburg fahren, um den Vertrag zu einem internationalen zu machen und eine Rechtswahl zu ermöglichen. Wenn die Rechtswahl selbst als hinreichende Auslandsbeziehung nicht genügt, wie Art. 27 III EGBGB klarstellt, so müssen Berührungspunkte, die die Parteien ähnlich beliebig herstellen können, ebenfalls ausscheiden. Denn kollisionsrechtliche Interessen werden hinsichtlich des Vertragsstatuts durch den bloßen Abschlußort im Ausland nicht berührt: Die *lex loci contractus celebrati* hat als solche auf die Vertragsabwicklung keinen Einfluß, und auch der Gesichtspunkt des "vertrauten" Rechts bzw. des Ermittlungsinteresses der Vertragsparteien weist nicht zum Recht des Abschlußortes. Für *Formfragen* mag anderes gelten, weil die Erfüllung der am Ort der Erklärungsabgabe geltenden Formvorschriften unter Umständen leichter fällt. Nur unterliegt diese Teilfrage über Art. 11 EGBGB ohnehin einer besonderer Regelung, vermag also die Wahl des Vertragsstatuts nicht zu rechtfertigen. Dies gilt auch unter dem Gesichtspunkt, daß Art. 11 I EGBGB das Geschäftsstatut alternativ neben der Ortsform zur Verfügung stellt, indirekt Rechtswahl und Formfrage also verknüpft sind[33]. Denn daß die Rechtswahl, *wenn* sie wirksam ist, eventuell auf das Formstatut ausstrahlt und

tiny(-*Martiny*), Rdn. 439; zu Recht kritisch dazu *Imhoff-Scheier*, Protection du consommateur, 192.

31 So aber Reithmann-Martiny(-*Martiny*), Rdn. 30; MüKo-*Martiny*, Art. 27 EGBGB Rdn. 71; *De Nova*, FS Ferid 1978, 307 (313); *Jayme*, IPRax 1990, 220 (222). *E.Lorenz*, RIW 1987, 569 (576), stellt noch weitergehender auf den Ort der Vertragsverhandlungen ab.

32 *Kegel*, IPR, 416.

33 Nach h.M. kann in der Wahl des Vertragsstatuts sogar eine konkludente Abwahl der Ortsform liegen (BGH NJW 1972, 385 m.abl.Anm. *Jayme*, 1618; MüKo-*Spellenberg*, Art. 11 EGBGB Rdn. 33 f.; Palandt-*Heldrich*, Art. 11 EGBGB Rdn. 2).

damit kollisionsrechtliche Interessen tangiert, sagt nichts über die hier entscheidende Frage aus, *ob* sie anzuerkennen ist[34].

Auf den ersten Blick überzeugender ist ein Argument *Martinys*. Er hält den Abschlußort deshalb für einen Umstand, der einen hinreichenden Auslandsbezug zu begründen vermag, weil er zu den Tatsachen gehöre, die für die objektive Anknüpfung nach Art. 28 I-V EGBGB bedeutsam seien[35]. In der Tat: Was zur objektiven Bestimmung des Vertragsstatuts ausreicht, muß auch genügen, um den Parteien eine autonome Festlegung des Geschätsstatuts zu ermöglichen. Bei näherem Hinsehen trübt sich aber das Bild. Der Abschlußort kann im Rahmen des Art. 28 EGBGB allenfalls dann eine Rolle spielen, wenn die Vermutungen der Art. 28 II-IV EGBGB nicht greifen bzw. über die Ausweichklausel des Art. 28 V EGBGB eine engere Beziehung begründet werden soll. Hier weist *Martiny* aber selbst darauf hin, daß der Ort des Vertragsschlusses "flüchtig, leicht beeinflußbar und häufig rein zufällig ist" und deshalb nur geringe Bedeutung habe[36]. Daher zieht auch die Rechtsprechung den Abschlußort zur Bestimmung des Vertragsstatuts nur selten und allenfalls als einen Nebenumstand heran, wenn ohnehin schon andere Umstände deutlich auf eine Rechtsordnung verweisen und diese Lösung nur bekräftigt werden soll[37]; häufiger mißt sie ihm ausdrücklich keine entscheidende Rolle zu[38]. Allein ausschlaggebend war der Abschlußort nie. Dieses stille Schattendasein bei der objektiven Ermittlung des Vertragsstatuts spricht deshalb eher dagegen, ihn als entscheidendes Merkmal zur Festlegung der Grenze zwischen kollisions- und materiellrechtlicher Rechtswahl heranzuziehen.

Es ist im Gegenteil mit *Kegel* daran festzuhalten, daß keine Partei an der Anwendung des am Abschlußort geltenden Rechts ein eigenes (kollisionsrechtliches) Interesse hat[39]. Ist aber ein ins Ausland weisendes Interesse das entscheidende Kriterium im Rahmen des Art. 27 III EGBGB, so ist

---

34 Unzutreffend deshalb *Jayme*, IPRax 1990, 220 (222), der gerade aus Art. 11 I, II EGBGB ein Argument dafür ableiten will, den Abschlußort als relevanten Auslandsbezug auch im Rahmen des Art. 27 III EGBGB zu berücksichtigen.

35 MüKo-*Martiny*, Art. 27 EGBGB Rdn. 71; ähnlich *E.Lorenz*, RIW 1987, 569 (575) (eine der in Art. 27 bis 37 EGBGB erwähnten Berührungen).

36 MüKo-*Martiny*, Art. 28 EGBGB Rdn. 60.

37 Vgl. z.B. BGH, DB 1969, 1053; OLG München, NJW-RR 1989, 663 (665).

38 RGZ 61, 343 (345); BGH, NJW 1976, 1581; LG Frankfurt, IPRax 1981, 134 (135); BAG, RIW 1975, 531.

39 *Kegel*, IPR, 416 (mit der bereits erörterten Ausnahme für Formfragen).

der Ort des Vertragsabschlusses in einem anderen Staat allein nicht geeignet, den Weg zur kollisionsrechtlichen Parteiautonomie zu eröffnen[40].

Diese Feststellung hat eine praktisch wichtige Konsequenz für den Bereich der sogenannten Kaffeefahrten. Darunter versteht man Busausflüge, die zu besonders günstigen Preisen angeboten werden, aber mit einer Verkaufsveranstaltung verbunden sind, in deren Rahmen Konsumgüter zu oft stark überhöhten Konditionen angeboten und durch ein geschultes Personal mit mehr oder weniger drastischer Überredungskunst und psychologischem Kaufdruck abgesetzt werden. Die Auswahl von Ort und Zeit der Verkaufsaktion macht es den Reisenden regelmäßig schwer, sich diesen Bemühungen zu entziehen.

Insbesondere in Grenzregionen liegen das Ziel der Reise und damit auch der Ort der Verkaufsveranstaltung nicht selten im Ausland, während alle anderen Umstände ins Inland verweisen: Es wird allein ein inländisches Publikum angesprochen, Ausgangs- und Endpunkt der Fahrt befinden sich im Inland und der Verkäufer der im Inland auszuliefernden Ware ist ebenfalls ein inländisches Unternehmen. Kauft nun einer der Reisenden ein Produkt, so ist einziges internationales Verknüpfungsmerkmal der Ort des Vertragsschlusses im Ausland. Nach dem oben Gesagten scheitert damit eine etwaig in den Vertrag aufgenommene Rechtswahlklausel kollisionsrechtlich an Art. 27 III EGBGB und ihre (für den Unternehmer ohnehin weitgehend nutzlose) Umdeutung in eine materiellrechtliche Verweisung an § 2 I Nr. 2 AGBG. Gerade an dieser Fallkonstellation lassen sich die angestellten Überlegungen in exemplarischer Weise verdeutlichen: Es ist offensichtlich, daß die Umstände des Vertrages kollisionsrechtliche Interessen der Parteien nicht berühren; die ausländische Rechtsordnung hat keinen Einfluß auf Vertragsschluß und -abwicklung und das Interesse beider Parteien an der Anwendung des ihnen vertrauten Rechts bzw. dessen Surrogat, das Ermittlungsinteresse, weist allein ins Inland. Nimmt der Verkäufer dennoch eine Rechtswahlklausel in den Vertrag auf, so handelt er allenfalls in dem (sachrechtlichen) Bestreben, materielle Vorschriften wie die des HausTWG zu umgehen. Dem schiebt Art. 27 III EGBGB ein Riegel vor[41]. Ob die Veranstalter einen "traumhaft schönen Ausflug an die Ostsee" oder "erlebnisreiche Tage im Tessin" versprechen, macht kollisionsrechtlich keinen Unterschied, das gleiche gilt für Busfahrten Aachener Bürger in die Ardennen

---

40 Im Ergebnis ebenso, aber ohne Begründung *Chr.v.Bar*, IPR II, Rdn. 419; *Wengler*, RabelsZ 53 (1989), 409 (434).

41 Vorsichtig in diese Richtung bereits *Imhoff-Scheier*, Protection du consommateur, 87: "On peut ... penser que ce seul élément [i.e. le lieu de conclusion à l'étranger] ne devrait pas suffire à donner un caractère international au contrat...".

oder zum "Original Bayerischen Oktoberfest in den Musik-Stadl nach Ostwestfalen"[42].

Nun scheint diese Lösung auf ersten Blick Art. 29 I Nr. 3 EGBGB zu widersprechen, soll dieser doch nach wohl allgemeinem Verständnis gerade die grenzüberschreitende Kaffeefahrt in der oben beschriebenen Form abdecken[43]. Da Art. 29 I EGBGB eine wirksame kollisionsrechtliche Rechtswahl voraussetzt und "nur" deren Auswirkungen durch eine Alternativanknüpfung an das Aufenthaltsrecht des Verbrauchers abmildert, müßte man daraus folgern, daß der Abschlußort im Ausland doch ausreichen soll, um eine kollisionsrechtliche Verweisung zu ermöglichen. Aber bei genauem Hinsehen verhindert die hier vertretene Lösung gerade einen systematischen Bruch im Rahmen des Art. 29 I EGBGB. Dessen Nr. 1 und 2 betreffen im wesentlichen Fallgestaltungen, in denen ein *im Ausland ansässiges* Unternehmen auf dem inländischen Markt tätig wird und mit einem inländischen Verbraucher einen Vertrag abschließt[44]. Hier handelt es sich unzweifelhaft um einen objektiv "internationalen" Vertrag, weil sich kollisionsrechtliche Interessen des Unternehmers und des Verbrauchers an der Anwendung des ihnen jeweils vertrauten Rechts am Aufenthalts-/Niederlassungsort gegenüberstehen. Art. 29 I EGBGB bewertet die Interessen des Verbrauchers höher und schränkt die Folgen einer Rechtswahl in der bereits ausführlich beschriebenen Weise ein. Würde man nun die gleiche Regelung auch auf eine Kaffeefahrt eines *inländischen* Verkäufers für inländische Kunden anwenden, so würde ein Sachverhalt erfaßt und der Alternativanknüpfung an zwei Rechte mit allen oben dargelegten und für den Verbraucher nicht nur positiven Folgen[45] unterworfen, in dem nicht *gegenläufige* kollisionsrechtliche Interessen abzuwägen sind, sondern solche *gar nicht berührt werden*!

Man muß nun nicht befürchten, Art. 29 I Nr. 3 EGBGB liefe mit dieser Interpretation des Art. 27 III EGBGB leer. Denn er bleibt anwendbar in den Fällen, in denen ein *ausländisches* Unternehmen für inländische Verbraucher

---

42 Entsprechende Werbeprospekte liegen dem Verfasser vor.

43 S. MüKo-*Martiny*, Art. 29 EGBGB Rdn. 17; Bericht *Giuliano/Lagarde*, BRat-Drucks. 224/83, 56: Es "werden Rechtsgeschäfte erfaßt, die man als 'Käufe im Rahmen von grenzüberschreitenden Ausflügen' bezeichnen könnte; es handelt sich hierbei zum Beispiel um den Fall, daß der Eigentümer eines Geschäftes im Land A für Verbraucher eintägige Busreisen in das Land B mit dem Hauptziel veranstaltet, die Verbraucher zu Käufen in seinem Geschäft zu veranlassen".

44 S. Bericht *Giuliano/Lagarde*, BRat-Drucks. 224/83, 56, und die dort genannten Beispiele.

45 S.o. S. 59 ff.

grenzüberschreitende Kaffeefahrten organisiert[46]. Bietet z.B. ein belgischer Verkäufer, der neue Kunden gewinnen will, für Aachener Bürger Kaffeefahrten nach Belgien an, so kann gegebenenfalls auf Art. 29 I EGBGB zurückgegriffen werden, ohne daß ein Konflikt mit Art. 27 III EGBGB einträte.

Für dieses Ergebnis spricht schließlich auch der Zusammenhang mit Art. 29 II EGBGB. Art. 29 I Nr. 3 EGBGB ist über den Verweis in Art. 29 II EGBGB ebenso für die objektive Anknüpfung von Bedeutung. Art. 29 II EGBGB seinerseits ist als Ausnahme zu Art. 28 konzipiert: Es sollen Geschäfte dem Recht am gewöhnlichen Aufenthaltsort des Verbrauchers unterstellt werden, die ohne diese Sonderregel einem anderen Recht unterfielen[47]. Eine grenzüberschreitende Kaffeefahrt, die ein Unternehmer aus dem Land A für Verbraucher in eben diesem Staat organisiert, wird nun bereits nach Art. 28 II EGBGB unproblematisch nach dessen Recht beurteilt. Art. 29 I Nr. 3 EGBGB hat also in Verbindung mit Art. 29 II EGBGB nur einen Sinn, soweit der Unternehmer im Land B sitzt und Art. 28 II EGBGB deshalb dessen Recht berufen würde. Das läßt es angeraten erscheinen, Art. 29 I Nr. 3 EGBGB auch im Rahmen der subjektiven Anknüpfung auf diese Fallgruppe zu beschränken.

5. *Wirtschaftliche Verknüpfung mit einem Auslandsgeschäft*

Wir haben oben gesehen, daß die Verfasser des EVÜ einen Vertrag auch dann als "internationalen" behandeln wollten, wenn die einzige Auslandsberührung in einer *wirtschaftlichen Anlehnung* an ein zuvor getätigtes Auslandsgeschäft besteht[48]. Ein deutscher Kaufmann soll für den Verkauf amerikanischen Getreides im Inland an einen deutschen Vertragspartner die Wahl des englischen Rechts durchsetzen können, wenn er das Korn zuvor unter Geltung eben dieses Rechts importiert hatte. *Martin Wolff*, dem das Beispiel entlehnt ist, stützt dies mit der Erwägung, der Importeur habe ein legitimes Interesse daran, nur für solche Mängel zu haften, bei denen er des Rückgriffs gegen seinen Lieferanten sicher sei[49].

---

46 Vgl. neuestens *Lagarde*, Rev.crit. 80 (1991), 288 (316), der zu Art. 5 II 3. Var. EVÜ (= Art. 29 I Nr. 3 EGBGB) meint: "Il s'agit de protéger le consommateur qui se laisserait tenter par une excursion «transfrontière» organisée par le commerçant *d'un pays voisin* qui cherche par ce moyen à élargir sa clientèle" (Hervorhebung hinzugefügt). Allerdings wird aus dem Kontext nicht klar, ob er damit Fälle, in denen Verkäufer und Kunde aus dem gleichen Staat kommen, aus dem Anwendungsbereich der Vorschrift ausschließen möchte.

47 Bericht *Giuliano/Lagarde*, BRat-Drucks. 223/83, 56.

48 S.o. S. 90; Dok. XI/514/76-F, 9, unter Bezugnahme auf die Beispiele der britischen Delegation, Dok. XI/104/76-D, 4 f.

49 *Wolff*, IPR, 140; zustimmend *Roth*, Internationales Versicherungsrecht, 448; ähnlich *Lando*, in: International Encyclopedia of Comparative Law, Vol. III, Chap. 24: Contracts, Nr. 64. Vgl. auch HansOLG Hamburg, IPRspr 1964-65 Nr. 46 (Wahl englischen Rechts in einem Kaufvertrag zwischen Hamburger Kaufleuten über Ware "aus Übersee").

Doch damit gerät man in unsicheres Fahrwasser, wie mit einem Gegenbeispiel offensichtlich wird. Dieselbe Begründung kann nämlich auch eine Handelskette in Anspruch nehmen, die die von ihr importierten Bananen an den Endverbraucher nach costaricanischem Recht verkaufen will! Diese Freiheit wird ihr keiner gewähren wollen, und das mit gutem Grund: Der Verkäufer, der das Risiko einer regreßlosen Mängelhaftung zu verringern beabsichtigt, handelt insofern aus einem *materiellen* Interesse an einer bestimmten sachlichen Ausgestaltung des Schuldverhältnisses. Man mag dafür in wirtschaftlicher Hinsicht Verständnis aufbringen. Dies ersetzt jedoch keine *kollisionsrechtliche* Interessenbewertung, bei der es um die Anwendung des ausländischen Rechts "an sich" geht, und ein kollisionsrechtliches Interesse begründet das Ziel der *inhaltlichen* Angleichung des deutschen "Anschluß"-Vertrages an das englische oder costaricanische Recht sicher nicht[50].

Nun ist es nicht ausgeschlossen, für das Beispiel *Wolffs*, in dem eine Rechtswahl trotz des Begründungsdefizits nicht unangemessen erscheint, einen tragfähigen internationalprivatrechtlichen Ansatz zu finden. Manche Bereiche des internationalen Wirtschaftsverkehrs, insbesondere des Rohstoffhandels und des Handels mit landwirtschaftlichen Grundprodukten wie eben Getreide, sind mittelbar über allseits verwandte Standardverträge internationaler Handelsvereinigungen[51] in einem Ausmaß von der Vorherrschaft einer einzigen Rechtsordnung geprägt, daß einschlägige Verträge praktisch immer ihr unterstellt werden[52]. Dieses Recht ist dann in den beteiligten Kreisen das "vertraute", auf das ein kollisionsrechtliches Interesse unbeschadet der konkreten Lösung im Einzelfall gerichtet ist, während das Recht am gewöhnlichen Aufenthaltsort insoweit durchaus das den Parteien unbekannte, unerprobte sein kann. Ob die Vertragspartner ihre Niederlassungen wie die deutschen Kaufleute des *Wolffschen* Beispiels in ein und demselben Staat haben oder nicht, ist auf diesem Hintergrund unerheblich. Hinzu kommt, daß das nationale Geschäft bei manchen Unternehmen nur ein Bruchteil des internationalen ausmacht[53], ein Vertrag mit einem inländischen Partner sich also als "Ausnahme" darstellen kann, bei der die als Wohltat gedachte Anwendung des inländischen Rechts sich geradezu in eine Last verwandeln kann. Die Rechtswahlfreiheit kann hier gegensteuern und dazu beitragen, die Rechtssicherheit zu fördern und Trans-

---

50 Kritisch zu dieser Begründung bereits *Haudek*, Bedeutung des Parteiwillens, 40.

51 Neben der bereits oben genannten London Corn Trade Association (LCTA) z.B. die Federation of Oil, Seed and Fats Associations (FOSFA), s. näher *Schmitthoff*, in: New Directions in International Trade Law I, 177 (181 f.).

52 Vgl. *Roth*, Internationales Versicherungsvertragsrecht, 448.

53 Darauf weist auch *Roth*, Internationales Versicherungsvertragsrecht, 448, hin.

aktionskosten durch größtmögliche Uniformität der Vertragsbedingungen zu vermindern[54].

Diese skizzenhafte Darstellung soll hier genügen. Denn ist nicht die von *Wolff* betonte Herkunft der Ware aus dem Ausland, die wirtschaftliche Anlehnung an ein Auslandsgeschäft die Rechtfertigung für eine kollisionsrechtliche Verweisung, sondern die Hegemonie eines Rechts in einem "entnationalisierten" Sektor des Marktgeschehens, so bedarf es keiner ausführlichen Darlegung, daß diese Erwägung den Konsumentenvertrag nicht ergreift. Das Geschäft mit dem Endverbraucher unterliegt anderen Regeln als der internationale Handel. Hier gibt es keinen grenzüberschreitend einheitlichen Markt, kein weltweit dominierendes Recht, das regelmäßig allen Geschäften zugrundegelegt wird und damit kein kollisionsrechtliches Interesse an der Anwendung dieses "herrschenden Rechts". Verbraucherverträge sind regelmäßig Geschäfte auf dem Binnenmarkt, "absorbed by the social sphere of a given state"[55]. Der Konsument, der in Deutschland Bananen oder schottischen Whisky[56] kauft oder der ein japanisches Auto least, tätigt damit genauso rein interne Geschäfte wie beim Erwerb deutscher Kartoffeln. Die wirtschaftliche Anlehnung an ein Importgeschäft vermag eine Rechtswahl in Verbraucherverträgen nicht zu rechtfertigen, weil die besonderen Umstände fehlen, die im Handelsverkehr auch aus losen Auslandsbeziehungen kollisionsrechtliche Interessen erwachsen lassen[57].

---

[54] Für eine kollisionsrechtliche Rechtswahlfreiheit in diesen Fällen außer den in Fn. 49 auf S. 107 Genannten auch *Philip*, in: North (Hrsg.), Contract Conflicts, 81 (95); MüKo-*Martiny*, Art. 27 EGBGB Rdn. 71.

[55] *Vischer*, Rec. des cours 142 (1974-II), 3 (34).

[56] Vgl. das bekannte Beispiel von *Kegel*, Rec. des cours 112 (1964-II), 95 (244) zum "Sachverhalt mit Auslandsberührung" in Auseinandersetzung mit der Lehre *Steindorffs*.

[57] Im Ergebnis wohl ebenso *Roth*, Internationales Versicherungsvertragsrecht, 449; ähnlich auch *Lando*, in: International Encyclopedia of Comparative Law, Vol. III, Chap. 24: Contracts, Nr. 64, der in Fällen, die die Interessen des internationalen Handels nicht berühren, strengere Maßstäbe für einen internationalen Vertrag anlegen will, ohne dies freilich zu präzisieren. Vgl. noch *Trinkner*, AWD 1973, 32, der in ähnlicher Weise für die Rechtswahl in einem Arbeitsvertrag stärkere Auslandsberührungen fordert als für andere Rechtsgebiete, "die dem typischen Verkehrsrecht angehören" (a.a.O. S. 34). Allerdings führt seine Begründung, die große Zahl zwingender Normen im Arbeitsrecht bewirke einen besonders starken Inlandsbezug dieses Rechtsgebiets, der nur durch einen entsprechend starken Auslandsbezug aufgehoben werden könne, in die Irre. Wer eine Antwort auf die Frage sucht, unter welchen Umständen den Parteien eines Vertrages die freie Rechtswahl gestattet ist, kann sich nicht mit einem Hinweis auf die Quantität einschlägiger zwingender Vorschriften begnügen. Denn *ob* diese trotz einer Rechtswahl zu beachten sind, ist gerade das Problem, das es zu lösen gilt!

6. Ergebnis

Die Formulierung des Art. 27 III EGBGB, nach der alle "Elemente des Sachverhalts" bei der Frage der hinreichenden Auslandsberührung heranzuziehen sind, erlaubt und bedingt einen flexiblen Ansatz. Nicht eine für alle Verträge gleichermaßen gültige schematische Gegenüberstellung relevanter und irrelevanter Berührungspunkte ist gefragt, sondern eine Beurteilung der kollisionsrechtlichen Parteiinteressen. Die Parteien haben ein Interesse an der Anwendung des vertrauten bzw. leicht ermittelbaren Rechts und des Rechts, das auf die Vertragsabwicklung einwirkt. Dies ergibt für den Bereich der Verbraucherverträge folgendes Bild: Eine ins Ausland weisende Staatsangehörigkeit einer oder beider Parteien oder der Vertragsschluß im Ausland können ebensowenig eine Rolle spielen wie die wirtschaftliche Anlehnung an ein Importgeschäft. Ein Konsumentenvertrag ist vielmehr nur dann kein reines Inlandsgeschäft, wenn

- die Vertragspartner ihren gewöhnlichen Aufenthalt bzw. ihre Niederlassung in verschiedenen Staaten haben;

- zumindest einer der Vertragspartner seine vertragliche Leistung im Ausland zu erfüllen hat bzw. dort vertraglich festgelegte Handlungen durchführen soll oder

- der Vertragsgegenstand nicht nur vorübergehend im Ausland belegen ist oder zur Vertragserfüllung von einem Staat in einen anderen verbracht werden muß.

Dritter Teil

Art. 34 EGBGB

A. "Kaffeefahrten" im Ausland (I)

I. Problemlage

Art. 34 EGBGB (= Art. 7 II EVÜ) betrifft nach seiner Überschrift die Durchsetzung "zwingender Vorschriften" der deutschen lex fori[1] trotz abweichenden Vertragsstatuts. Dies ist mißverständlich (wie auch sonst die deutsche Fassung des EVÜ kein Musterbeispiel sprachlicher Klarheit ist[2]). Denn einer Sonderbehandlung sollen, und soviel ist trotz allen Meinungsstreits sicher, nicht alle intern vertragsfesten Normen i.S.d. Art. 27 III EGBGB unterzogen werden, sondern nur "besonders" zwingende Vorschriften, wie treffender in der holländischen Fassung formuliert ist ("Bepalingen van bijzonder dwingend recht"[3]). Solche "besonders" zwingenden Normen werden herkömmlich als "Eingriffsnormen" bezeichnet[4], in der romanischen Terminologie als "lois d'application immédiate"[5]. Ob nun auch Vorschriften zum Schutz des Verbrauchers in diese Kategorie fallen und über Art. 34 EGBGB international durch-

---

1 Art. 7 I EVÜ, der die Behandlung "zwingender Vorschriften" regelt, die weder der lex causae noch der lex fori angehören, ist aufgrund mannigfaltiger Kritik im deutschen Schrifttum (z.B. *Kegel*, GS Ehrenzweig, 53 (83 f.); *Coester*, ZvglRWiss 82 (1983), 1 (29); *Schurig*, in: Holl/Klinke (Hrsg.), Internationales Privatrecht, Internationales Wirtschaftsrecht, 55 (75 f.)) nicht ins EGBGB übernommen worden.

2 Man denke z.B. an Art. 5 II EVÜ (= Art. 29 I EGBGB), der die Präzisierung vermissen läßt, die Rechtswahl dürfe nicht "pour résultat" haben, daß dem Verbraucher Schutz entzogen wird und damit die Frage nach dem konkreten oder abstrakten Günstigkeitsvergleich offen läßt, s.o. S. 37. Auch die Formulierung von Art. 3 I 2 EVÜ (= Art. 27 I 2 EGBGB), die Rechtswahl müsse sich "mit hinreichender Sicherheit" aus dem Vertrag ergeben, entspricht nicht dem, was die französische Fassung mit "de façon certaine" oder die englische mit "reasonable certainty" umschreiben, vgl. *Ferid*, IPR, Rdn. 6-25,1.

3 Abgedruckt bei *Pirrung*, Materialien, 315.

4 S. nur Palandt-*Heldrich*, Art. 34 EGBGB Rdn. 4.

5 S. z.B *Batiffol/Lagarde*, D.i.p. II, Tz. 251; der Begriff wurde von *Francescakis*, La théorie du renvoi, 11 f.; *ders.*, Rev.crit. 55 (1966), 1, geprägt.

setzbar sind, auch wenn "an sich" ein anderes Recht den Vertrag regiert, ist eines der noch offenen Probleme im deutschen internationalen Vertragsrecht; überdies ein Problem, das Bedeutung nicht nur für die Theorie hat, weil es eine Stellungnahme zum Grundverständnis des Kollisionsrechts verlangt, sondern auch die Praxis bewegt. Fast alle veröffentlichten deutschen Gerichtsurteile zum internationalen Verbraucherschutz nach der IPR-Reform betrafen Fälle, in denen eine Anwendung deutscher Vorschriften trotz der Wahl einer fremden Rechtsordnung wünschenswert erschien, jedoch über Art. 27 III, 29 I EGBGB oder einen anderen Ansatz außerhalb des Art. 34 EGBGB nicht zu begründen war. Typisch ist insoweit folgender Sachverhalt[6]:

In ausländischen, vorzugsweise spanischen Ferienorten wurden im Rahmen von speziell auf deutsche Urlauber abzielenden Freizeitveranstaltungen ("Kaffeefahrten") diesen (ausgerechnet) Wolldecken, Oberbetten, Kopfkissen und ähnliches zum Kauf angeboten und mit den auch aus Deutschland bekannten psychologischen Tricks an den Mann gebracht[7]. Als Verkäufer traten spanische Firmen auf, deren deutsche oder zumindest deutschsprachige Mitarbeiter aber die Verhandlungen auf deutsch führten und bei erfolgreichem Abschluß in deutsch abgefaßte Formularverträge verwandten. Die Verträge enthielten neben dem Hinweis, daß die Vertragsabwicklung ausschließlich in Deutschland über die deutsche Lieferfirma zu erfolgen habe, an die auch alle Zahlungen zu leisten sowie etwaige Gewährleistungsansprüche zu stellen seien, eine Rechtswahlklausel mit der Vereinbarung spanischen Rechts. Das nationale spanischen Recht sowie die meisten der spanischen Partikularrechte gewährten bis Ende 1991 in einer solchen Situation anders als das deutsche kein Widerrufsrecht[8], wenn die Urlaubshochstimmung des Verbrauchers nach der Rückkehr nüchterner Betrachtung wich und er erkannte, daß die Ware überteuert oder gemessen an den Versprechungen nutzlos ist.

Die Gerichte hatten nun zu entscheiden[9], ob und gegebenenfalls wie diese negative Folge der Rechtswahlklausel zu vermeiden und dem Verbraucher durch Anwendung deutscher Normen, insbesondere des HausTWG, zu helfen war - führen deutsche Touristen deutschen Verbraucherschutz im Urlaubsge-

---

6 S. *Taupitz*, BB 1990, 642, und die Rechtsprechungsnachweise oben S. 20 Fn. 9.

7 Vgl. z.B. den Bericht von *Sylvester* in der *Zeit* v. 19.09.1991.

8 Zur verwickelten Lage in Spanien aufgrund der föderativen Struktur des dortigen Rechtssystems vgl. näher *Jayme*, IPRax 1990, 220 f.; *ders.*, RabelsZ 55 (1991), 301 (323 f.).

9 Teilweise ging es um Zahlungsansprüche des Lieferanten, teilweise um auf § 13 II Nr. 1 AGBG oder § 13 II Nr. 3 UWG gestützte Unterlassungsklagen von Verbraucherschutzverbänden.

päck mit[10]? Im Ausgangspunkt war man sich zutrefffenderweise noch einig: Auf Art. 29 I EGBGB konnte man sich direkt nicht stützen, da keines der Anknüpfungsmomente des Art. 29 I Nr. 1-3 EGBGB erfüllt war; speziell Art. 29 I Nr. 3 EGBGB betrifft nur die Kaffeefahrt *ins* Ausland, nicht die *im* Ausland.

Das hat bislang allein das LG Limburg verkannt, als es einem deutschen Pauschaltouristen, der in der Türkei einen Teppich gekauft hatte, ein Widerrufsrecht nach §§ 1, 2 HausTWG über Art. 29 II, I Nr. 3 EGBGB mit der Begründung zusprach, der Besuch des Geschäftslokals sei in Absprache zwischen dem Reiseunternehmen, dem Reiseführer und dem Geschäftsinhaber erfolgt[11]. Dies mag stimmen, reicht aber nicht aus: Der Verkäufer muß nach Art. 29 I Nr. 2 EGBGB Einfluß gerade auf die Beförderung *vom einen Staat in den anderen* genommen, hier also die Reise von Deutschland in die Türkei herbeigeführt haben!

Auch Art. 27 III EGBGB führte nicht weiter, weil es sich um Vertragspartner mit Niederlassung/gewöhnlichem Aufenthaltsort in verschiedenen Staaten handelt[12].

Mittlerweile hat Spanien in Umsetzung der EG-Richtlinie 85/577[13] ein Gesetz über Haustürgeschäfte eingeführt[14], das sich nicht wesentlich von seinem deutschen Gegenstück unterscheidet und dem Verbraucher ebenfalls ein Widerrufsrecht gewährt. Insofern ist der Frage nach dem anwendbaren Recht bei "spanischen Kaffeefahrten" für die Zukunft die praktische Spitze genommen. Dies beeinträchtigt aber nicht den Reiz einer wissenschaftlichen Beschäftigung mit den bisher entschiedenen Fällen und den dabei vertretenen Lösungen. Denn zum einen werden vergleichbare Fallgestaltungen zunehmend auch aus Ländern bekannt, die wie z.B. die Türkei nicht nur gegenwärtig noch kein Widerrufsrecht bei Haustürgeschäften gewähren, sondern als Nicht-EG-Mitglieder in naher und voraussichtlich auch mittlerer Zukunft nicht dem Zwang der Rechtsangleichung an die EG-Richtlinie ausgesetzt sein werden[15]. Und zum anderen wird es auch innerhalb der Europäischen Gemeinschaft in anderen verbraucherrelevanten Gebieten aufgrund der fortschreitenden Richtlinientätigkeit von

---

10 So die suggestive Formulierung von *Taupitz*, BB 1990, 642.

11 LG Limburg, NJW 1990, 2206; zustimmend *Ebke*, in: Chr.v.Bar (Hrsg.), Europäisches Gemeinschaftsrecht und IPR, 77 (98 Fn. 125).

12 S.o. S. 100.

13 ABl.EG 1985 L 372/31.

14 Ley sobre contratos celebrados fuera de los establecimientos mercantiles, B.O.E. Nr. 283 v. 26. November 1991, 38165, in Kraft seit dem 16.12.1991.

15 S. z.B. LG Limburg, NJW 1990, 2206; OLG München, NJW-RR 1991, 329.

Rat und Kommission[16] und der nur in den wenigsten Fällen zeitgleichen Umsetzung durch die Mitgliedstaaten auch künftig immer wieder zu einem Rechtsgefälle kommen. Letzteres wird sich schließlich auch bei der Aufnahme neuer Mitglieder und der diesen notgedrungen einzuräumenden Übergangsfrist zur Angleichung ihrer Gesetzgebung an das Gemeinschaftsniveau einstellen. All dies rechtfertigt die Annahme, daß die den "spanischen Kaffeefahrten" zugrundeliegende grundsätzliche Problematik weiterhin aktuell bleibt. Hier sei deshalb ein knapper Überblick über die dazu bisher angestellten Überlegungen gestattet, weil er die Bedeutung des Art. 34 EGBGB als einzig möglichen Notbehelf in Fällen dieser Art zu dokumentieren vermag.

II. Lösungen der Rechtsprechung und der Literatur

Während das OLG Hamm[17] in seinem sorgfältig begründeten[18], aber im Ergebnis unbefriedigenden Urteil trotz der offensichtlichen Schutzbedürftigkeit des Verbrauchers resignierte und über Art. 27 I EGBGB ausschließlich spanisches Recht anwandte, bemühten andere Gerichte und die Literatur ihren ganzen Einfallsreichtum, um dem deutschen Urlauber zu Hilfe zu eilen.

1. Das OLG Frankfurt griff in seinem bereits oben erwähnten[19] Urteil zu einer kühnen Konstruktion auf *tatbestandlicher* Ebene, um das gewünschte Ergebnis zu rechtfertigen. Unter Berufung auf eine im Vertragsformular erwähnte "Auftragsbestätigung" des deutschen Lieferanten wurde dieser kurzerhand zum Vertragspartner des Konsumenten erklärt, der "eigentliche" Vertragsschluß nach Deutschland verlegt und so "über Art. 27 III EGBGB oder jedenfalls über Art. 29 I Nr. 2 EGBGB" das deutsche (zwingende) Recht angewandt[20]. Zur Unterstützung verwies das Gericht auf die Abtretung der Kaufpreisforderung durch den spanischen "Aquisiteur" an die deutsche Lieferfirma. Dieser Umstand spricht genau besehen für die gegenteilige Auffassung, denn abtreten kann eine vertragliche Forderung nur, wer ihr Inhaber, also regelmäßig Vertragspartner ist; und so hat denn auch der BGH in seiner Revisionsentschei-

---

16 Z.B. die bereits verabschiedete Pauschalreisenrichtlinie, ABl.EG 1990 L 158/89; in Vorbereitung sind weiterhin Richtlinien über unlautere Vertragsbedingungen (Abl.EG 1990 C 243/2) und Time-Share-Verträge (KOM (92) 220 endg. - Syn 419).

17 OLG Hamm, NJW-RR 1989, 496 = IPRax 1990, 242.

18 Zugrunde lag ein Göttinger Gutachten, IPG 1987/88 (1990) Nr. 13, 113 ff.

19 S. 74, Fn. 4.

20 OLG Frankfurt, NJW-RR 1989, 1018.

dung[21] die Auslegung des OLG Frankfurt mit deutlichen Worten zurechtgerückt, zumal das vom Kunden unterschriebene Formular klar sichtbar mit "Kaufvertrags-Nr." überschrieben war und die Auftragsbestätigung des Lieferanten ersichtlich mit den Zahlungen des Kunden in Zusammenhang stand und deshalb für die Frage des Vertragsschlusses nichts besagt.

2. Das LG Limburg vertrat die Auffassung, die Rechtswahl sei *zunächst* über Art. 27 I EGBGB wirksam, scheitere dann aber im spanischen Sachrecht an Art. 10 I lit. c (3) des spanischen Konsumentenschutzgesetzes (LDCU)[22], der in etwa § 9 AGBG entspricht[23], als unangemessene Benachteiligung des nichtspanischen Vertragspartners. Deshalb sei dann doch (!) auf die objektive Anknüpfung des Art. 28 EGBGB zurückzugreifen und wegen der ausschließlichen Vertragsabwicklung in Deutschland deutsches Recht anzuwenden. Das ist doppelt falsch:

Unangemessen kann eine Vertragsklausel aus der Sicht des spanischen *Sach*rechts nur sein, wenn sie von diesem abweicht[24], denn Maßstab für die Beurteilung der Unbilligkeit sind ja allein die dispositiven gesetzlichen Regelungen, die sich nicht selber ächten können. Eine Rechtswahlklausel beruft das spanische Sachrecht *als solches* und führt damit zu den von diesem gerade vorgesehenen und folglich als billig empfundenen Regelungen. Zwar kann die Wahl eines fremden Rechts den Kunden benachteiligen, denn sie erschwert (insbesondere dem rechtsunkundigen Verbraucher) die Rechtsverfolgung oder hält ihn sogar davon ab, mögliche rechtliche Schritte zu ergreifen, weil ihm die Rechtsinstitute des fremden Rechts unbekannt sind[25]. Jedoch gilt dies nicht nur für das spanische, sondern für jedes ausländische Recht, unabhängig von dessen sachlichem Inhalt. Damit ist die Frage nach den Grenzen der Rechtswahlfreiheit in vorformulierten Verträgen ebenso wie in Individualvereinbarungen eine speziell *kollisionsrechtliche*, die das spanische Sachrecht nicht beantwortet und nicht beantworten kann.

---

21 BGH, NJW 1991, 36 (38).

22 Ley General para la Defensa de los Consumidores y Usuarios, B.O.E. Nr. 176 v. 24.07.1984, 21686, zuletzt geändert durch Gesetz 36/1988 vom 05.12.1988, B.O.E. Nr. 293 v. 07.12.1988; deutsche Übersetzung bei *v.Hippel*, Verbraucherschutzrecht, 401 ff.

23 Art. 10 I lit. c (3) lautet auf deutsch: [Ausgeschlossen sind:] "Mißbräuchliche Klauseln, d.h. Klauseln, die in unverhältnismäßiger oder unbilliger Weise den Verbraucher schädigen oder welche im Vertrag eine ungleichgewichtige Stellung zwischen den Rechten und den Pflichten der Parteien zum Nachteil der Verbraucher oder Benutzer schaffen".

24 Zutreffend OLG Hamm, NJW-RR 1989, 496 (497); a.A. *Taupitz*, BB 1990, 642 (645).

25 Vgl. *Taupitz*, BB 1990, 642 (645) m.w.N.

Art. 10 I lit. c (3) LDCU griffe deshalb allenfalls dann ein, wenn man ihm auch einen kollisionsrechtlichen Gehalt beilegen könnte[26]. Dies ist nicht von vornherein denknotwendig ausgeschlossen, kann sich doch eine ungeschriebene Kollisionsnorm in einer Sachnorm verstecken[27]. Was im deutschen AGBG Inhalt der ausdrücklich kollisionsrechtlichen Regelung des (aufgehobenen) § 10 Nr. 8 AGBG a.F. war, mögen die Spanier eventuell ihrer Generalklausel entnehmen. Nur müßten dann entsprechende Stimmen in der spanischen Rechtsprechung oder zumindest in der Literatur zu finden sein, denn deutsche Gerichte haben ausländisches Recht so anzuwenden, wie es im Ausland angewandt wird[28]; einer eigenen Rechtsfortbildung sind enge Grenzen gezogen[29]. Solche Stimmen nennt das LG Limburg nicht, und sie gibt es wohl auch nicht.

Aber, und das ist der zweite Fehler des Gerichts, selbst wenn es sie gäbe, hätten sie auf die Entscheidung des Falles keinen Einfluß: Ob und inwieweit eine Rechtswahl (inner- und außerhalb von AGB) *zulässig* ist, ist eine Frage, die sich allein im IPR des Forums entscheidet, in Deutschland also anhand der Art. 27 ff. EGBGB[30]. Wie sich das Kollisionsrecht der gewählten Rechtsordnung dazu stellt, ist ohne jeden Belang, auch unter dem Gesichtspunkt des renvoi: Denn führt die Rechtswahl der Parteien gem. Art. 4 II, 35 EGBGB zu einer Sachnormverweisung[31], dann hat uns nicht zu interessieren, ob sie vom IPR des Vertragsstatuts allgemein oder für spezielle Fälle für unzulässig ge-

---

26 Bezeichnenderweise greift denn auch *Taupitz*, BB 1990, 642 (645 f.) auf den *kollisionsrechtlichen* Art. 10 V C.C. und die diesen kommentierende Literatur zurück, um *in casu* eine unangemessene Benachteiligung aus der Sicht des spanischen *Sach*rechts zu verneinen (Art. 10 V C.C. gewährt den Parteien eines internationalen Vertrages die Freiheit, jedes Recht zu wählen, das irgendeine Beziehung zu dem Geschäft aufweist)!

27 S. *Kegel*, GS Ehrenzweig, 52 (69 ff.); *Schurig*, Kollisionsnorm und Sachrecht, 58, 246 ff.

28 Soergel-*Kegel*, vor Art. 7 EGBGB Rdn. 132.

29 Vgl. MüKo-*Sonnenberger*, Einl. IPR Rdn. 456 f. ("Auf keinen Fall kann sie nach deutschen Maßstäben erfolgen").

30 Nur das *Zustandekommen* und die (innere, materielle) *Wirksamkeit* der Einigung der Parteien über das anzuwendende Recht (also etwa die Folgen von Willensmängeln etc.) sind über Art. 27 IV, 31 EGBGB dem gewählten (Sach-)Recht unterstellt. Vgl. zur Unterscheidung zwischen Zulässigkeit der Rechtswahl und dem Rechtswahlstatut Staudinger-*Firsching*, vor Art. 12 EGBGB Rdn. 337.

31 *Ferid*, IPR, Rdn. 3-99,6, möchte allerdings gegen den Wortlaut der genannten Vorschriften den Parteien immerhin die *Möglichkeit* einräumen, eine Gesamtverweisung unter Einschluß des IPR des Vertragsstatuts zu vereinbaren; ebenso mit beachtlichen Gründen MüKo-*Martiny*, Art. 35 EGBGB Rdn. 4. Beide behandeln das aber als Ausnahme, die dem typischen Parteiwillen entgegenläuft, und fordern dementsprechend eine *ausdrückliche* Einigung mit diesem Inhalt, vgl. MüKo-*Martiny*, Art. 35 EGBGB Rdn. 6. Im Zweifel, und so auch in den hier interessierenden Fällen, bleibt es also auch nach dieser Auffassung bei der Verweisung auf das materielle Recht.

halten wird. Eine nach den Maßstäben des Forums zulässige Rechtswahl bleibt zulässig, auch wenn das gewählte Recht eine andere Meinung dazu vertritt.

Gegen das LG Limburg ist demnach die Lösung nicht im spanischen Recht zu finden[32].

3. Das LG Stuttgart fand einen Ansatzpunkt im deutschen Recht: Die Klausel "Für diesen Vertrag gilt spanisches Recht" sei gem. § 9 AGBG wegen Verstoßes gegen das Transparenzgebot unwirksam, denn sie verschleiere dem Besteller, daß er nach spanischem Recht im Gegensatz zum deutschen Recht kein Widerrufsrecht habe[33]. Doch auch das ist wenig tragfähig. Zum einen hat die Frage, ob auf den Inhalt des gewählten Rechts hinzuweisen ist, mit den Anforderungen an die Klarheit der Rechtswahlklausel selbst (die transparenter kaum formuliert werden kann) nichts zu tun. Die (kollisionsrechtliche[34]) Rechtswahl "verschleiert" nicht den Inhalt des spanischen Rechts, sondern beruft dieses zum Vertragsstatut. Zum anderen bedürfte es hier wie auch im Fall des Art. 10 I lit. c (3) LDCU eines kollisionsrechtlichen Eingriffsbefehls, wollte man die Rechtswahlklausel am AGBG messen; die lapidare Feststellung, es handle sich trotz der Aufspaltung in eine deutsche Liefer- und eine spanische Verkaufsfirma um ein Geschäft unter Deutschen, das in Deutschland abgewickelt wird, ist gegen die Auffassung des LG Stuttgart[35] keine hinreichende Begründung. Da Art. 29 I und 27 III EGBGB nicht weiterhelfen, bedürfte es also einer kollisionsrechtlichen Komponente im § 9 AGBG selbst. Doch diese gibt es nicht. § 10 Nr. 8 AGBG a.F., der früher eine besondere kollisionsrechtliche Inhaltskontrolle von vorformulierten Rechtswahlklauseln vorsah, ist im Zuge der IPR-Reform mit der Begründung aufgehoben worden, dies stehe im Widerspruch zum Grundsatz der freien Rechtswahl, wie er in Art. 27 I EGBGB seine Positivierung gefunden habe. Den berechtigten Schutzinteressen der Verwendergegenseite sah man offensichtlich durch Art. 29 I, 27 III EGBGB hinreichend Genüge getan[36]. Die Entscheidung, die kollisionsrechtliche Zulässigkeit und Reichweite einer Rechtswahl ohne Differenzierung nach ausgehandelten oder vorformulierten Verträgen allein den Art. 27 ff. EGBGB

---

32 Im Ergebnis jetzt ebenso *Grundmann*, IPRax 1992, 1 (1 f.).

33 LG Stuttgart, NJW-RR 1990, 1394 (1395).

34 Zur *materiell*rechtlichen Rechtswahl in AGB, bei der sich aus § 2 I Nr. 2 AGBG eine Hinweispflicht auf den Inhalt des gewählten Rechts ergibt, s.o. S. 81 ff.

35 LG Stuttgart, NJW-RR 1990, 1394 (1395); vgl. auch OLG Frankfurt, NJW-RR 1989, 1018 (1020).

36 Vgl. BTag-Drucks. 10/504, 95.

zu überlassen, mag bedauert werden[37]. Man hat die Entscheidung des Gesetzgebers jedoch zu akzeptieren. Es geht nicht an, die Aufhebung zu umgehen und eine Inhaltskontrolle nunmehr aus der Generalklausel des § 9 AGBG abzuleiten[38]. Für den notwendigen Schutz des Konsumenten können nur die in das internationale Vertragsrecht eingebauten Sicherungen sorgen[39]. Im übrigen ist speziell die Frage der Transparenz in Art. 27 I EGBGB ("mit hinreichender Sicherheit") ausdrücklich und abschließend geregelt[40].

4. Das LG Aachen[41] sah eine Lösung in Art. 31 II EGBGB. Diese Vorschrift gestattet einer Partei, sich unter besonderen Umständen für die Behauptung, sie habe dem Vertrag nicht zugestimmt, auf das Recht an ihrem gewöhnlichen Aufenthaltsort zu berufen, obwohl nach Art. 31 I EGBGB das Vertragsstatut grundsätzlich auch die Frage des Vertragsschlusses regiert. Nach Überzeugung des Gerichts (das die nach Deutschland weisenden besonderen Umstände im einzelnen darlegt) ermöglicht Art. 31 II EGBGB damit dem deutschen Kunden in den hier interessierenden Fallgestaltungen, seine Vertragsannahmeerklärung trotz der formularmäßigen Wahl des spanischen Rechts zur *lex causae* nach deutschem Recht (§ 1 HausTWG) zu widerrufen[42].

Auf diese Weise wird allerdings der Anwendungsbereich des Art. 31 II EGBGB weit überdehnt. "Absatz 2 [enthält] eine Sonderregel, die sich nur auf die Frage des *Zustandekommens* der Einigung, nicht aber auf deren *Wirksamkeit* bezieht"[43]. Es geht also nur um den "äußeren Vertragsabschlußtatbestand"[44], genauer allein um das Problem, *ob* aus einem bestimmten Verhalten einer Partei auf eine rechtsgeschäftliche Erklärung geschlossen werden kann - deren *Gültigkeit* ausschließlich anhand des Vertragsstatuts zu prüfen bleibt[45]. Die Regelung des Art. 31 II EGBGB beruht auf dem Grundgedanken, daß die

---

37 So z.B. von Wolf-Horn-Lindacher(-*Lindacher*), § 10 Nr. 8 Rdn. 2, *Roth*, Internationales Versicherungsvertragsrecht, 481 ff.

38 So aber Ulmer-Brandner-Hensen(-*H.Schmidt*), Anh. §§ 9-11 Rdn. 576; ablehnend zur Kontrolle von Rechtswahlklauseln anhand von § 9 AGBG auch *Ebke*, in: Chr.v.Bar (Hrsg.), Europäisches Gemeinschaftsrecht und Internationales Privatrecht, 77 (99); Wolf-Horn-Lindacher(-*Lindacher*), § 10 Nr. 8 Rdn. 3; *Grundmann*, IPRax 1992, 1.

39 Richtig *Ebke*, in: Chr.v.Bar (Hrsg.), Europäisches Gemeinschaftsrecht und Internationales Privatrecht, 77 (99).

40 *Jayme*, IPRax 1990, 220 (222); *ders.*, FS W.Lorenz, 435 (439).

41 LG Aachen, NJW 1991, 2221.

42 LG Aachen, NJW 1991, 2221.

43 Bericht *Giuliano/Lagarde*, BRat-Drucks. 224/83, 60 (Hervorhebung hinzugefügt).

44 MüKo-*Spellenberg*, vor Art. 11 EGBGB Rdn. 44.

45 Vgl. MüKo-*Martiny*, Art. 31 EGBGB Rdn. 13.

"Vorwirkung" des Vertragsstatuts auf die vorkonsensuale Phase zwar nicht gegen die Rechtslogik verstößt[46], daß es aber u.U. unzumutbar und daher unbillig sein könne, von einer Partei im Vorfeld eines Vertragsschlusses die Beachtung der Verhaltensregeln eines ihm fremden Rechts zu verlangen, weil sie in diesem Stadium die präsumtive *lex causae* noch nicht kennen konnte bzw. brauchte[47], was besonders augenfällig in der Konstellation ist, in der sich das Vertragsstatut erst aus einer Rechtswahlklausel in einem zugesandten Vertragsformular ergeben soll. Insbesondere geht es darum, eine Partei vor der Überraschung zu schützen, durch bloßes *Schweigen* im Gegensatz zum ihr vertrauten Umweltrecht rechtsgeschäftliche Folgen auszulösen[48] - wobei speziell dem deutschen Recht des kaufmännischen Verkehrs eine anderen Rechtsordnungen fremde Schärfe zu eigen ist; Stichworte sind hier das Schweigen auf ein kaufmännisches Bestätigungsschreiben[49], die stillschweigende Einbeziehung von AGB[50] und das Schweigen auf eine Offerte in Fällen, wie sie z.B. in § 362 HGB geregelt sind. Dies sind denn auch die Konstellationen, die den Verfassern des EVÜ vor Augen standen und die sie mit der "Veto-Wirkung"[51] des Umweltrechts lösen wollten.

Damit aber ist klar: Gegen die Auffassung des LG Aachen berührt die Problematik eines eventuellen Widerrufsrechts den Anwendungsbereich des Art. 31 II EGBGB nicht. Denn der Widerruf hat Auswirkungen allein auf die rechtliche Bindungswirkung der Einigungserklärung, stellt aber nicht deren rechtsgeschäftliche Bedeutung als solche in Frage. Überspitzt formuliert: Art. 31 II EGBGB regelt die "effects of silence"[52], nicht aber die Folgen einer ausdrücklichen (Widerrufs-)Erklärung.

5. Das LG Bamberg versuchte, mit der Generalklausel des Art. 6 EGBGB zu helfen[53]. Es meinte, "die Vereinbarung spanischen Rechts" sei wegen Verstoßes gegen die öffentliche Ordnung unwirksam und deshalb über Art. 28 EGBGB das deutsche Recht als das Recht der engsten Verbindung anzuwen-

---

46 S. dazu *Linke*, ZvglRWiss 79 (1980), 1 (6).

47 Vgl. MüKo-*Spellenberg*, vor Art. 11 EGBGB Rdn. 45; *Linke*, ZvglRWiss 79 (1980), 1 (6) m.w.N. (er selbst zieht mit beachtlichen, nunmehr allerdings durch die Gesetzgebung überholten Argumenten eine Lösung auf sachrechtlicher Ebene vor, 37 ff.).

48 *Neuhaus*, IPR, 256.

49 S. dazu *K.Schmidt*, Handelsrecht, 496 ff.

50 S. dazu Ulmer/Brandner/Hensen(-*Ulmer*), § 2 Rdn. 79 ff.

51 Müko-*Martiny*, Art. 31 EGBGB Rdn. 9.

52 Vgl. den Titel des Aufsatzes von *Kühne* in Lando/v.Hoffmann/Siehr (Hrsg.), European Private International Law of Obligations, 1.

53 LG Bamberg, NJW-RR 1990, 694.

den. Dabei übersah es, daß schon nach dem Wortlaut des Art. 6 EGBGB und auch nach bisher unbestrittener allgemeiner Meinung nie die Verweisung auf ein ausländisches Recht als solche, sondern allenfalls das Ergebnis der Anwendung ausländischer Rechtsnormen aufgrund der Verweisung im konkreten Fall ordre-public-widrig sein kann[54].

Aber selbst wenn man mit dem AG Lichtenfels[55] den Ausgangspunkt richtigstellt und "nur" die Anwendung der über Art. 27 I EGBGB einschlägigen spanischen Normen, die den Verbraucher auch bei einer Freizeitveranstaltung bzw. einem Abzahlungsgeschäft ohne Widerrufsmöglichkeit[56] am einmal geschlossenen Vertrag festhalten, als unvereinbar mit dem ordre public ansehen will[57], bleiben erhebliche Bedenken. Der ordre public betrifft nur elementare Grundprinzipien ("wesentliche Grundsätze") des deutschen Rechts, deren Mißachtung zu unseren Gerechtigkeitsvorstellungen in so starkem Widerspruch steht, daß es von uns für untragbar gehalten wird[58]. Es geht also um den unantastbaren "Kernbestand der inländischen Rechtsordnung"[59]. Ob zu diesem § 1 b AbzG zu zählen ist, der aus dem Jahre 1974 stammt[60] (und inzwischen durch das VerbrKrG abgelöst wurde), oder das HausTWG, das nach einem endlosen, sich über vier Wahlperioden hinziehenden und von Querelen begleiteten Gesetzgebungsverfahren 1986 in Kraft trat[61], darf mit Fug und Recht bezweifelt werden[62]. Wäre das Fehlen von Widerrufsrechten bei Abzahlungsgeschäften und Freizeitveranstaltungen "untragbar", so wäre doch die Lücke schneller und reibungsloser zu schließen gewesen. Eher kann man in den Bestimmungen eine noch junge *Durchbrechung* des seinerseits elementaren Prinzips sehen, daß Verträge und Versprechen binden. Der ordre public ist aber kein Mittel, um bei uns eben erst durchgeführte Reformen gegen minder weit fortgeschrittenes

---

54 Statt aller MüKo-*Sonnenberger*, Art. 6 EGBGB Rdn. 44 ff.

55 AG Lichtenfels, IPRax 1990, 235 (236).

56 Nach dem spanischen Abzahlungsrecht besteht ein Rücktrittsrecht nur, wenn es ausdrücklich vereinbart wurde, vgl. näher *Lüderitz*, IPRax 1990, 216 (218 f.) m.w.N.

57 Ebenso in einer hilfsweisen Begründung OLG Celle, EuZW 1990, 550 (552).

58 Z.B. BGHZ 50, 370 (375 f.) = NJW 1969, 369.

59 Vgl. BTag-Drucks. 10/504, 42.

60 Weshalb es wenig überzeugend ist, wenn sich das LG Bamberg, NJW-RR 1990, 694, auf eine Entscheidung des RG zu § 1 AbzG aus dem Jahre 1930 (RG JW 1932, 591) beruft.

61 S. dazu *Löwe*, BB 1986, 821; *Gilles*, NJW 1986, 1131 (1135).

62 Ablehnend auch *Taupitz*, BB 1990, 642 (650 f.); *Lüderitz*, IPRax 1990, 216 (219); *Teske*, in: Werner/Machunsky, Haustürwiderrufsgesetz, vor § 1 Rdn. 27 a.E. (bzgl. des HausTWG).

Auslandsrecht durchzusetzen[63]. Erst recht darf er nicht mit einer allgemeinen kollisionsrechtlichen Ausweichklausel verwechselt werden, die als Ermächtigungsgrundlage dient für eine regelwidrige Anknüpfung bestimmter Fragen, wenn die Anwendung ausländischen Rechts in der Vorstellung des Richters für die betroffene Person unzumutbar ist. Unpassendes Kollisionsrecht sollte mit kollisionsrechtlichen Mitteln korrigiert werden[64], nicht mit der bloßen Behauptung, die fraglichen Normen fielen in eine materiellrechtlich besonders wichtige Kategorie von Vorschriften. Der ordre public ist deshalb fehl am Platz, wo es nicht eigentlich um die Abwehr eines berufenen ausländischen Rechts aus inhaltlichen Gründen geht, sondern die Anwendung der eigenen, deutschen Rechtsregeln erstrebt wird, weil man diese angesichts der engen Verknüpfung des zu beurteilenden Sachverhalts mit Deutschland als kollisionsrechtlich näherliegend empfindet[65].

6. Unter den allgemeinen Rechtsinsituten des IPR liegt deshalb der Gesichtspunkt der Gesetzesumgehung[66] näher als der ordre public. Kann man nicht der Rechtswahl die Folgschaft verweigern mit dem Argument, die Einschaltung der spanischen Firma diene allein der bewußten und zweckgerichteten Umgehung des Art. 27 III EGBGB, um so dem Käufer die Rechte nach der deutschen Verbraucherschutzgesetzgebung vorenthalten zu können[67]? Nun setzt dies jedenfalls voraus, daß *ohne* die Aufspaltung in deutschen Lieferanten/spanischen Verkäufer bei sonst gleichbleibendem Sachverhalt Art. 27 III EGBGB ohne weiteres anwendbar wäre, denn nur dann hätte sie anknüpfungsverändernde Wirkung. Das ist zwar nach der hier vertretenen Auffassung der Fall, nicht aber nach der herrschenden Meinung: Diese sieht ja bereits den Abschlußort im Ausland als hinreichende Auslandsberührung an, die Art. 27 III EGBGB

---

63 Soergel-*Kegel*, Art. 30 EGBGB Rdn. 15; LG Göttingen, FamRZ 1981, 207; diesem zustimmend *Ahrens*, FamRZ 1981, 120 (123).

64 Vgl. MüKo-*Sonnenberger*, Art. 6 EGBGB Rdn. 11 f.

65 Vgl. *Kreuzer*, FS Zajtay, 295 (315).

66 Umfassend dazu aus rechtsvergleichender und internationalprivatrechtlicher Sicht *Schurig*, FS Ferid 1988, 375.

67 Vgl. *Taupitz*, BB 1990, 642 (651 f.); *Lüderitz*, IPRax 1990, 216 (219), sieht Art. 29 I Nr. 2 EGBGB als die umgangene Vorschrift an, übersieht dabei aber, daß auch die Behandlung von Verkäufer und Lieferanten als eine Person nichts daran ändern würde, daß die Bestellung des Verbrauchers im Ausland entgegengenommen wurde und damit Art. 29 I Nr. 2 EGBGB nicht helfen kann. Ähnliche Kritik gilt auch für *Coester-Waltjen*, die eine Umgehung von Art. 29 I *Nr. 1* EGBGB annehmen will, falls der deutsche Lieferant den Verbraucher arglistig in der Sicherheit gewogen hat, er agiere im grundsätzlichen Schutzbereich seiner heimatlichen Rechtsordnung (FS W.Lorenz, 297 (317 f.)). Art. 29 I Nr. 1 EGBGB wäre mangels Werbung und Abgabe der Willenserklärung des Verbrauchers in seinem Heimatland ohnehin nicht einschlägig, so daß die Vorspiegelung die Anknüpfung insoweit gar nicht verändern kann.

ausschaltet[68]. Sie müßte also schon den objektiven Tatbestand der Gesetzesumgehung verneinen, weil nur ein bereits vorhandener Auslandsbezug genutzt bzw. verstärkt wird[69]. Damit ist aber auch der subjektiven Seite der Rechtsumgehung der Boden entzogen: Konnte die Gegenseite des Verbrauchers davon ausgehen, daß nach h.M. der Vertrag ohnehin ein internationaler ist, so kann ihr, auch wenn man die h.M. für falsch hält, keine fraudulöse Umgehungs*absicht* oder auch nur das Bewußtsein der Gesetzesumgehung[70] unterstellt werden, ganz abgesehen davon, daß auch "ehrenwerte" Gründe steuer-, arbeits- oder gewerberechtlicher Art für die Einschaltung einer einheimischen Firma sprechen können.

7. Das AG Bremerhaven[71] und das OLG Celle[72] versuchten schließlich, die hier offenbar gewordenen internationalprivatrechtlichen Fallstricke zu umgehen, indem sie auf eine europarechtliche Argumentation auswichen. Sie nahmen eine *horizontale Direktwirkung* der von Spanien zum Zeitpunkt der Entscheidungen noch nicht umgesetzten EG-Richtlinie 85/577[73] an, die in ihrem Art. 5 ein Widerrufsrecht des Verbrauchers bei Geschäften im Rahmen von Freizeitveranstaltungen und an der Haustür vorsieht. Damit konnten sie die Wahl des spanischen Rechts als gültig ansehen, ohne den deutschen Urlauber schutzlos zu stellen.

Eine *vertikale* Direktwirkung von nicht umgesetzten EG-Richtlinien im Verhältnis des Bürgers zum Staat nach Ablauf der Umsetzungsfrist ist spätestens seit der Leitentscheidung des EuGH aus dem Jahre 1974[74] unter der Voraussetzung einer hinreichenden inhaltlichen Bestimmtheit allgemein anerkannt[75]. Für die unmittelbare Anwendung im (horizontalen) Verhältnis zwischen zwei Marktbürgern ist die Sachlage verwickelter. Eine vordringende Mindermeinung befürwortet sie[76], während die (noch) h.M.[77] sie unter Berufung auf den EuGH ablehnt, der scheinbar unmiß-

---

68 S.o. S. 103; so ausdrücklich für die "spanischen Kaffeefahrten" *Coester-Waltjen*, FS W.Lorenz, 297 (311).

69 So in der Tat *Taupitz*, BB 642 (651 f.); OLG Hamm, NJW-RR 1989, 496 (497); *Teske*, in: Werner/Machunsky, Haustürwiderrufsgesetz, vor § 1 Rdn. 30.

70 Zum subjektiven Element der Gesetzesumgehung vgl. näher *Schurig*, FS Ferid 1988, 375 (403).

71 AG Bremerhaven, EuZW 1990, 294.

72 OLG Celle, EuZW 1990, 550 = IPRax 1991, 334..

73 ABl.EG 1985 L 372/31.

74 EuGH Slg. 1974, 1337 (1348) - van Duyn.

75 S. neuestens dazu *Jarass*, NJW 1990, 2420.

76 *Bleckmann*, Europarecht, Rdn. 155 ff., 848 ff.; *Nicolaysen*, Europarecht I, 165; *Reich*, EuZW 1991, 203 (208 f.); *Richter*, EuR 1988, 394 (403 f.)

77 von der Groeben/Thiesing/Ehlermann(-*Daig/G.Schmidt*), Art. 189 Rdn. 41; *Hauschka*, DB 1990, 873 (874); *Herber*, EuZW 1991, 401 (402); *Jarass*, NJW 1990, 2420

verständlich klargestellt hat, daß "eine Richtlinie nicht selbst Verpflichtungen für einen einzelnen begründen und eine Richtlinienbestimmung als solche nicht gegenüber einer derartigen Person in Anspruch genommen werden kann"[78]. Andererseits hat das Gericht in mehreren Vorlageverfahren zum Verbot der Diskriminierung wegen des Geschlechts bei der Einstellung von Arbeitnehmern die Auffassung vertreten, zwar werde die von § 611 a II 1 BGB niedergelegte Beschränkung des Schadensersatzanspruches des diskriminierten Arbeitnehmers auf das negative Interesse nicht der zugrundeliegenden EG-Richtlinie 76/207[79] gerecht, dies könne und müsse aber durch eine entsprechende Auslegung des § 823 I BGB i.V.m. dem allgemeinen Persönlichkeitsrecht bzw. des § 823 II BGB i.V.m. § 611 a BGB als Schutzgesetz ausgeglichen werden[80]. So entfaltet hier die durch § 611 a BGB nicht hinreichend umgesetzte Richtlinie mittels des Umwegs über die Interpretation des § 823 BGB eine direkte Wirkung im horizontalen Verhältnis zwischen Arbeitgeber und Arbeitnehmer[81]. Auch ist noch nicht geklärt, ob sich der Bürger gegenüber dem Staat auf eine Richtlinie berufen kann, die diesem eine Regelung vorschreibt, welche die Rechte eines Dritten einschränkt (z.B. Richtlinie 85/337 über die Umweltverträglichkeitsprüfung[82]). Kann sich ein Bürger gegen die Erteilung einer ihn belastenden Genehmigung für die Aktivität eines anderen mit der Begründung wenden, die Erteilung der Genehmigung verletze eine Richtlinie? Bejaht man dies[83], so ergibt sich eine mittelbare horizontale Wirkung, von der der Weg zur direkten Anwendbarkeit nicht mehr weit ist.

Hier ist allerdings ein gewichtiges Argument zu überwinden: Die Richtlinie unterscheidet sich von einer EG-Verordnung gerade dadurch, daß sie gem. Art. 189 III EWG-Vertrag anders als diese keine unmittelbare Gesetzeskraft besitzt, sondern nur eine an die nationalen Gesetzgeber gerichtete Verpflichtung ausspricht, entsprechende Regelungen zu erlassen. Diese gewollte Schwäche der Richtlinie kann allenfalls im Verhältnis zum Staat mit dem Argument des *Rechtsmißbrauchs* bzw. des *venire contra factum proprium*[84] überspielt werden: Der Staat, der eine Richtlinie gegen seine Pflichten aus dem EWG-Vertrag nicht oder nicht richtig umgesetzt hat, soll sich nicht zu seinem Vorteil auf den richtlinienwidrigen Zustand berufen dürfen. Diese Arglisteinrede kann jedoch einem an der Umsetzung einer Direktive unbeteiligten Marktbürger nicht entgegengehalten werden - das Ziel einer Sanktion des säumigen Gesetzgebers rechtfertigt keine Belastung privater Dritter[85].

(2421 f.); *Pescatore*, D. 1980 chron. 171 (175); *Toth*, in: The Oxford Encyclopaedia of European Community Law, Vol. I, 182.

78 EuGH Slg. 1986, 723 - Marshall/Southampton.

79 ABl.EG 1976 L 39/40.

80 EuGH Slg. 1984, 1921 (1942); EuGH NJW 1984, 2021 (2022).

81 Darauf weist zu Recht auch das OLG Celle, EuZW 1990, 550 (552) hin.

82 ABl.EG 1985 L 175/405.

83 So *Pernice*, NVwZ 1990, 414 (425 f.); *Winter*, NuR 1989, 197 (204); zweifelnd *Jarass*, NJW 1990, 2420 (2422).

84 *Pescatore*, D. 1980 chron. 171 (175); Generalanwalt *Mischo*, in: EuGH Slg. 1987, 3969 (3977) - Kolpinghuis Nijmegen.

85 *Herber*, EuZW 1991, 401 (402).

Aber unabhängig wie man zur inneren Schlüssigkeit der europarechtlichen Argumentation stehen mag, ist sie schon vom Ansatz her keine tragfähige Lösung für die hier interessierenden Fallkonstellationen.

Da es um eine Direktwirkung nicht in Deutschland, sondern in Spanien geht, hätte man erwarten können, daß sich die Gerichte Rechenschaft darüber ablegen, wie das Problem von der spanischen Rechtsprechung und Literatur gesehen wird. Darüber findet sich in den zitierten Entscheidungen kein Wort. Und dieses Schweigen spricht Bände: Anliegen der Gerichte war nicht, ein Urteil über die EWG-Vertrags-konforme Ausgestaltung des auf dem spanischen Markt geltenden Sachrechts zu fällen. Wer würde daran zweifeln, daß sie sich nicht auf das dünne Eis der horizontalen Direktwirkung begeben hätten, hätten sie, aufgrund welcher prozessualen Verknüpfung auch immer, über einen rein internen "spanischen" Kaufvertrag zwischen zwei in Spanien ansässigen Personen zu entscheiden gehabt, der nicht die geringsten Berührungspunkte mit Deutschland aufweist? Das Anstößige bei den hier zu beurteilenden Fällen liegt aus deutscher Sicht nicht darin, daß ein Spanier sich bei einem spanischen Geschäft nicht auf ein Widerrufsrecht berufen kann, sondern daß gezielt beworbene *deutsche* Urlauber beim Kauf deutscher, in Deutschland auszuliefernder Produkte nicht wie Käufer in Deutschland behandelt werden, die ihrerseits ein Widerrufsrecht haben. *Dieses* Problem hat aber mit der schleppenden Rechtsangleichung auf dem EG-Binnenmarkt und deren Überwindung mittels der Direktwirkung von Richtlinien nichts zu tun, sondern ist eine Frage der Definition des internationalen Anwendungsbereichs deutscher sachrechtlicher Regelungen: Gebietet es der eingeschränkte Auslandsbezug der fraglichen Vertragsverhältnisse, sie den für Inlandsgeschäfte geltenden Schutzbestimmungen zu unterstellen? Es geht also um eine *kollisionsrechtliche* Entscheidung, die mit kollisionsrechtlichen Mitteln zu fällen ist. Europarecht ist dafür kein tauglicher Ersatz. Bezeichnenderweise greift das OLG Celle[86] auch erst zum Strohhalm der EG-Richtlinie, nachdem sich aus seiner Sicht zuvor (fast) alle internationalprivatrechtlichen Lösungsmöglichkeiten als untauglich erwiesen haben - und weicht dann der naheliegenden Vorlage der Rechtsfrage an den EuGH nach Art. 177 II EWG-Vertrag mit der Begründung aus, das Widerrufsrecht könne jedenfalls auch über Art. 6 EGBGB durchgesetzt werden!

In der Konsequenz dieser Rechtsprechung läge es im übrigen, solchen Konsumenten ein Widerrufsrecht nicht zu gewähren, die sich im Rahmen von Freizeitveranstaltungen außerhalb des EG-Raumes zu Käufen verleiten lassen. Warum aber der Urlauber in einem türkischen Badeort weniger schutzbedürftig

86 OLG Celle, EuZW 1990, 550 = IPRax 1991, 334.

sein soll als derjenige auf Gran Canaria, dafür läßt sich wohl kaum eine Rechtfertigung finden.

Dieser kurze Überblick zeigt: Kaffeefahrten deutscher Urlauber an einem ausländischen Urlaubsort unter formularmäßiger Wahl des dort geltenden Rechts stellen ein aktuelles Problem dar, das weder mit Art. 27 III, 29 I, 31 II EGBGB, dem ordre public oder der Gesetzesumgehung, noch mit deutschem oder (hier) spanischem AGB-Recht, noch gar über das Europarecht in den Griff zu bekommen ist. Die Alternative ist also allein die: Kann in diesen Fällen über Art. 34 EGBGB Verbraucherschutz gewährt werden oder ist eine Analogie zu Art. 29 I Nr. 3 EGBGB möglich? Die Antworten auf beide Fragen hängen dabei, wie zu zeigen sein wird, eng zusammen.

B. Verbraucherschutz und Art. 34 EGBGB: Meinungsstand

Das Kollisionsrecht der Verbraucherverträge im allgemeinen und das Verhältnis von Art. 29 zu Art. 34 EGBGB im speziellen als "noch weithin im Fluß" zu bezeichnen, wie dies *Ebke* tut[1], erscheint hinsichtlich des letzteren Aspektes fast als eine höfliche Untertreibung.

Nach Art. 34 EGBGB sind inländische "Eingriffsnormen" auch dann anzuwenden, wenn der Vertrag ansonsten, z.B. aufgrund einer Rechtswahl, einem anderen Vertragsstatut unterliegt. In ähnlicher Weise setzt Art. 29 I EGBGB bestimmte (aber nicht nur inländische) Vorschriften unter bestimmten Voraussetzungen gegen das gewählte Recht durch. Ob sich beide Vorschriften berühren und wenn ja, wie eine Kollision aufzulösen ist, ist völlig offen. Es wird ein bunter Strauß an Meinungen vertreten, wobei die meisten Autoren allerdings die kontroverse Diskussion scheuen. Sie begnügen sich zumeist damit, ihre eigene Position darzulegen; abweichende Auffassungen werden ignoriert[2] oder in die Fußnoten verbannt[3] - auch dies ein Zeichen tiefgreifender Unsicherheit. Die wesentlichen Standpunkte sind dabei die folgenden:

- Art. 34 EGBGB hat mit Verbraucherschutz nichts zu tun, weil er keine Normen erfaßt, die einen gerechten Ausgleich der Parteiinteressen bewerkstelligen wollen[4]. Der Verbraucher kann sich gegenüber einer Rechtswahlklausel allein auf Art. 27 III und 29 I EGBGB berufen; helfen diese ihm nicht, so hilft ihm keiner.

- *V.Hoffmann* sieht es umgekehrt: *Alle* Normen, die dem Ausgleich typischer Ungleichgewichtslagen zwischen den Parteien dienen, stehen gerade deshalb einer Sonderanknüpfung über Art. 34 EGBGB offen; darunter fällt insbeson-

---

1 *Ebke*, in: Chr.v.Bar (Hrsg.), Europäisches Gemeinschaftsrecht und Internationales Privatrecht, 77 (97).

2 Z.B. *Basedow*, RabelsZ 52 (1988), 8 (18). *Schwarz* formuliert noch 1991 in seiner Monographie zu "Schutzkollisionen im internationalen Verbraucherschutz" lapidar und von jeglichem Zweifel unberührt: "Betroffen sind [von Art. 34 EGBGB] Regelungen des AGB-G, des Gesetzes über den Widerruf von Haustürgeschäften und ähnlichen Geschäften sowie des Abzahlungsgesetzes" (162).

3 Z.B. *Wolf*, ZHR 153 (1989), 300 (302); *Schubert*, RIW 1987, 729 (731).

4 *Wolf*, ZHR 153 (1989), 300 (302); *Schubert*, RIW 1987, 729 (731); *Sonnenberger*, FS Rebmann, 821 (823); im Ergebnis wohl auch *Chr.v.Bar*, IPR I, Rdn. 261 f.

dere der Verbraucherschutz[5]. Andere halten zumindest eine Überschneidung zwischen Konsumentenschutznormen und Eingriffsrecht für möglich[6]: "Die [Verbraucher- und arbeitsrechtlichen] Schutzvorschriften [sind] zwingendes Privatrecht, das nicht zu den Eingriffsnormen des Art. 34 EGBGB zu gehören braucht, wohl aber gehören kann"[7]. Wie die beiden Kategorien (eingriffsrechtliche/schlichte Schutznormen) abzugrenzen sind, bleibt im Dunkeln[8]. Während z.B. *E.Lorenz* meint, § 12 AGBG mache das gesamte AGBG zum Eingriffsrecht[9], zieht *Martiny* aus dieser Norm gerade den entgegengesetzten Schluß[10]. Unklar bleibt ferner, wie die Kollision von Art. 29 I und 34 EGBGB aufzulösen ist, wenn - als gemeinsamer Nenner - jedenfalls einige Schutzvorschriften in den Anwendungsbereich beider Normen fallen. *E.Lorenz* geht von einem grundsätzlichen Vorrang des Art. 34 EGBGB aus: Inländische Verbraucherschutzbestimmungen, die zugleich Eingriffsnormen sind, kommen über Art. 34 EGBGB zur Anwendung, ohne Rücksicht darauf, ob nach Art. 29 I EGBGB der Verbraucher sich möglicherweise auf ihm günstigere Normen des gewählten ausländischen Rechts bzw. seines ausländischen Heimatrechts berufen könnte[11].

> Allerdings sei dieser Grundsatz nicht ausnahmslos zu befolgen. Vielmehr sei anzunehmen, "daß auch inländische Eingriffsnormen - ausnahmsweise - durch günstigeres Recht des gewählten ausländischen Vertragsstatuts verdrängt werden, wenn sie ganz überwiegend dem Schutz des Verbrauchers ... dienen und wenn sie keinen unabdingbaren gesetzlichen Kom-

---

5 *v.Hoffmann*, IPRax 1989, 261 (266); wohl auch *Siehr*, RabelsZ 52 (1988), 41 (48); ähnliche Stimmen hört man auch im Ausland. So vermerkt *Lesguillons* in einem französischen Praktikerhandbuch zum internationalen Vertragsrecht unter der Rubrik "lois de police/lois d'application immédiate" kurz und bündig: "Les règles relatives à la protection du consommateur ne peuvent pas être écartés par la référence à une loi étrangère dans le contrat." (Lamy Contrats internationaux, div. 2 art. 41, 4°); s. auch *Batiffol/Lagarde*, D.i.p. I Tz. 257; II Tz. 576; *Reichelt*, IPRax 1988, 251 (252): "Der Konsumentenschutzgedanke ... erfüllt jedenfalls [!] die Anforderungen, die an die Eingriffsnormen gestellt werden."

6 *E.Lorenz*, RIW 1987, 569 (580); MüKo-*Martiny*, Art. 34 EGBGB Rdn. 16, 95; *Kropholler*, IPR, 20; *Coing*, WM 1981, 810 (811: Art. 7 EVÜ betrifft u.a. "zwingende Regelungen für Abzahlungsgeschäfte"); *Schwarz*, Schutzkollisionen, 162 (unter Art. 34 EGBGB fallen das AGBG, das HausTWG und das AbzG). Vgl. auch *Morse*, I.C.L.Q. 41 (1992), 1 (10).

7 MüKo-*Martiny*, Art. 34 EGBGB Rdn. 16.

8 Symptomatisch *Taupitz*, BB 1990, 642 (649): Im Zweifel sind Normen zum Schutz einer schwächeren Partei nicht international zwingend, es sei denn, es lasse sich dem Gesetz ausdrücklich oder über die Materialien (650) ein "internationaler Geltungswille" entnehmen. Kurz: Verbraucherschutznormen sind Eingriffsnormen, wenn sie Eingriffsnormen sind!

9 *E.Lorenz*, RIW 1987, 569 (580); ebenso *Taupitz*, BB 1990, 642 (650).

10 MüKo-*Martiny*, Art. 34 EGBGB Rdn. 95; ähnlich *Pocar*, Rec.des cours 188 (1984-V), 338 (400).

11 *E.Lorenz*, RIW 1987, 569 (580).

promiß zwischen den Interessen der typisch schwächeren und der typisch stärkeren Vertragspartei darstellen, also wenn der Gesetzgeber ... nicht sagen wollte: Bis hierher und nicht weiter"[12]. Kein Wort darüber, wie man dies feststellen soll, kein Wort auch darüber, warum die Ausnahme anscheinend nicht gelten soll, wenn gewähltes Vertragsstatut das deutsche Recht ist und sich ein ausländischer Verbraucher gegenüber deutschen Eingriffsnormen auf günstigere Bestimmungen seines Rechts berufen will.

Die wohl überwiegende Meinung versucht zu helfen, indem sie Art. 29 zur *lex specialis* gegenüber Art. 34 EGBGB erklärt. Selbst wenn Verbraucherschutzbestimmungen insgesamt oder teilweise "eigentlich" Eingriffsnormen seien, unterliege die Bestimmung ihres internationalen Geltungsanspruchs aber mit Art. 29 EGBGB einer Sonderbestimmung, in deren Anwendungsbereich Art. 34 EGBGB nicht zum Zuge komme[13]. Offen bleibt dabei aber die praktisch wichtige Folgefrage, ob diese Sondervorschrift dann, wenn ihre tatbestandlichen Voraussetzungen *nicht* vorliegen, den Rückgriff auf Art. 34 EGBGB versperrt[14] oder (unter bestimmten Voraussetzungen) zuläßt[15].

- Andere Wege will *Kohte* gehen[16]. Er will ein sogenanntes "bewegliches System"[17] in Art. 34 EGBGB integrieren. Dieser sei angesichts der (zu) detaillierten Gesetzeskasuistik des Art. 29 EGBGB das wichtigste Kontrollmittel im Dienste des Verbraucherschutzes. Normen zum Schutz des Schwächeren könnten dann Eingriffsnormen sein, wenn sie zumindest auch öffentliche Interessen verfolgten. Zur Anwendung des Art. 34 EGBGB reiche diese Feststellung allerdings nicht aus, vielmehr müsse in Anlehnung an Art. 6 EGBGB in einem zweiten Schritt das Gewicht der betroffenen öffentlichen Interessen in Verbindung gesetzt werden zur Intensität der jeweiligen Inlandsberührung. Je wichtiger der Normzweck für grundlegende ordnungspolitische Entscheidungen und sozialpolitische Steuerungen sei, desto geringer müsse der Inlandsbezug sein; umgekehrt könne ein starker Inlandsbezug auch ein weniger ausgeprägtes

---

12 *E.Lorenz*, RIW 1987, 569 (580).

13 Reithmann-Martiny(-*Reithmann*), Rdn. 302; MüKo-*Martiny*, Art. 34 EGBGB Rdn. 95; (implizit) *v.Hoffmann*, IPRax 1989, 261 (262 f.); Deutsche Denkschrift zum EVÜ, BRat-Drucks. 224/83, 28; *Lasok/Stone*, Conflict of Laws, 385 (zu Art. 5, 7 EVÜ); wohl auch *Schwarz*, Schutzkollisionen, 188.

14 So Deutsche Denkschrift zum EVÜ, BRat-Drucks. 224/83, 28.

15 So *v.Hoffmann*, IPRax 1989, 261 (264); *Kohte*, EuZW 1990, 150 (153); differenzierend *Grundmann*, IPRax 1992, 1 (2, 4): Sperrwirkung ja, wenn der von Art. 29 I EGBGB vorausgesetzte Bezug zum Recht des Verbrauchers nicht vorliegt; nein, wenn es um *sachlich* nicht von dieser Vorschrift erfaßte Verträge (z.B. nicht gebundene Finanzierungskredite) geht.

16 *Kohte*, EuZW 1990, 150 (153 ff.).

17 *Kohte*, EuZW 1990, 150 (153); trotz der Namensgleichheit hat dies nichts mit den grundlegenden systemtheoretischen Überlegungen von *Wilburg*, Recht als bewegliches System (1966), zu tun.

öffentliches Interesse ausgleichen. Das HausTWG beispielsweise greife über Art. 34 EGBGB bei den "spanischen Kaffeefahrten" ein, nicht aber beim Kauf eines orientalischen Teppichs im Basar von Istanbul[18].

- Der jüngste Vorschlag auf diesem Gebiet stammt von *Jayme*. Er meint, deutsche Verbraucherschutznormen über Art. 34 EGBGB durchsetzen zu können, wenn sie - wie das HausTWG - auf einer EG-Richtlinie beruhen und "es sich um einen Sachverhalt des Binnenmarktes" handelt. Aus der "europäischen Dimension" solcher zwingenden Rechtsregeln folge, daß sich die Parteien ihnen nicht durch die Wahl des Rechts eines EG-Staates entziehen können, der die Frist für die Umsetzung der Direktive nicht eingehalten hat[19].

Jayme selbst spricht hier von einer "mittelbaren horizontalen Wirkung von EG-Richtlinien"[20], und diese Formulierung verrät hinreichend, worum es geht: um die Umgehung des von *Jayme* mit der h.M. der Rechtsprechung des EuGH entnommenen Verbots einer horizontalen Direktwirkung[21]. Damit muß auch er sich die oben bereits erwähnten Argumente entgegenhalten lassen. Die Regelung von Rechtsbeziehungen zwischen Privaten darf nicht als Mittel zum Zweck der Disziplinierung von EG-Mitgliedsstaaten dienen, welche die an sie gerichteten Richtlinien nicht, nicht fristgerecht oder nicht vollständig umgesetzt haben[22].

Die Bandbreite der vertretenen Meinungen überrascht. Im Rahmen von Art. 34 EGBGB scheint alles erlaubt, "anything goes" die Devise. Sind Verbraucherschutzbestimmungen - so sie überhaupt eine geschlossene Gruppe bilden, was die meisten zu Unrecht stillschweigend voraussetzen[23] - nun nie oder immer auch Eingriffsnormen, oder sind es nur einige und wenn ja welche unter ihnen? Übt Art. 29 EGBGB eine Sperrwirkung auf Art. 34 EGBGB aus? Bedarf es zusätzlich eines "beweglichen Systems" oder eines europarechtlichen Hintergrundes?

Diese Unsicherheit über das Zusammenspiel von Verbraucherschutz und Art. 34 EGBGB beruht zum einen darauf, daß eine befriedigende Definition

---

18 *Kohte*, EuZW 1990, 150 (155); ablehnend zum "beweglichen System" *Coester-Waltjen*, FS. W.Lorenz, 297 (314 f.).

19 *Jayme*, IPRax 1990, 220 (222); zustimmend *Ebke*, in: Chr.v.Bar (Hrsg.), Europäisches Gemeinschaftsrecht und Internationales Privatrecht, 77 (101 f.); *Schwarz*, Schutzkollisionen, 203.

20 *Jayme*, IPRax 1990, 220 (222).

21 S.o. S. 122.

22 *Ebke*, in: Chr.v.Bar (Hrsg.), Europäisches Gemeinschaftsrecht und Internationales Privatrecht, 77 (100), zur Durchsetzung des HausTWG über den ordre public; warum er gleichwohl meint, sich dem Vorschlag *Jaymes* im Rahmen des Art. 34 EGBGB anschließen zu können, bleibt unklar.

23 Kritisch dazu bereits oben S. 43.

der Kategorie "Eingriffsnorm" bis heute Schwierigkeiten bereitet. Zum anderen aber, und das ist noch bedeutsamer, ist noch immer nicht hinreichend geklärt, ob und wenn ja in welcher Weise sich die Berücksichtigung von Eingriffsnormen vom "gewöhnlichen" kollisionsrechtlichen System, wie es auch dem Art. 29 I EGBGB zugrundeliegt, abhebt. Beiden Fragen soll im folgenden nachgegangen werden.

C. Die Lehre von den Eingriffsnormen

I. Zweites kollisionsrechtliches System: "Wirtschaftskollisionsrecht"

Die Literatur zu den Eingriffsnormen füllt Bände[1], handelt es sich doch für viele um "the last frontier of Conflicts Law"[2]. Das eigentliche "Schlachtfeld der Meinungen"[3] bildet mittlerweile allerdings die Frage der Berücksichtigung von *drittstaatlichen* Eingriffsnormen, also solchen, die weder der *lex fori* noch der *lex causae* angehören. Hier ist man von einem Konsens noch weit entfernt[4]. Daß das Forum hingegen eigene Normen "regelwidrig" gegen das Vertragsstatut durchsetzen kann, erscheint im Ergebnis allgemein als selbstverständlich[5]; so selbstverständlich, daß Art. 7 II EVÜ (= Art. 34 EGBGB), als er 1977 während der Beratungen zum EVÜ in den damaligen Entwurf eingefügt wurde, von allen Delegationen einhellig als bloße *Klarstellung* und nicht eigentlich als eine Neuregelung angesehen wurde; dem internationalen Geltungswillen der Normen seines eigenen Landes habe der Richter selbstverständlich ohne die Wertungsmöglichkeiten zu folgen, die ihm Art. 7 I EVÜ hinsichtlich drittstaatlicher Eingriffsnormen eröffne[6]. Über die theoretischen Grundlagen des Art. 34 EGBGB macht man sich heute deshalb nur noch wenig Gedanken. Man bemerkt etwa lapidar, daß "jeder Staat ... - in den Grenzen des Völkerrechts - frei [ist], bestimmte Normen für international zwingend zu erklären"[7]. Und in der Tat, eines ist sicher: Schafft der Gesetzgeber ausdrücklich

---

1 Umfangreiche Nachweise bei MüKo-*Martiny*, Art. 34 vor Rdn. 1; *Schurig*, in: Holl/Klinke, Internationales Privatrecht, Internationales Wirtschaftsrecht, 55 Fn. 1); *ders.*, RabelsZ 54 (1990), 217 (218 Fn. 3); aus neuester Zeit: *Anderegg*, Ausländische Eingriffsnormen im internationalen Vertragsrecht (1989); *Kaffanke*, Nationales Wirtschaftsrecht und internationale Wirtschaftsordnung (1990); *Schnyder*, Wirtschaftskollisionsrecht (1990), *Veelken*, Interessenabwägung im Wirtschaftskollisionsrecht (1988).

2 *Junker*, JZ 1991, 699.

3 *Schurig*, RabelsZ 54 (1990), 217 (239).

4 Zum Meinungsstand *Radtke*, ZvglRWiss 84 (1985), 325 (333 ff.).

5 So ausdrücklich *Heini*, FS Moser, 67 (73).

6 Dok. III/749/77-D, 7.

7 *Kropholler*, IPR, 417; *Morse*, Yb.Eur.L. 2 (1982), 107 (144) hält weitergehend die Berücksichtigung eigener Eingriffsnormen gegen anderslautende allgemeine Kollisionsnormen für eine Tatsache "which cannot as a matter of constitutional propriety be eroded by a choice of law convention even within the EEC." Mit Recht kritisch zu dieser Überhöhung *Kleinschmidt*, Anwendbarkeit zwingenden Rechts im internationalen Vertragsrecht, 275.

spezielle Kollisionsnormen wie z.B. in Deutschland §§ 61 BörsG n.F., 98 GWB, 12 AGBG oder 11 FernUSG, so sind diese ebenso zu respektieren und anzuwenden wie die Vorschriften des EGBGB. "Internationales" Privatrecht ist nationales Recht und steht als solches zur Disposition des nationalen Gesetzgebers[8]. Verpflichtet er sich in einem Staatsvertrag wie dem EVÜ zur Schaffung bestimmter Kollisionsnormen, könnte man davon abweichende Regeln allenfalls als völkerrechtswidrig brandmarken - dies aber verhindert hier Art. 7 II EVÜ, der nationale Alleingänge ausdrücklich vorbehält[9].

Schwieriger jedoch wird es, wenn wie so häufig eine explizite gesetzliche Regelung des internationalen Anwendungsbereichs fehlt und der Richter rechtsfortbildend oder -schöpferisch anstelle des Gesetzgebers entscheiden muß, ob und unter welchen Voraussetzungen bestimmte materielle Rechtssätze der *lex fori* angewandt werden sollen, obwohl die *lex causae* eine andere ist. Hier kommt man nicht umhin, sich Rechenschaft darüber abzulegen, welche Maßstäbe bei dieser Entscheidung anzulegen sind.

Betrachtet man die Argumentationsmuster der h.M., so erscheint Art. 34 EGBGB im speziellen und die Lehre von den Eingriffsnormen im allgemeinen als letztes Refugium der sogenannten "politischen Schule"[10] im IPR, die, von den Vereinigten Staaten ausgehend, in den sechziger und siebziger Jahren in Europa Furore gemacht hat und in Deutschland vor allem mit den Namen *Joerges* und *Wiethölter* verbunden ist[11]. Sie beobachteten einen "Funktionswandel" des Privatrechts von einem die Freiheitsspielräume des einzelnen i.S. eines (allein) privaten Interessenschutzes abgrenzenden hin zu einem wirtschafts- und sozial*gestaltenden* Privatrecht, das einer "materialen" Gerechtigkeit verpflichtet ist. Das soll sich nun auch auf das IPR auswirken: Es hat nicht (mehr) die Aufgabe, einen privaten Interessenausgleich zu finden, sondern "die Kollision der Interessen zweier oder mehrerer Staaten an der Durchsetzung ihrer

---

8 Zum früheren Streit zwischen "Nationalisten/Autonomisten" und "Internationalisten/Universalisten" s. *Schurig*, Kollisionsnorm und Sachrecht, 121 ff.

9 Deshalb ist auch *Schlosser*, FS Steindorff, 1379 (1388) nicht zuzustimmen, der die in der Tat *rechtspolitisch* bedenkliche Vorschrift des § 61 BörsG wegen der Diskrepanz zu Art. 5 IV b EVÜ (= Art. 29 IV 2 EGBGB) insoweit für völkerrechtswidrig hält, als sie auch Geschäfte an ausländischen Börsen erfaßt.

10 *Rehbinder*, JZ 1973, 151.

11 *Wiethölter*, BerDGesVR 7 (1967), 133 (155 ff.), *ders.*, DVBl. 1967, 465; *Joerges*, Zum Funktionswandel des Kollisionsrechts (1971); *ders.*, RabelsZ 36 (1972), 421; *ders.*, RabelsZ 43 (1979), 6; wichtige Vorarbeit dazu von *Vogel*, Der räumliche Anwendungsbereich der Verwaltungsrechtsnorm (1965). *Rechtstechnisch* sind die Wurzeln der Vorschrift allerdings älter. Über eine Sonderanknüpfung zwingenden Rechts wird seit den Arbeiten von *Wengler*, ZvglRWiss 54 (1941), 168, und *Zweigert*, RabelsZ 14 (1942), 283, nachgedacht.

Sozialordnung gegenüber Sachverhalten mit Auslandsberührung"[12] zu lösen, ein Gedanke, den bereits zuvor in ähnlicher Weise in Amerika *Currie* mit seiner "governmental-interests-analysis"[13] entwickelt hatte. Daraus leitet sich für die Methode des IPR die konkrete Folgerung ab, die Savignysche Fragestellung "vom Sachverhalt her" durchgängig aufzugeben und stattdessen den statutistischen Ansatz "beim Gesetz" neu zu beleben[14]. Die Rechtsanwendungsentscheidung müsse durch die regulativen Zweck und Funktionen der kollidierenden Sachnormen bestimmt werden[15].

Diese Lehre hat sich insgesamt nicht durchsetzen können, wie nicht zuletzt das durchaus klassischen Denkmustern verhaftete EVÜ und das neue EGBGB zeigen[16]. Dennoch hat sie Spuren hinterlassen. Zwar will man einerseits das "klassische" Privatrecht weiterhin den "klassischen" allseitigen Kollisionsnormen überlassen, weil und soweit dessen Veränderungen im Laufe der Zeit sich noch als privatrechtsimmanente Entwicklungen begreifen lassen[17]: Streitigkeiten über Gewährleistung, Schadensersatz oder Verjährung aus einem Vertragsverhältnis stellen sich heute nicht wesentlich anders dar als zu Zeiten *Savignys*[18]. Anderes soll aber gelten für Normen, die in besonderer Weise das staatliche Interesse an "bewußter Sozialgestaltung"[19] reflektieren. *Hier* wird nun auf das zurückgegriffen, was die "politische Schule" allgemein behauptet hatte. Das herkömmliche kollisionsrechtliche System, das "wertblind" und "apolitisch" alle Rechtsordnungen gleich behandele, das bestrebt sei, ein Rechtsverhältnis in seiner Gesamtheit einer Rechtsordnung zur umfassenden und alleinigen Klärung zuzuweisen[20], sei für solche speziellen Normen ungeeignet. Es müsse vielmehr insoweit beim jeweiligen materiellen Gesetz selber angesetzt werden, dessen internationaler Anwendungsbereich auf seinem internationalen Anwendungs- oder Geltungs*willen*[21] beruhe, der wiederum ohne

---

12 *Rehbinder*, JZ 1973, 151.

13 Insbes. *Currie*, Selected Essays; *ders.*, Colum.L.Rev. 63 (1963), 1233 (1242 ff.), *ders.*, Law & Cont.Prob. 28 (1963), 754.

14 *Joerges*, RabelsZ 36 (1972), 421 (467 f.).

15 Vgl. *Rehbinder*, JZ 1973, 151 (155).

16 Zu den Reaktionen auf die "politische Schule" z.B. *Neuhaus*, RabelsZ 35 (1971) 401 (403, 414 ff.); *E.Lorenz*, Zur Struktur des IPR, 22 ff.; MüKo-*Sonnenberger*, Einl. IPR Rdn. 25 ff.

17 *Rehbinder*, JZ 1973, 151 (154) m.w.N.

18 *Basedow*, RabelsZ 52 (1988), 8 (20).

19 *Rehbinder*, JZ 1973, 151 (155). *Basedow*, RabelsZ 52 (1988), 8 (17) spricht von den "neuen Spielregeln der Privatrechtsgesellschaft".

20 Vgl. *Heini*, ZSchweizR 1981, 65, (77 f., 82 f.).

21 Vgl. *Coester*, ZvglRWiss 82 (1983), 1 (9).

Umweg über althergebrachte allseitige Kollisionsnormen dem *regulativen Sachzweck* zu entnehmen sei[22]. Anknüpfungsmomente im traditionellen Sinne spielen in diesem Konzept eine eher untergeordnete Rolle, vorgezogen wird von vielen das äußerst dehnbare Kriterium der "engen Verbindung" (vgl. Art. 7 I EVÜ), dessen Konkretisierung für den Einzelfall nicht unerhebliche Schwierigkeiten bereitet[23], andere reden einer Verallgemeinerung des "Auswirkungsprinzips" aus § 98 II 1 GWB das Wort[24], wieder andere verzichten ganz auf die Umschreibung einer etwa erforderlichen räumlichen Beziehung zwischen "Eingriffsstaat" und "Eingriffsobjekt"[25]. Kurz: Das überkommene Kollisionsrecht wird nicht ganz abgeschafft, ihm wird nur ein zweites kollisionsrechtliches System zur Seite gestellt[26]. Dieses Kind muß natürlich auch einen eigenen Namen bekommen; zum "Internationalen Privatrecht" gesellt sich das "Internationale Wirtschaftsrecht" bzw. "Wirtschaftskollisionsrecht"[27].

Vernachläßigt werden kann hier die gelegentlich im Ausland zu hörenden Auffassung, Eingriffsnormen der lex fori stünden als "lois d'application *immédiate*" außerhalb jeglicher kollisionsrechtlicher Überlegungen[28]. Diese Meinung hat in Deutschland zu Recht keine Anhänger gefunden. Jede Entscheidung über den internationalen Anwendungsbereich einer Norm beruht auf kollisionsrechtlichen Erwägungen, mag man den Maßstab dafür auch statt in einer eigenständigen Kollisionsnorm in der Sachnorm selber suchen[29]. Auch *Francescakis*, der Begründer der Lehre von den "lois d'application immédiate" hat sie im übrigen nicht in dem Sinne verstanden, der ihr später beigelegt wurde: "Nos lois [d'application im-

---

22 S. nur *Kropholler*, IPR, 417; *Rehbinder*, JZ 1973, 151 (152). Markant *Siehr*, RabelsZ 52 (1988), 41 (48 Fn. 30), der lapidar meint, das HausTWG gelte "nach seinem Sinn und Zweck für jedes Haustürgeschäft, das ... im Inland abgeschlossen wird." *Warum* sich dies aus dem Sinn und Zweck ergeben soll, bleibt ebenso zweifelhaft wie die daraus zu ziehende Folgerung, daß offenbar gegen die Intention des Art. 29 I Nr. 3 EGBGB der deutschen Verbraucher bei grenzüberschreitenden Kaffeefahrten den Schutz des HausTWG entbehren muß.

23 S. z.B. MüKo-*Martiny*, Art. 34 EGBGB Rdn. 100 ff.

24 *Basedow*, RabelsZ 52 (1988), 8 (24).

25 Z.B. *Kreuzer*, Ausländisches Wirtschaftsrecht, 96.

26 Deutlich *Basedow*, RabelsZ 52 (1988), 8 (9 f.). Häufig wird beruhigend auch nur von "Methodendualismus" und "Zweipoligkeit" gesprochen (*Kropholler*, IPR 20), doch trifft dies nicht den Kern der Sache. Zwar mögen sich bei der besonderen Behandlung *eigener* Eingriffsnormen System- oder bloßer Methodenpluralismus nicht klar trennen lassen. Anders jedoch, wenn man, wie die meisten Autoren, die obigen Gedanken auch auf fremde Eingriffsnormen anwendet; dann beinhaltet der Ansatz beim (fremden) Anwendungswillen den Übergang zu einem *unilateralistischen* und damit normativ anders strukturierten System, vgl. *Schurig*, RabelsZ 54 (1990), 217 (237) m.w.N.

27 Z.B. *Basedow*, RabelsZ 52 (1988), 8; *Drobnig*, RabelsZ 52 (1988), 1; *Schubert*, RIW 1987, 729; *Schnyder*, Wirtschaftskollisionsrecht, passim.

28 Z.B. *Lesguillons*, in: Lamy Contrats Internationaux, div. 2 art. 36: "Les juges vont directement au fond du droit *sans passer par une régle de conflit*" (Hervorhebung hinzugefügt).

29 Vgl *Kegel*, GS Ehrenzweig, 55 (69 f.).

médiate] sont soumises, en effet, bel et bien à des règles de conflit et ne sont «immédiates» que par rapport au type de règles de conflits de lois considéré comme universel par la doctrine contemporaine"[30].

II. Definition der Eingriffsnormen

1. Öffentliches/privates Interesse

Will man zwei Systeme nebeneinander etablieren, muß man zwangsläufig die Grenze zwischen beiden genau bestimmen. Welches sind die "politischen Normen", die Eingriffsnormen, die dem internationalen Wirtschaftsrecht vorbehalten bleiben und dem IPR entzogen werden sollen? *Heinis* Aussage, "[i]hre Identifizierung dürfte i.d.R. keine Schwierigkeiten bereiten"[31], spiegelt mehr Wunsch denn Wirklichkeit wider. Art. 34 EGBGB selbst ist keine Hilfe, da er nur die legislatorische Anerkennung des Faktums darstellt, *daß* es materiellrechtliche Bestimmungen gibt, die nicht den Kollisionsnormen der Art. 27 ff. EGBGB unterliegen; *welche* das sind, sagt er nicht. Die Definitionsversuche in der Literatur bleiben ihrerseits merkwürdig ambivalent. Die noch einigermaßen klare und handhabbare Unterscheidung der Normen nach ihrem öffentlichrechtlichen/privatrechtlichen Charakter wird heute wohl allgemein abgelehnt, weil einerseits die Differenzierung historisch zufällig entstanden sei und man es andererseits häufig mit Normen in einer Grauzone zwischen beiden Bereichen zu tun habe[32].

Vorgezogen wird daher zumeist eine Abgrenzung anhand der (angeblichen) Dichotomie zwischen öffentlichem und privatem *Interesse*. Normen, die öffentlichen Interessen dienen, seien sonderanzuknüpfen, Vorschriften im privaten Interesse nicht[33]. Ketzerisch könnte man zunächst einwenden: Gesetze enthalten durchweg generelle und abstrakte Regelungen[34], die einen unbestimmten Personenkreis betreffen. Dementsprechend nimmt der Gesetzgeber, der tätig wird, i.d.R. für sich in Anspruch, Kollektivbelangen zu dienen. Kaum irgend-

---

30 *Francescakis*, Rev.crit. 55 (1966), 1 (9).

31 *Heini*, FS Moser, 67 (73, zu Art. 17 schweiz. IPRG).

32 Vgl. *Radtke*, ZvglRWiss 84 (1985), 325 (328); MüKo-*Martiny*, Art. 34 EGBGB Rdn. 11; Staudinger-*Firsching*, vor Art. 12 EGBGB Rdn. 381; anders aber *Gamillscheg*, ZfA 1983, 307 (345).

33 Z.B. Müko-*Martiny*, Art. 34 EGBGB Rdn. 12 m.w.N.; *Radtke*, ZvglRWiss 84 (1985), 325 (328); *Neuhaus*, IPR, 33; *Schubert*, RIW 1987, 729 (731); BAG IPRax 1991, 407 (411).

34 Ausnahme: Maßnahme- und Einzelfallgesetze.

ein Gesetz wird nicht auf (vermeintlichen) Gründen des öffentlichen Wohls beruhen[35], denn dieses ist gleichsam das Substrat aus der Abwägung verschiedener privater Interessen.

Die Verfechter des "Internationalen Wirtschaftsrechts" verwenden den Begriff des öffentlichen Interesses allerdings wohl in einem anderen Sinne. Gemeint ist die *Stoßrichtung* des Gesetzes[36]; Gemeinwohlinteressen in diesem Sinne werden verwirklicht von Normen mit staats- und wirtschaftspolitischer Zielsetzung, die meisten fügen auch noch sozialpolitische Vorschriften hinzu[37]. Es soll sich hier um Vorschriften handeln, die "exogen"[38], ohne Rücksicht auf den Parteiwillen in den Vertrag regelnd eingreifen[39], im Dienste einer "wirtschaftslenkenden Funktion im makroökonomischen Sinne"[40]. Aber läßt sich dies wirklich säuberlich trennen von solchen Normen, die "nur" das Vertragsgleichgewicht erhalten und Individualbelange schützen[41]?

Gerade das hier interessierende Verbraucherschutzrecht vermag trefflich zu illustrieren, daß eine akkurate Grenzziehung eine Schimäre ist. Die oben wiedergegebenen Formulierungen vermögen die schwammigen Konturen der Abgrenzungsversuche nicht zu verbergen. Und so verwundert es nicht, wenn verschiedene Autoren vom gleichen Ausgangspunkt aus konträre Ergebnisse begründen.

Denn man kann mit den einen behaupten, der Verbraucherschutz diene dem besonderen Schutz einer Vertragspartei bei typischerweise vermuteten Ungleichgewichtslagen. Also stehe der gerechte private Interessenausgleich im Vordergrund, womit es sich nicht um Eingriffsrecht handeln könne[42]. Andererseits: Verbraucherschutz ist ein Verfassungsauftrag, der sich aus dem Sozial-

---

35 Was schon *Kahn*, JherJb 39 (1898), 4 (61), der Lehre von den ordre-public-Gesetzen vorhielt. Daher ja auch die bekannte Schwierigkeit, bei "legislativem Unrecht" den Betroffenen ein Amtshaftungsanspruch aus § 839 BGB i.V.m. Art. 34 GG zu gewähren: Der Gesetzgeber erfüllt regelmäßig Pflichten gegenüber der Allgemeinheit, nicht gegenüber einzelnen Privatpersonen, s. letztens BGH NJW 1989, 101 - Waldsterben - m.w.N.

36 Vgl. MüKo-*Martiny*, Art. 34 EGBGB Rdn. 12.

37 Vgl. Staudinger-*Firsching*, vor Art. 12 EGBGB Rdn. 381; *Schubert*, RIW 1987, 729 (731); *Wolf*, ZHR 153 (1989), 300 (302); *Schnyder*, Wirtschaftskollisionsrecht, Rdn. 10, 13; auf Staatsinteressen beschränkend *Radtke*, ZvglRWiss 84 (1985), 325.

38 *Kroeger*, Der Schutz der "marktschwächeren" Partei, 86, 97.

39 *Wolf*, ZHR 153 (1989), 300 (302).

40 *Kroeger*, Der Schutz der "marktschwächeren" Partei, 86.

41 MüKo-*Martiny*, Art. 34 EGBGB Rdn. 12.

42 So z.B. *Wolf*, ZHR 153 (1989), 300 (302); *Schubert*, RIW 1987, 729 (731 Fn. 30).

staatsprinzip des Art. 20 I GG ableitet[43]. Nicht nur der einzelne soll geschützt, sondern der Gruppe der Verbraucher insgesamt eine gerechte Teilnahme am Wirtschaftsprozeß gesichert werden[44]. Geht es damit nicht um Sozialpolitik, also doch um Eingriffsnormen[45]? Einige wollen, vielleicht deshalb, die "sozialpolitische" Zielsetzung aus der Definition für Eingriffsrecht streichen[46]. Aber auch mit den Begriffen "Staats- und Wirtschaftspolitik" läßt sich jonglieren und spielend das eine wie das andere Ergebnis begründen. "Klassische" Wirtschaftspolitik, die aus "makroökonomischen" Gründen in das Vertragsverhältnis eingreift, liegt z.B. Bestimmungen des Währungs- und Devisenrechts oder Normen des Außenwirtschaftsrechts[47] zugrunde, die vom konkreten Schuldverhältnis losgelöste Interessen verfolgen. Dem könnte man zwingende Vorschriften zum Schutz des Verbrauchers gegenüberstellen, die ihrerseits gerade zum Zwecke des vertragsinternen Ausgleichs den Parteien "endogene"[48] Beschränkungen der Vertragsfreiheit auferlegen[49].

Die Unterscheidung hört sich plausibel an, scheitert in ihrer praktischen Anwendung aber schon an § 9 AGBG, auf den ersten Blick sicher eine Vorschrift, die die Interessen der Gegenseite des anderen Vertragsteils schützt und keine öffentlichen Anliegen verfolgt[50]. Schaut man näher hin, entstehen aber Zweifel an der Berechtigung dieser Klassifizierung. Denn z.B. für das aus § 9 AGBG entwickelte "Transparenzgebot"[51] wird zu Recht darauf hingewiesen, daß hiermit das AGBG in den Dienst wirtschaftsrechtlicher Zwecke gestellt wird: Es sorgt für bessere Markttransparenz und erlangt damit über den Schutz des einzelnen betroffenen Kunden hinaus eine im *öffentlichen* Interesse liegende *marktpolitische* Funktion; es wird zum Instrument der Kompensation von Marktversagen auf dem Gebiet des Konditionenwettbewerbs[52]. In gleicher

---

43 Vgl. *Degenhart*, Staatsrecht I, Rdn. 355; *Zacher*, in: Handbuch des Staatsrechts I, § 25 Rdn. 34 m.w.N.; zweifelnd *Stober*, FS Lukes, 591 (604); dort auch andere verfassungsrechtliche Grundlegung des Verbraucherschutzes.

44 S. *Stober*, FS Lukes, 591 (594).

45 So im Ergebnis denn auch *Kohte*, EuZW 1990, 151 (154) für das HausTWG.

46 Z.B. MüKo-*Sonnenberger*, Einl. IPR Rdn. 42 f.,48.

47 S. statt aller Staudinger-*Firsching*, vor Art. 12 Rdn. 385 ff.

48 *Kroeger*, Der Schutz der "marktschwächeren" Partei, 98.

49 *Radtke*, ZvglRWiss 84 (1985), 325 (328).

50 So *Wolf*, ZHR 153 (1989), 300 (302).

51 Vgl. aus neuerer Zeit BGH NJW 1989, 222 = ZIP 1988, 1530 - Hypothekenzinsurteil; BGH NJW 1989, 582 = ZIP 1989, 154 - Wertstellungsurteil; kritische Analyse der Rechtsprechung zum Transparenzgebot bei *Wagner-Wieduwilt*, WM 1989, 37 (38 ff.).

52 *Köndgen*, NJW 1989, 943 (946 ff.); ähnlich *Reifner*, NJW 1989, 952 (958 f.); zustimmend Ulmer-Brandner-Hensen(-*Ulmer*), Einl. Rdn. 38.

Weise kann man auch mit Blick auf § 4 VerbrKrG argumentieren, der umfangreiche Angaben in Kreditverträgen vorschreibt[53]. Und schließlich dient selbst das HausTWG nicht nur der Bekämpfung des individuellen "Überrumplungseffekts" bei Geschäften an der Haustür und ähnlichen Transaktionen. Ein wesentlicher Aspekt ist auch, daß der Verbraucher hier vom *Vergleichsmarkt* ausgeschlossen ist[54]. Ihm fehlt jegliche Möglichkeit, die angebotene Ware oder Dienstleistung an anderen sowohl in preislicher als auch in qualitativer Hinsicht zu messen. Schutz privater Interessen und wirtschafts-, genauer wettbewerbspolitische Marktkompensation sind also auch in diesen Normen vereint.

Das führt zu einer Erkenntnis, die über die genannten Gesetze hinausgeht. Zwingende Vorschriften, die in Austauschverträge hineinwirken und die Parteiautonomie beschneiden, haben häufig eine *Doppelfunktion*[55]. Geschützt werden zum einen die Interessen der schwächeren Vertragspartei. Aber *daß* sie geschützt werden müssen, beruht auf einem Marktversagen, womit zum anderen diesen Normen auch eine marktlenkende, also wirtschaftspolitische Komponente zu eigen ist. Die "Konsumentensouveränität"[56], die ein funktionierender Wettbewerb garantieren soll, der tatsächlich bestehende Wettbewerb wegen des strukturellen Machtgefälles zwischen den Marktteilnehmern aber nicht gewährleisten kann, wird (u.a.) durch kompensatorische Eingriffe in den Einzelvertrag angestrebt. Das heißt: Die "Mikrofunktion" des Vertrages[57] als rechtliches Verkehrsmedium der Marktordnung ist von deren makroökonomischer Steuerung nicht zu trennen.

Für die hier interessierende Frage folgt daraus: Die gekünstelte Gegenüberstellung von privaten und öffentlichen Interessen ist nicht tragfähig[58]. In einem weiten Bereich kann man aus materiellen Vorschriften beides herauslesen - oder zumindest hineinlegen. Es genügt dann, eine von beiden Komponenten zu betonen, um zum gewünschten Ergebnis zu gelangen.

Wie weit man das Spiel mit den Interessen treiben kann, zeigen exemplarisch *Schubert* und *Anderegg*. *Schubert* will Vorschriften zum Schutz des (Wohnungs-)Mieters nicht als Eingriffsnormen berücksichtigen, da hier der ge-

---

53 Vgl. auch Ulmer-Brandner-Hensen(-*Ulmer*), Einl. Rdn. 38, der das alte AbzG in den Kreis der marktpolitischen Normen einbezieht.

54 *Teske*, ZIP 1986, 624 (626) m.w.N.

55 Vgl. *Steindorff*, in: New Directions in International Trade Law I, 87 (88 f.).

56 Zu diesem wettbewerbstheoretischen Leitbild neuestens *Hart/Köck*, ZRP 1991, 61.

57 *Kreuzer*, Ausländisches Wirtschaftsrecht, 83.

58 Ähnlich MüKo-*Sonnenberger*, Einl. IPR Rdn. 44.

rechte Interessenausgleich zwischen den Parteien im Vordergrund stehe[59]. Damit reißt er eine empfindliche Schutzlücke auf: Soziales Wohnungsmietrecht kann nach dem EGBGB gegen eine abweichende Rechtswahl außerhalb des Art. 27 III EGBGB (also z.B. bei einem im Ausland ansässigen Vermieter) allenfalls über Art. 34 EGBGB durchgesetzt werden, da Art. 29 EGBGB die Immobiliarmiete nicht erfaßt[60]. Dem betroffenen Mieter wird es im Vergleich zur Situation des Verbrauchers wenig einleuchten, daß Vorschriften, die ihm Schutz gewähren sollen, gerade aus diesem Grund nicht anwendbar sein sollen!

Anderegg ihrerseits hilft dem Mieter, indem sie vom gleichen Ausgangspunkt wie *Schubert* zum gegenteiligen Ergebnis gelangt[61]. Auch sie will die Trennlinie zwischen allgemeinem Kollisionsrecht und der Sonderanknüpfung von Eingriffsnormen nach den jeweils verfolgten Privat- oder Gemeininteressen ziehen. Um Vorschriften mit einer Doppelfunktion auszuschließen, präzisiert sie dies dahingehend, daß Eingriffsnormen nur solche Bestimmungen seien, deren Einwirkung auf die Rechte und Pflichten der Parteien *ausschließlich* das Mittel eines von Parteiinteressen unabhängigen staatlichen Zweckes bildet[62]. Auf dieser Basis kommt sie nun zu dem überraschenden Ergebnis, daß das MHG mit seiner Beschränkung von Mietzinssteigerungen (§§ 2-5 MHG) und dem Verbot der Kündigung zum Zwecke der Vereinbarung eines höheren Preises mit dem Nachmieter (§ 1 S. 1 MHG) Eingriffsrecht darstellt, weil sie "allein [!] dem Interesse der Allgemeinheit an der Verhinderung von Wohnungsnot mit ihren Folgeerscheinungen [dienen]; die Begünstigung des einzelnen Mieters resultiert aus der staatlichen Zweckverfolgung und nicht aus der Korrektur einer Überlegenheit des Vermieters"[63]! Nicht nur die Spezialliteratur ist da anderer Meinung[64]. Anders sieht auch sie selbst das entsprechende Problem im Arbeitsrecht. Hier "kann es als Teil des innervertraglichen Interessenausgleichs angesehen werden, wenn der Arbeitnehmer nur aus bestimmten

---

59 *Schubert*, RIW 1987, 729 (731 Fn. 30); a.A. z.B. Palandt-*Heldrich*, Art. 34 EGBGB Rdn. 3; Deutsche Denkschrift zum EVÜ, BRat-Drucks. 224/83, 28; Reithmann-Martiny(-*Reithmann*) Rdn. 284.

60 Palandt-*Heldrich*, Art. 29 EGBGB Rdn. 2; Reithmann-Martiny(-*Martiny*) Rdn. 437.

61 *Anderegg*, Ausländische Eingriffsnormen, 94 f.

62 *Anderegg*, Ausländische Eingriffsnormen, 87, 199.

63 *Anderegg*, Ausländische Eingriffsnormen, 94 f.

64 S. nur Schmidt-Futterer/*Blank*, Rdn. A 1 f.; MüKo-*Voelskow*, Anh. zu § 564 c BGB Rdn. 3, die den Schutz des Mieters vor dem Verlust des Mittelpunkts seiner privaten Existenz herausstellen. Berechtigte Zweifel an der von *Anderegg* stillschweigend vorausgesetzten Prämisse, daß individueller Mieterschutz gemeinwirtschaftliche Wohnungsnot verhindert, bei *Zöllner*, JuS 1988, 329 (336) m.w.N.

sachlichen Gründen entlassen werden darf"[65]! Warum der Staat an der Vermeidung von Wohnungsnot so interessiert ist, daß der Schutz des individuellen Mieters nur einen unbeachtlichen "Reflex" darstellt, gleiches aber nicht für den Verlust des Arbeitsplatzes gelten soll, bleibt unerfindlich.

Es zeigt sich überdeutlich, daß die Formel vom "öffentlichen Interesse" nur als Schlagwort eingesetzt wird, um bestimmte als sachgerecht empfundene Ergebnisse zu rechtfertigen, sie aber selber nicht den alleinigen Maßstab für die Sachgerechtigkeit zu liefern vermag.

So kann der von *Anderegg* gefundenen Differenzierung im Ergebnis durchaus zugestimmt werden. Nur beruht das nicht auf einem unterschiedlichen Grad an staatlichem Interessen, sondern auf der schlichten Erkenntnis, daß der arbeitsrechtliche Kündigungsschutz von Art. 30 EGBGB erfaßt wird, also der Umweg über Art. 34 EGBGB nicht erforderlich ist[66], während eine Spezialvorschrift für den Mieterschutz nicht existiert.

Nicht zu Unrecht warnt *Sonnenberger* vor der Gefahr einer schleichenden Unterstellung öffentlicher Zwecke[67]. Wenn nur das Gemeinwohlinteresse den Weg zu Art. 34 EGBGB eröffnet, ist die Versuchung groß, ein solches in geeigneten Fällen einfach zu behaupten. Ob Verbraucherschutz- oder anderes Privatrecht Eingriffsrecht darstellt, wird zu einer Frage des richtigen Vokabulars, des richtigen Stichworts am richtigen Platz. Nicht zuletzt fördert eine so dehnbare Werteskala auch die Tendenz, infolge tagespolitischer Überakzentuierung neuere staatliche Rechtssätze als unverzichtbare Grundsatzentscheidungen festzuschreiben[68], während ältere Eingriffe nur deshalb nicht als solche empfunden werden, weil man sich an sie bereits gewöhnt hat[69].

Eine Abgrenzung der Eingriffsnormen vom übrigen Privatrecht anhand des verfolgten öffentlichen oder privaten Interesses ist nicht durchführbar[70].

Einen (unfreiwilligen) Beleg dafür liefert die jüngste Arbeit zum "Wirtschaftskollisionsrecht" von *Schnyder*. In dieser umfangreichen Monographie vermag der Autor zu den Verbraucher- und Arbeitnehmerschutzvorschriften nur mitzuteilen, daß es sich hier um einen "Graubereich" handle, in dem man es mit "besonderen Abgrenzungsschwierigkeiten" zu tun

---

65 *Anderegg*, Ausländische Eingriffsnormen, 94.

66 S. jetzt auch BAG IPRax 1991, 407 (411): Das KüSchG ist kein Eingriffsrecht i.S.d. Art. 34 EGBGB.

67 MüKo-*Sonnenberger*, Einl. IPR Rdn. 40.

68 Vgl. *Sonnenberger*, FS Ferid 1978, 377 (390).

69 *Siehr*, RabelsZ 52 (1988), 41 (48).

70 So auch *Schurig*, RabelsZ 54 (1990), 217 (227 f.).

habe[71]. Als einzige Hilfe bietet er eine Zweifelfallsregel an, "wonach im Bereich des zwingenden Rechts solange statutszugehörig anzuknüpfen wäre, als man es nicht eindeutig mit einer Eingriffsnorm zu tun hätte"[72]. Ist man wie *Schnyder* gerade mit dem Ziel der "Abgrenzung der Eingriffsnormen vom sonstigen zwingenden Recht" angetreten - so die zugehörige Abschnittsüberschrift -, dann handelt es sich um ein doch recht mageres Ergebnis.

2. *Ordnungsrelevanz*

Andere Versuche, eine allgemeingültige Definition zu finden, sind nicht erfolgversprechender. Das gilt insbesondere für die Umschreibung als "ordnungsrelevante Normen"[73], die im Kontrast zum "reinen" Privatrecht stehen sollen. *Rehbinder* stellt sich darunter "soziales, wirtschafts- und unternehmensordnendes" Privatrecht vor[74], während *Basedow* darauf abstellt, ob eine Norm dem Gruppen- und Institutionenschutz dient, im Bestreben des Gesetzgebers, "Wirtschaft und Gesellschaft in einem bestimmten Sinne zu gestalten"[75]. Beides führt nicht recht weiter, und gibt für die praktische Anwendung im Einzelfall mehr Steine als Brot. So ist es denn kein Wunder, wenn vom gleichen Ausgangspunkt her *Basedow* das AGBG, das FernunterrichtsschutzG und das Reisevertragsrecht als ordnungsrelevant ansieht, weil sie ein Machtgefälle zwischen den Marktteilnehmern ausgleichen[76], *Sonnenberger* hingegen ausdrücklich eine Sonderanküpfung von vertragsrechtlichen Vorschriften, die den sozial Schwächeren schützen, nicht für gerechtfertigt hält[77].

Die Ursache für diese Differenzen liegen im Begriff der Ordnungsrelevanz selbst begründet. Schon *Joerges* bemerkte treffend: "Wird die Frage nach der Ordnungsrelevanz ernsthaft gestellt, so kann man kaum noch umhin, gerade auch «klassisch»-privatrechtliche Lösungen als eminent wirtschaftspolitische Entscheidungen zu begreifen"[78]. Beispielhaft seien genannt § 1 BGB (Verbot von Sklaverei und Bürgerlichem Tod), § 137 BGB (kein Fideikommiß), § 305 BGB (Vertragsfreiheit im Vertrauen auf die heilsame Wirkung der freien Kon-

---

71 *Schnyder*, Wirtschaftskollisionsrecht, Rdn. 14.

72 *Schnyder*, Wirtschaftskollisionsrecht, Rdn. 15.

73 *Rehbinder*, JZ 1973, 151 (156); MüKo-*Sonnenberger*, Einl. IPR Rdn. 32; *Basedow*, RabelsZ 52 (1988), 8 (ordnungspolitische Normen).

74 *Rehbinder*, JZ 1973, 151 (156).

75 *Basedow*, RabelsZ 52 (1988), 8 (18 f.)

76 *Basedow*, RabelsZ 52 (1988), 8 (18).

77 MüKo-*Sonnenberger*, Einl. IPR Rdn. 43.

78 *Joerges*, RabelsZ 43 (1979), 6 (36).

kurrenz) und § 823 BGB (grundsätzliches Verschuldensprinzip zur Entlastung des Tätigen)[79]. Doch nicht nur diese haben spürbares Gewicht. Die Privatrechtsordnung erfüllt *insgesamt* einen gesamtgesellschaftlichen Gestaltungsauftrag im öffentlichen Interesse[80], indem es die liberale Wirtschaft als Sozialordnung implementiert und die Selbstbestimmung der Gesellschaft freier und gleicher Bürger zum (vielfach durchbrochenen) Grundprinzip erhebt. Die "politische Rolle des Privatrechts"[81] ist nicht auf wenige Ausnahmevorschriften beschränkt. Dennoch kommt (zu Recht, aber auf dem Boden ihrer Terminologie grundlos) keiner der Vertreter einer Sonderanknüpfung "ordnungsrelevanter Normen" auf die Idee, die oben aufgeführten Vorschriften im speziellen oder das Privatrecht im allgemeinen zu Eingriffsrecht zu deklarieren. Im Gegenteil, meist werden sogar "rechtsethische Grundsätze" wie §§ 242, 138 BGB, die doch ordnungsrelevant in einer höheren Potenz sein müßten, ausdrücklich aus dem Bereich der Sonderanknüpfung herausgenommen[82].

Die Ordnungsrelevanz hilft als Kriterium also auch nicht weiter. Damit bleibt als Fazit festzuhalten: Eingriffsnormen sind sachrechtlich nicht definierbar[83]. Wenn es dafür noch eines letzten Beweises bedarf, so sei auf das Schweizer IPR-Manual von *Knoepfler/Schweizer* verwiesen. Dort werden das bundesdeutsche AGBG und "les règles qui, sous le couvert de la protection de l'économie, interdisent aux individus de quitter leur pays, comme il en existait dans les pays de l'est et notamment en RDA" einträchtig nebeneinander als Eingriffsnormen aufgeführt[84]! Wer so heterogenen Regelungen ein einheitliches Etikett aufkleben will, muß sich fragen lassen, ob er nicht trotz der Worthülsen der "intérêts essentiels d'ordre social, politique ou économique"[85] in Wahrheit auf jegliches gemeinsame inhaltliche Kriterium verzichtet.

---

79 Vgl. *Großfeld*, Internationales Unternehmensrecht, 2 f.

80 *Großfeld*, Internationales Unternehmensrecht, 2 m.w.N.

81 Vgl. den Titel des Aufsatzes von *Zöllner*, JuS 1988, 329.

82 Z.B. *v.Hoffmann*, IPRax 1989, 261 (266 f.); anders wiederum *Reichert-Facilides*, IPRax 1990, 1 (12), der mit Bezug auf das Versicherungsvertragsrecht *nur* "Grundentscheidungen wertorientierten Charakters" über Art. 34 EGBGB berücksichtigen will.

83 *Schurig*, RabelsZ 54 (1990), 217 (228). - Damit erscheint auch die merkliche Zurückhaltung, die insbesondere in der ausländischen Literatur beim Bemühen um die begrifflichen Eingrenzung der Eingriffsnormen spürbar ist, in einem besseren Licht. Vgl. z.B. *Plender*, The European Contracts Convention, Tz. 9.11 f., der in seinem ansonsten umfassenden Werk auf jeglichen Umschreibungsversuch verzichtet.

84 *Knoepfler/Schweizer*, D.i.p. suisse, Rdn. 378.

85 *Knoepfler/Schweizer*, D.i.p. suisse, Rdn. 376.

3. Kollisionsrechtliche Definition

Manche Autoren schließlich scheinen vor den Schwierigkeiten einer sachrechtlichen Definition des Begriffs der Eingriffsnorm zu kapitulieren und weichen auf eine *kollisionsrechtliche* Deutung aus: Erfaßt werden Sachnormen mit einem "internationalen Geltungswillen", d.h. mit einem "besonderen kollisionsrechtlichen Eingriffsbefehl"[86]. Das allerdings ist auch nicht fruchtbarer, denn damit bleibt die entscheidende Frage ungeklärt, *wann* ein solcher Wille zur besonderen kollisionsrechtlichen Behandlung anzunehmen ist. Diese "Definition" umschreibt nur das zu lösende Problem, bietet nicht mehr als die Wiederholung der Fragestellung[87].

III. Kritik

Nun hat der Jurist es häufig mit unbestimmten Rechtsbegriffen zu tun. Und fast ebenso oft muß er sich sagen, Schwierigkeiten, die sich aus der mangelnden Konturenschärfe ergeben, "müssen hingenommen und können gelöst werden"[88], z.B. im Vertrauen auf die regelbildende Kraft eines kasuistischen Vorgehens. Aber dies gilt doch nur dann, wenn eine sachliche Notwendigkeit dafür gegeben ist[89]. Anders ausgedrückt: Begriffliche Schwierigkeiten können das Anzeichen eines *inhaltlich* unzutreffenden Ansatzes sein.

Damit ist die entscheidende Frage: Bedarf es wirklich eines zweiten kollisionsrechtlichen Systems, um auch ohne ausdrücklichen Befehl des eigenen Gesetzgebers einzelne Normen oder Normengruppen "regelwidrig" gegen eine anderslautende allgemeine Kollisionsnorm anzuknüpfen?

---

86 *Taupitz*, BB 1990, 642 (649); ähnlich *E. Lorenz*, RIW 1987, 569 (578): Eingriffnormen sind solche Sachnormen, die "ohne Rücksicht auf das nach seinen allgemeinen Kollisionsnormen für den Schuldvertrag maßgebende Recht anzuwenden sind."

87 S. *Schurig*, RabelsZ 54 (1990), 218 (228).

88 *Schlosser*, Schiedsgerichtsbarkeit I (1. A. 1975), Rdn. 307 mit Bezug auf das Problem der Eingriffsnormen.

89 *F.A. Mann*, FS Beitzke, 606 (613) in Erwiderung auf *Schlosser*.

1. Systemgegensatz zwischen Ansatz beim Lebenssachverhalt und Ansatz bei der Sachnorm?

Für viele ergibt sich eine bejahende Antwort darauf aus der bereits oben angedeuteten Vorstellung, das klassische kollisionsrechtliche System habe seit *Savigny* ausschließlich das Ziel, vom Lebenssachverhalt ausgehend, diesen umfassend einer Rechtsordnung in ihrer Gesamtheit zuzuordnen[90]. Mit diesem Ansatz habe sich *Savigny* in einer Art "kopernikanischer Wende"[91] von der früheren Statutentheorie verabschiedet, die ihrerseits vom Gesetz ausgehend dessen Anwendungsbereich bestimmte. Wer nun heute einzelne materielle Normen anwenden will, die nicht der durch eine allseitige Kollisionsnorm in ihrer Gesamtheit berufenen Rechtsordnung angehören, bricht so gesehen mit *Savigny* und belebt den statutorischen Ansatz neu[92]. Aus dem "Nacheinander" von Statutenlehre und Savingnyschem Kollisionsrecht wird ein "Nebeneinander" von allgemeinem Kollisionsrecht und der Sonderanknüpfung von Eingriffsnormen, beide durch einen breiten Graben getrennt.

Dieser wird vermeintlich vertieft durch eine *unilateralistische* Komponente der Sonderanknüpfung. Die herkömmliche Kollisionsnorm erhält ihre Struktur dadurch, daß sie *allseitig* (multilateralistisch) angelegt ist und potentiell jede Rechtsordnung der Welt zur Anwendung beruft. Sonderanknüpfungen für Eingriffsnormen beschränken sich hingegen darauf, eben für diese Norm einseitig den eigenen Anwendungsbereich abzustecken und enthalten sich im übrigen einer gezielten Verweisung auf fremdes Recht.

Brisanz erhält die letztere Unterscheidung allerdings erst bei der (vom hier interessierenden Art. 34 EGBGB nicht erfaßten) Frage der Anwendung ausländischer Eingriffsnormen. Ist hier dem vom *fremden* Gesetzgeber abgesteckten internationalen Anwendungsbereich zu folgen oder behält die lex fori auch insoweit die kollisionsrechtliche Entscheidung in der Hand[93]?

Nun hat bereits *Savigny* selbst - was heute zumeist vergessen wird - diesen angeblich fundamentalen Unterschied zwischen dem Ansatz beim Gesetz und dem beim Rechtsverhältnis (oder, wie heute vorgezogen wird, beim Lebenssachverhalt[94]) nicht gelten lassen wollen. Er betonte, daß seine Suche nach dem

---

[90] *Heini*, ZSchweizR 1981, 65 (77); vgl. auch die Darstellung bei *Francescakis*, Rev.crit. 55 (1966), 1 (2 f.).

[91] *Neuhaus*, RabelsZ 15 (1949/50), 364 (366).

[92] Vgl. *Basedow*, RabelsZ 52 (1988), 8 (9).

[93] S. bereits oben Fn. 26 auf S. 134.

[94] S. *Ferid*, IPR, Rdn. 1-105; eingehend dazu *Schurig*, Kollisionsnorm und Sachrecht, 78 ff.

Sitz des Rechtsverhältnisses zu keinem anderen Ergebnis führen könne, als wenn man danach forsche, "über welche Rechtsverhältnisse die Rechtsregeln herrschen. Beide Arten, die Frage aufzuwerfen, sind nur im Ausgangspunkt verschieden. Die Frage selbst ist hier und dort dieselbe, und die Entscheidung kann in beiden Fällen nicht verschieden sein"[95].

Die Berechtigung dieser Selbsteinschätzung *Savignys* ist in der Gegenwart von *Schurig* anhand seines "Bündelungsmodells" eingehend nachgewiesen worden[96]. Seine Überlegungen sollen, soweit für das hier interessierende Problem relevant, kurz wiedergegeben werden. Ausgangspunkt ist die als Gemeinplatz erscheinende Feststellung, daß das Kollisionsrecht die Aufgabe hat, eine bestimmte Sachrechtsfrage den Sachnormen einer bestimmten staatlichen Rechtsordnung zur Lösung zuzuweisen. Die "klassische", allseitige Kollisionsnorm ist nun das Ergebnis einer "vertikalen" und "horizontalen" Bündelung zur rationellen Bewältigung dieser Aufgabe: In einer kollisionsrechtlichen Bestimmung zusammengefaßt werden einerseits ("vertikal") sachlich zusammenhängende und gleiche kollisionsrechtliche Interessen implizierende Sachnormen, andererseits ("horizontal") die potentiellen Verweise auf diese Sachnormen in allen existierenden Rechtsordnungen. Das klassische Beispiel ist Art. 25 EGBGB, der alle sachrechtlichen Fragen der Erbfolge in einer Norm bündelt[97] und zugleich über das Anknüpfungsmerkmal der Staatsangehörigkeit auf alle denkbaren Rechtsordnungen verweist. Im internationalen Vertragsrecht gilt nichts anderes: Art. 28 EGBGB erfaßt sachlich alle materiellen vertragsrechtliche Fragen (in den durch Art. 32 I EGBGB präzisierten Grenzen) und bezieht gleichzeitig alle Rechtsordnungen, mit denen der Vertrag über das abstrakte Anknüpfungsmerkmal "engste Verbindung" verknüpft ist, in die Verweisung ein.

Man kann nun das Bündel in horizontaler Hinsicht aufschnüren, d.h. gedanklich in Normen zerlegen, die jeweils nur ein einzelnes nationales Recht berufen: "Stirbt ein Österreicher, ist auf die Erbfolge österreichisches Erbrecht anzuwenden"[98]; "Ist ein Vertrag mit Spanien am engsten verbunden, beurteilen sich vertragliche Streitigkeiten nach spanischem Vertragsrecht". Löst man auch die vertikale Zusammenfassung auf, dann erhält man z.B.: "Stirbt ein Österreicher, so bestimmt sich die Bindungskraft eines Erbvertrages nach § 602 ABGB"; "Ist ein Kaufvertrag mit Spanien am engsten verbunden, ist die Gül-

95 *Savigny*, System des heutigen Römischen Rechts VIII, 3.

96 *Schurig*, Kollisionsnorm und Sachrecht, 89 ff., 102 ff.

97 Mit Ausnahme der Form von Verfügungen von Todes wegen, Art. 26 EGBGB.

98 Vorbehaltlich einer Rückverweisung, Art. 4 I 1 EGBGB.

tigkeit eines Gewährleistungsausschlusses an Art. 1485 II C.C. zu messen". Beide Beispiele sind vom (rechtlich geprägten) Lebenssachverhalt ausgehend formuliert (Todesfall/Vertrag). Aber man sieht sofort: eine Umkehrung ändert am sachlichen Gehalt der "atomisierten"[99] Kollisionsnorm nichts: "§ 602 ABGB ist anzuwenden, wenn ein Österreicher zu beerben und die Gültigkeit eines Erbvertrags zu prüfen ist"; "Art. 1485 II C.C. ist anzuwenden bei Streitigkeiten über einen Gewährleistungssausschluß im Rahmen eines Kaufvertrages, der mit Spanien am engsten verbunden ist" - inhaltlich liegt darin keine Modifikation. Der Lebenssachverhalt als auch die Sachrechtsnormen sind gleichberechtigte Tatbestandselemente der Kollisionsnorm, deren Rechtsfolge gerade in der Herstellung einer Beziehung zwischen beiden (nämlich die Anwendung der Normen auf den Sachverhalt) besteht[100]. Es *kann* also keinen Unterschied machen, an welchem Ende man ansetzt: Ob man von dem einen ausgeht, um zum anderen zu gelangen oder umgekehrt, bleibt sich gleich.

Was nun für die "Element-Kollisionsnormen" gilt, gilt zwangsläufig ebenso für deren gebündelte Form. Ist bei jenen der Ansatz beim Sachverhalt identisch mit dem Ansatz bei der Norm, so kann auch die klassische allseitige Verweisungsnorm ohne systematischen Bruch als Zusammenfassung von jeweils rechtssatzbezogenen Einzel-Kollisionsnormen begriffen werden[101]; allein die *sprachliche* Umkehrung ist hier nicht möglich, will man nicht die Bündelung gleich wieder zerlegen in Normen, die jeweils die einzelnen nationalen Rechte berufen.

Aus der hier nur skizzierten Struktur der klassischen allseitigen Kollisionsnorm folgt zugleich eine Aussage über die Struktur möglicher Ausnahmen von einer Regelanknüpfung. Ist grundsätzlich der Ansatz beim Gesetz gegen den beim Sachverhalt austauschbar, so bewegt sich richtig verstanden derjenige, der bestimmte Teilaspekte des letzteren als *Teilfrage* aus einer Bündelung herausbricht, nicht in einem anderen System als derjenige, der umgekehrt einzelne Normen oder Normengruppen "sonderanknüpft". Ob man über Art. 7 EGBGB die Teilfrage der Geschäftsfähigkeit aus dem Vertragsstatut herauslöst oder über Art. 34 EGBGB bestimmte sachrechtliche Vorschriften wie möglicherweise das AGBG und das HausTWG einer speziellen Behandlung unterwirft, macht keinen strukturellen Unterschied. Denn die Teilfragenabspaltung führt ebenso zu einer Anwendung von nach der Hauptanknüpfung nicht berufenen Sachrechtssätzen, wie umgekehrt die Sonderanknüpfung von Rechtsnormen

---

99 *Schurig*, Kollisionsnorm und Sachrecht, 94.

100 S. *Kegel*, IPR, 194 ff.; *Schurig*, Kollisionsnorm und Sachrecht, 78 ff.

101 *Schurig*, Kollisionsnorm und Sachrecht, 93.

auch einen Teilaspekt des zu beurteilenden Rechtsverhältnisses der Hauptanknüpfung entzieht: Eine Sonderanknüpfung des HausTWG ließe sich auch als Teilfrage nach dem Bestehen und der Ausübung eines Widerrufsrechts begreifen, die schweizerische Regelung des Art. 34 I IPRG, nach dem die Teilfrage der Rechtsfähigkeit immer dem Schweizer Recht untersteht, als Sonderanknüpfung des Art. 11 ZGB deuten[102]. Im Einzelfall können sich deshalb die Konturen verwischen: "Ob man immer feststellen kann, ob ein Richter die *Frage* der Widerrechtlichkeit oder aber einen *Rechtssatz* gerade deshalb, weil er die Nichtigkeit ausspricht, gesondert angeknüpft hat, ist recht ungewiß"[103] - und bedarf, richtig gesehen, gar keiner Klärung.

Allenfalls kann man graduelle Differenzen zwischen der klassischen Teilfrage und einer Sonderanknüpfung feststellen: Art. 7 EGBGB beispielsweise ist selbst wiederum vertikal (alle Normen, die die Rechts- und Geschäftsfähigkeit betreffen) und horizontal (allseitige Verweisung) vollständig gebündelt. Der einseitigen Sonderanknüpfung einer einzelnen Vorschrift fehlt jede Bündelung, der eines Spezialgesetzes wie des AGBG zumindest die horizontale Komponente. Eine vollständige allseitige Bündelung ist aber, und das wird häufig verkannt, nur der *Idealzustand*, weil praktisch am besten handhabbar, nicht jedoch *notwendige* Bedingung der Zugehörigkeit zum System[104]. Allzuoft werden Bilder wie das vom "Sitz" eines Rechtsverhältnisses, vom "Schwerpunkt" eines Vertrages, nach denen aus allen Rechtsordnungen die eine maßgebliche aufzusuchen ist, für bare Münze genommen. Natürlich schwebt diesen Bildern eine umfassende, allseitige Kollisionsnorm vor. Doch geben sie damit kein unverzichtbares Strukturmerkmal des klassischen IPR wider. Wie *Kegel* sagt: Sie weisen nur das Ziel, nicht den Weg[105]. Eine Verweisungsnorm nur für einzelne Vorschriften der lex fori (oder auch für fremdes Eingriffsrecht!) ist kein "aliud", sondern ein "minus" zur gewöhnlichen multilateralistischen Verweisung. Sie ist ein integrierter Bestandteil des Systems, kein Fremdkörper, weil es sich nur um verschiedene Entwicklungsstufen, verschiedene Bündelungszustände handelt. Und Bündelungszustände sind veränderbar: Normen, die einseitig den internationalen Anwendungsbereich von Gesetzen einer Rechtsordnung festlegen, sind *potentiell* allseitig, d.h. können ausgebaut werden, wenn

---

102 Richtig *M.Mühl*, FS O.Mühl, 449 f., zur Sonderanknüpfung einer Rechtsfrage und Sonderanknüpfung zwingenden Rechts: "Der Sache nach verbirgt sich hinter beiden Begriffsbildungen dasselbe Phänomen".

103 *Schwander*, Lois d'application immédiate, 333 (Hervorhebung im Original).

104 *Schurig*, in: Holl/Klinke (Hrsg.), Internationales Privatrecht, Internationales Wirtschaftsrecht, 55 (62).

105 *Kegel*, FS Lewald, 259 (261).

und soweit die zugrundeliegende kollisionsrechtliche Interessenbewertung auch auf fremde Normen übertragbar ist.

Gerade der Verbraucherschutz bietet hierfür ein anschauliches Beispiel. Von der einseitigen "Sonderanknüpfung" einzelner Gesetze und Vorschriften nach §§ 12 AGBG, 11 FernUSG, 61 BörsenG führt ein gradliniger Weg zur allseitigen Kollisionsnorm des Art. 29 EGBGB. Nicht Systemgrenzen mußten dafür überwunden werden, sondern nur die zugrundeliegende kollisionsrechtliche Interessenbewertung verallgemeinert und auf das zwingende Vertragsrecht insgesamt sowie auf die entsprechenden Normen anderer Länder übertragen werden. Damit hat sich allein der Bündelungsgrad gewandelt - mehr nicht.

2. *Strukturbedingte "Wertblindheit" des herkömmlichen IPR?*

Ein weiteres, bereits oben erwähntes Argument derjenigen, die zwischen Eingriffsrecht und klassischem IPR eine tiefe Kluft sehen, ist der Vorwurf, das letztere sei *strukturbedingt* "wertblind" und daher nur für unpolitische Normen geeignet. Berühmt wurde *Zweigerts* Ausspruch von der "Armut des IPR an sozialen Werten"[106]. Die als "formal"[107] verdächtigte Methode, vom Lebenssachverhalt ausgehend die Rechtsordnung zu bestimmen, zu der die jeweilige Rechtsfrage die stärkste Beziehung aufweist, und diese dann ohne Ansehen ihres konkreten Inhalts anzuwenden, sei bestenfalls "sozial neutral"[108]. Wer alle Rechte in allseitigen Kollisionsnormen gleich behandle und "mechanischen" Verweisen folge, tue einen "Sprung ins Dunkle"[109] - oder umgekehrt: springe mit der selbstauferlegten "Augenbinde Savignys"[110]. Dabei gebe man die Kontrolle über die konkrete materielle Gerechtigkeit auf, der doch letztlich jede Rechtsfindung zu dienen habe. All dies, so wird behauptet, sei akzeptabel allein bei einem vorstaatlichen Rechtsverständnis, einer weitgehenden "Austauschbarkeit" der verschiedenen Rechtssysteme[111], wie sie zu *Savignys* Zeiten gegeben gewesen sei. Davon könne aber heute wegen der vielfältigen staatli-

---

106 *Zweigert*, RabelsZ 37 (1973), 434; er selbst leitet daraus ein Plädoyer für ein fakultatives Kollisionsrecht (445) und einen subsidiären better-law-approach (447) ab.

107 *Zweigert*, RabelsZ 37 (1973), 434 (443).

108 *Zweigert*, RabelsZ 37 (1973), 434 (443).

109 *Raape*, IPR, 90.

110 *Deelen*, De blinddoek van von Savigny (1966/67), zitiert nach *Schurig*, Kollisionsnorm und Sachrecht, 22.

111 Vgl. *Zweigert*, RabelsZ 37 (1973), 437; *Keller*, FS Vischer, 175 (180); *Wiethölter*, DVBl. 1967, 465.

chen Interventionen wirtschafts- und sozialpolitischer Art, die von Land zu Land aufgrund unterschiedlicher Entwicklungsstufen oder Ideologien ganz erheblich differieren, keine Rede mehr sein. Deshalb bedürfe es nunmehr eines Vorgehens "mit offenen Augen", um ungerechte Ergebnisse nicht erst mit der *ultima ratio* des ordre public abwehren zu können. Man müsse Inhalt, Zweck und Folgen der kollidierenden Sachrechte bereits in die kollisionsrechtliche Entscheidung einbeziehen; wer dies aber tun wolle, sei gezwungen, das klassische IPR zu verlassen[112], das allein für die nach wie vor fungiblen Teile des Privatrechts reserviert bleibt.

Schon der Ausgangspunkt ist mehr als zweifelhaft. Daß die Privatrechtsordnungen der Welt heute nicht ohne weiteres austauschbar sind, wird keiner ernsthaft bestreiten wollen. Nur: Sie waren es nie, auch nicht zu *Savignys* Zeiten (man denke nur an den schon damals bestehenden Gegensatz zwischen kontinentalem und angelsächsischem Rechtskreis). Nicht erst heute sind rechtliche Fragen politisch umkämpft und werden von verschiedenen Staaten unterschiedlich gelöst, nur die Kampfstätten waren früher andere[113]. Daß die Rechtsordnungen der Welt untereinander differieren, begründet keinen Mangel des IPR, sondern bildet seine Daseinsberechtigung, denn andernfalls wären Gedanken über das richtigerweise anzuwendende Recht unnützes Glasperlenspiel.

Der Einwand, "Savignys IPR" sei mit seiner allseitigen Verweisungstechnik blind gegenüber den Wertungen des materiellen Privatrechts, steht ebenfalls nicht auf soliderem Fundament. Schon *Savigny* selbst hat ganz im Gegenteil seine Anknüpfungen jeweils aus der "Natur des Rechtsverhältnisses" begründet, wobei er, freilich ohne dies so zu formulieren, auch die *sachlichen* Interessen der Beteiligten und die Zwecke des materiellen Privatrechts berücksichtigte und zur Grundlage der kollisionsrechtlichen Entscheidung machte[114]. Seine Auffassung beispielsweise, erbrechtliche Fragen seien dem Personalstatut des Erblassers zu unterstellen, stützt er auf die Beobachtung, daß im Rahmen des materiellen Rechts die Interessen des Erblassers im Vordergrund stehen:

> "[Die] Natur des Erbrechts ... besteht in dem Uebergang eines Vermögens, bei dem Tode des Inhabers, auf andere Personen. Darin liegt eine künstliche Erstreckung der Macht, also auch des Willens, eines Menschen über die Gränze des Lebens hinaus, welcher fortwirkende Wille bald ein ausdrücklicher seyn kann (in dem Testament), bald ein stillschweigender

---

112 *Keller*, FS Vischer, 175 (180), *Schwarz*, Schutzkollisionen, 52.

113 Vgl. *Schurig*, Kollisionsnorm und Sachrecht, 273 mit Beispielen.

114 So auch *Schwander*, SJIR XLV (1989), 247 (255).

(in der Intestaterbfolge). Dieses Verhältnis nun schließt sich ganz und unmittelbar an die Person des Verstorbenen an..."[115].

Die Ehewirkungen will *Savigny* dem Recht am Wohnsitz des Ehemannes unterstellt wissen, weil der Ehemann "als das Haupt der Familie anerkannt werden" müsse[116] - wer will das für wertneutral halten?

Das letztere Beispiel weist auf das eigentliche, vielleicht gewollte Mißverständnis hin, dem die Kritiker des herkömmlichen IPR unterliegen. In Wahrheit stört man sich weniger an seiner vermeintlich apolitischen, wert*neutralen* Haltung, sondern am Ergebnis *zeitbedingter Wertungen*. Eine patriarchalische Haltung im Eherecht, eine ungebremste Vertragsfreiheit im Schuldrecht paßt heute nicht mehr ins (materiellrechtliche) Bild, folglich auch nicht deren Übertragung ins IPR. Die *Ausgestaltung* einzelner überkommener Verweisungsnormen wird nun aber vielfach stillschweigend mit dem *System* identifiziert, Kritik an den ersteren damit zwangsläufig zur Kritik am letzteren. Augenfällig ist dies insbesondere im internationalen Deliktsrecht, dessen zu starre Tatortregel vor allem in den USA zum Ruf nach einer völligen Neuorientierung des IPR führte[117], und eben im internationalen Vertragsrecht, wo die umfassende Parteiautonomie den Anstoß zur "Auslagerung" der Eingriffsnormen gab.

Dabei liegt in diesem Vorgehen eine höchst überflüssige Verkürzung, denn es gibt im IPR ebenso wie unbestrittenerweise im materiellen Privatrecht die Möglichkeit einer *systemimmanenten* Fortentwicklung durch Verfeinerung, Veränderung, Verästelung der hergebrachten Kollisionsnormen selbst. Hier hilft ein Blick auf deren oben beschriebene Struktur nach dem Bündelungsmodell. Eine Verweisungsnorm ist kein eherner Block, der nur so und nicht anders existieren kann. Sie ist eine Zusammenfassung von (auch) rechtssatzbezogenen Element-Kollisionsnormen, die auf der Erwägung beruht, daß von materiellen Rechtssätzen gemeinsam verfolgte Sachzwecke gemeinsame kollisionsrechtliche Interessen implizieren und folglich auch eine gemeinsame Anknüpfung nahelegen. Ändert sich nun das "Material", mit dem die Kollisionsnorm arbeitet, also das materielle Recht (oder dessen Interpretation durch die Gerichte), so spricht vom System her nichts dagegen, die Bündelung aufzuschnüren und neue, differenziertere Kollisionsnormen zu schaffen, die den neuen

---

115 *Savigny*, System des heutigen Römischen Rechts VIII, 295.

116 *Savigny*, System des heutigen Römischen Rechts VIII, 325; auf dieses Beispiel weist auch *Schwander*, SJIR XLV (1989), 247 (255), hin.

117 Z.B. *Currie*, Colum.L.Rev. 63 (1963), 1233; vgl. auch *de Boer*, Beyond Lex Loci Delicti, 4 f.

Wertungen und anders beurteilten Interessen gerecht werden[118]. Das mag selbstverständlich klingen, wird aber von denjenigen übersehen, die eine historische Momentaufnahme des überkommenen IPR für dessen einzig mögliches Erscheinungsbild halten. Es ist kein (partieller) Abbruch des "Vaterhauses"[119] notwendig, um dem IPR ein zeitgemäßes Gesicht zu verleihen. Eine Renovierung, wie sie in einem Teilbereich das EVÜ versucht hat, verspricht größeren Erfolg.

Interessant ist in diesem Zusammenhang die Reaktion von *de Boer* auf das EVÜ. Er, zuvor einer der herausragenden Vertreter des niederländischen Zweiges der "politischen Schule" im IPR[120], schreibt nunmehr: "As a result of this reorientation on the tenets of traditional conflicts law, ... the credibility of modern European conflicts law is improving and the urge to adopt a wholly new approach is gradually disappearing"[121] - der Systemkritik kann also durch Systemverbesserung der Wind aus den Segeln genommen werden.

Gerade am gewiß nicht wertneutralen Aspekt des Verbraucherschutzes läßt sich illustrieren, daß das traditionelle IPR in der Lage ist, neuartige Ansätze in das herkömmliche System zu integrieren. Art. 29 EGBGB zieht aus der Entwicklung des materiellen Rechts in Richtung auf einen größeren Schutz des Schwächeren die Konsequenz für den internationalen Bereich. Die zugrundeliegende *sachliche* Wertung, daß die Vertragsgestaltung bei ungleichen Machtlagen nicht dem freien Spiel der Kräfte überlassen werden kann, führt zu einer differenzierteren Betrachtung auch der *internationalprivatrechtlichen* Interessen. Verbraucherverträge werden deshalb unter bestimmten Umständen aus den umfassenden Bündelungen der Art. 27, 28 EGBGB herausgelöst und einer eigenen Regelung unterworfen. Art. 29 EGBGB bedient sich dabei, wie oben gesehen, durchaus traditioneller Regelungstechniken, mag man deren konkreter Gestalt auch kritisch gegenüberstehen[122]; die Folgen einer Rechtswahl werden durch eine Alternativanknüpfung abgemildert, die objektive Anknüpfung des Art. 28 EGBGB ersetzt durch eine solche an das heimatliche Recht des Verbrauchers. Es ist weder notwendig, den "Anwendungswillen" bestimmter sachlicher Normen zu erforschen noch deren "politischen" oder "apolitischen" Gehalt herauszuarbeiten.

Allein das müßte diejenigen stutzen machen, die einerseits Art. 34 EGBGB als Ansatzpunkt für ein zweites kollisionsrechtliches System der politischen

---

[118] Vgl. *Schurig*, Kollisionsnorm und Sachrecht, 173 f.

[119] S. den Titel des Aufsatzes von *Kegel* in FS Beitzke, 551.

[120] S. insbes. *de Boer*, WPNR 1976, 285.

[121] *de Boer*, RabelsZ 54 (1990), 24 (26).

[122] S.o. S. 59 ff.

Normen sehen, und andererseits zu diesen auch materielle Verbraucherschutzbestimmungen zählen. Das besondere Kollisionsrecht für besondere Normen müßte dann doch Vorrang haben vor Art. 29 I EGBGB als einer Vorschrift des allgemeinen Kollisionsrechts - und würde dieser fast ihren gesamten Anwendungsbereich rauben! Wer wie *E.Lorenz* deshalb eine "Ausnahme" machen und "eigentlich" über Art. 34 EGBGB anzuwendende Eingriffsnormen letztlich doch über Art. 29 EGBGB von günstigerem ausländischen Recht verdrängen lassen will, soweit "sie keinen unabdingbaren gesetzlichen Kompromiß zwischen den Interessen der typisch schwächeren und typisch stärkeren Vertragspartei darstellen"[123], führt damit seinen eigenen Ansatzpunkt ad absurdum, daß die "Eingriffsnormen ... *nicht* den allgemeinen Kollisionsnormen ... unterliegen"[124]. Und der Versuch, Art. 29 EGBGB zur *lex specialis* zu erklären[125], ist vor diesem Hintergrund ebenfalls zum Scheitern verurteilt. Wie kann eine Vorschrift des allgemeinen, apolitischen Kollisionsrechts eine Spezialregelung zum besonderen, politischen Verweisungsrecht für Eingriffsnormen darstellen? Da hilft es auch nicht, wenn man Art. 29 EGBGB selbst als eine Art "Sonderanknüpfung" und damit als eine Norm des ordnungsrelevanten Kollisionsrechts deutet[126]. Denn das ist nicht mehr als ein Etikettenschwindel. Art. 29 II EGBGB hat schon deshalb nichts mit einer Sonderanknüpfung zu tun, weil es hier um die objektive Bestimmung des *umfassenden* Vertragsstatuts geht, unter Einbeziehung der, nicht aber Beschränkung auf die besonderen Schutzbestimmungen zugunsten des Verbrauchers. Das letztere gilt auch für Art. 29 I EGBGB[127], der die zwingenden Vorschriften des gewöhnlichen Aufenthaltsortes des Verbrauchers überdies nur zum Zuge kommen läßt, wenn das gewählte Vertragsstatut nicht besseren Schutz gewährt. Werden sie damit nicht "ohne Rücksicht auf das auf den Vertrag anzuwendende Recht" (Art. 34 EGBGB) durchgesetzt, sondern gerade mit Blick auf die *lex causae* nur bei einem Schutzdefizit der letzteren, ist eine Bezeichnung als "Sonderanknüpfung" fehl am Platze.

Deshalb ist auch der Vorstoß von *v.Hoffmann* zum Scheitern verurteilt, der es wegen der "allseitigen Sonderanknüpfung" des Art. 29 EGBGB für

---

123 *E.Lorenz*, RIW 1987, 569 (580), s.o. S. 127.

124 *E.Lorenz*, RIW 1987, 569 (578, Hervorhebung hinzugefügt).

125 Reithmann-Martiny(-*Martiny*), Rdn. 302; MüKo-*Martiny*, Art. 34 EGBGB Rdn. 95; Deutsche Denkschrift zum EVÜ, BRat-Drucks. 224/83, 28.

126 So z.B. Palandt-*Heldrich*, Art. 29 EGBGB Rdn. 5; *Taupitz*, BB 1990, 643 (648); weitere Nachweise oben S. 31 Fn. 23; auch die Gerichte verwenden häufig diesen Begriff in Zusammenhang mit Art. 29 EGBGB, vgl. OLG Celle, EuZW 1990, 550 (551); OLG Frankfurt/M., NJW-RR 1989, 1018 (1019); allerdings ist nicht klar, ob sie dies im technischen Sinne oder nur als Synonym für eine "besondere Anknüpfung" meinen.

127 S.o. S. 43 ff.

systemkonform hält, darüber hinaus alle (!) zwingenden Normen der *lex fori* zum Ausgleich typischer Machtungleichgewichtslagen über Art. 34 EGBGB einer einseitigen Sonderanknüpfung zuzuführen[128]. Art. 29 EGBGB beinhaltet nicht eine besondere Behandlung einer bestimmten *Gruppe von zwingenden Normen*, sondern einer bestimmten *Gruppe von Verträgen*[129].

Das Verhältnis von Art. 29 EGBGB zu Art. 34 EGBGB ist auf dem Boden einer Dichotomie zwischen politischem und apolitischem, ordnungsrelevantem und ordnungsneutralem Kollisionsrecht nicht sinnvoll zu bestimmen - ein Zeichen mehr, daß es sich von dieser Auffassung zu verabschieden gilt.

3. Das klassische IPR als "offenes System"

Daß man dem klassischen IPR - wie gesehen zu Unrecht - die Fähigkeit abspricht, neuere materiellrechtliche Strömungen und politisch motiviertes Eingriffsrecht auf internationaler Ebene angemessen zu behandeln, liegt nun nicht nur an der irrtümlichen Identifizierung des Systems selbst mit den zeitbedingten Erscheinungsformen seiner Kollisionsnormen. Es handelt sich hierbei zumindest auch um den Teilaspekt eines weitergehenden allgemeinen Problems: *Eine vertiefte, umfassende Verarbeitung der neueren Erkenntnisse in der juristischen Methodenlehre hat im Internationalen Privatrecht noch nicht stattgefunden*[130]. Das Auswuchern *hausgemachter* Methodenprobleme, zu denen u.a. die Lehre von den Eingrifsnormen zählt, ist ein sicheres Indiz dafür.

Während im materiellen Privatrecht längst die Interessen- und darauf aufbauend die Wertungsjurisprudenz, gepaart mit Problem- oder "topischem" Denken, ihren Siegeszug angetreten und den Weg zu einer freieren Rechtsanwendung gewiesen haben[131], scheinen viele - mehr unterschwellig als bewußt - im IPR trotz aller Lippenbekenntnisse zu dieser Entwicklung immer noch ein statisches System unverrückbarer Kollisionsnormen zu sehen[132]. Aus einer solchen Sicht beschränkt sich die Rechtsfindung nach Art der totgeglaubten Begriffsjurisprudenz auf eine formal-logische Deduktion der konkreten Fallentscheidung aus der Begriffswelt eines geschlossenen Systems von positiv vorgegebenen Rechtssätzen und Rechtsgrundsätzen, ohne daß es einer eigenen offe-

---

128 *V.Hoffmann*, IPRax 1989, 261 (264).

129 S.o. S. 43 ff.

130 So auch *Schwander*, SJIR XLV (1989), 247 (252).

131 S. zur historischen Entwicklung *Larenz*, Methodenlehre, 119 ff.

132 So zu Recht *Schurig*, Kollisionsnorm und Sachrecht, 317.

nen Wertung bedürfe oder diese dem Richter auch nur gestattet sei[133]. Ergeben sich daraus im Einzelfall Ergebnisse, die dem Rechtsgefühl widerstreben, so bedarf es dann der Suche nach Wegen außerhalb des Systems, um allfällige Korrekturen anzubringen.

Symptom dafür ist nicht nur die Lehre von der Sonderanknüpfung von Eingriffsnormen. Auch der Rückzug auf eine horizontale Direktwirkung von nicht umgesetzten EG-Richtlinien im Falle der "spanischen Kaffeefahrten" beruht auf dem vermeintlichen Unvermögen, das Problem mit herkömmlichen Mitteln einer kollisionsrechtlichen Lösung zuzuführen[134]. Gleiches gilt schließlich für den Griff zum ordre public[135], der umso eher notwendig wird, je enger die (selbstangelegten) Fesseln im Umgang mit den "gewöhnlichen" Kollisionsnormen sind. Besonders markant ist in diesem Zusammenhang das bereits erwähnte Urteil des OLG Celle, das ebenfalls zu einem Kaufvertrag erging, der im Rahmen einer Freizeitveranstaltung für deutsche Touristen an einem spanischen Ferienort geschlossen wurde[136]. Die Anwendung deutschen Rechts in Analogie zu Art. 29 I Nr. 3 EGBGB lehnte das Gericht mit dem lapidaren Hinweis ab, Art. 29 I EGBGB wolle dem Verbraucher Hilfestellung leisten, "der in heimischer Umgebung am Markt teilnimmt und deshalb den Schutz des einheimischen Rechts erwartet. Dieser Gesetzeszweck rechtfertigt es nicht, den Verbraucher auch dann zu schützen, wenn er aus eigenem Antrieb ins Ausland fährt und dort Bestellungen aufgibt"[137]. Ungeachtet dieser eigenen Aussage schützt der *Senat* den Verbraucher dann doch, indem er ihm - zusätzlich zur europarechtlichen Hauptbegründung - über Art. 6 EGBGB ein Widerrufsrecht nach dem deutschen HausTWG zubilligt. Zum einen verwirkliche dieses grundlegende deutsche Wertvorstellungen[138]. Zum anderen weise der Fall "eine außerordentlich starke Inlandsberührung auf. Der einzige wirkliche Auslandsbezug ist der Umstand, daß die Vertragsurkunde in Spanien unterzeichnet worden ist ... [es folgt eine Aufzählung der nach Deutschland weisenden Faktoren]. Ist der Auslandsbezug aber derart eingeschränkt, gebieten es deutsche Gerechtigkeitsvorstellungen, das im übrigen *einem Inlandsgeschäft gleichzustellende Vertragsverhältnis* auch den für Inlandsgeschäfte geltenden Schutzbestimmungen zu unterstellen"[139]. Die außergewöhnliche Diskrepanz in der Begründung (einerseits kein hinreichender Inlandsbezug für eine Analogie zu Art. 29 I Nr. 3 EGBGB, andererseits ein "Inlandsgeschäft") ist nur dadurch zu erklären, daß weniger eine Analogie im konkreten Fall für nicht sachgerecht gehalten wurde (denn das Ergebnis über Art. 6 EGBGB ist ähnlich), sondern vielmehr eine grundlegende Scheu vor einem freieren Umgang mit gesetzlichen Kollisionsnormen besteht.

---

133 S. dazu z.B. die Kritik *Juengers*, Zum Wandel des Internationalen Privatrechts, passim.

134 S.o. 124.

135 Der insoweit systemfremd ("Störenfried", *Ferid*, IPR, Rdn. 3-13) ist, als er nach h.M. selbst keine Kollisionsnorm darstellt, sondern nur eine Generalklausel, die im Dienste der materiellrechtlichen Gerechtigkeit eine Grenze für die nach kollisionsrechtlicher Gerechtigkeit strebenden Kollisionsnormen setzt, vgl. *Kegel*, IPR, 336. A.A. mit beachtlichen Gründen *Schurig*, Kollisionsnorm und Sachrecht, 248 ff., dessen Ansicht sich jedoch nicht durchgesetzt hat.

136 OLG Celle, EuZW 1990, 550.

137 OLG Celle, EuZW 1990, 550 (551).

138 Kritisch dazu bereits oben S. 120.

139 OLG Celle, EuZW 1990, 550 (552, Hervorhebung hinzugefügt).

Dabei besteht hierfür wahrlich kein Anlaß. Die heutige Methodenlehre hat längst mit dem Irrglauben aufgeräumt, der Richter müsse oder könne sich auch nur bei der Anwendung von Gesetzesrecht auf eine Subsumtion durch rein logisch-deduktive Gedankengänge beschränken. Zwar ist der Rechtsanwender gem. Art. 20 III GG an das positive Recht gebunden, eine autonome Rechtsschöpfung ist seine Sache nicht. Jedoch bildet das positive Recht zwangsläufig und naturgegeben ein *offenes* System, in dem der Richter mehr ist als nur "la bouche qui prononce les paroles de la loi", wie *Montesquieu* meinte[140]. Denn nicht nur stellen sich Aussagen *über* das Recht wegen der Vorläufigkeit aller wissenschaftlichen Erkenntnis immer wieder als korrekturbedürftig oder verbesserungsfähig heraus, sondern ist vor allem das geschriebene Recht *selbst* immer unfertig, lückenhaft und wandelbar[141]. Der theoretische Anspruch, für jeden nur denkbaren Fall eine Lösung bereitzuhalten, den früher einige positivistische Richtungen der Rechtsordnung zuschreiben wollten, wird heute allgemein als unrealistisch verworfen[142]. Kein Gesetzgeber ist in der Lage, jede mögliche Konstellation vorweg zu bedenken und entsprechende Lösungen in eine allen Nuancen gerecht werdende generelle Norm zu kleiden. Die soziale, wirtschaftliche, technische und industrielle Entwicklung bewirkt unmittelbar oder über das von ihr veränderte Bewußtsein, das den gesellschaftlichen Einrichtungen eine neue Bedeutung gibt, ständig unvorhergesehene Veränderungen der Konfliktsituationen[143]. Die dadurch entstehenden oder auch nur offenbar werdenden Lücken im grobmaschigen Netz des positiven Rechts[144] stellen den Richter immer neu vor die Frage, was nunmehr gelten solle oder wie das Gesetz für diesen Fall "gemeint" sei. Die Antwort darauf zu verweigern und auf den Gesetzgeber zu verweisen, ist ihm wegen des Rechtsgewährungsanspruchs aus Art. 19 IV GG verwehrt. Eine formal-logische Ableitung hilft ihm bei dieser Arbeit regelmäßig nicht weiter. Denn zur Lösung muß er häufig auf die jedem Gesetz zugrundeliegenden Regelungsabsichten, Gerechtigkeits- oder Zweckmäßigkeitserwägungen zurückgreifen, die wiederum letztlich auf be-

---

[140] *Montesquieu*, De l'esprit des lois, livre XI, chapitre VI.

[141] Zu dieser "doppelten Offenheit" des Rechts vgl. *Canaris*, Systemdenken und Systembegriffe, 62 f.; *Mayer-Maly*, Rechtswissenschaft, 71 f.; ausführlich auch *Schurig*; Kollisionsnorm und Sachrecht, 170 ff.

[142] S. nur *Kriele*, Theorie der Rechtsgewinnung, 60 ff.

[143] *Esser*, Vorverständnis und Methodenwahl, 45.

[144] Ob man so weit gehen sollte wie *Kriele*, Theorie der Rechtsgewinnung, 196, und die Lücke nicht als Ausnahme, sondern als Regel anzusehen, ist allerdings mehr als zweifelhaft. Er läßt sich wohl allzusehr von der Tatsache blenden, daß sich Wissenschaft und (veröffentlichte) Rechtsprechung verständlicherweise vorwiegend mit nicht eindeutig entschiedenen Fragen befassen. Daneben gibt es aber eine Unzahl "klarer Fälle", die deshalb gar nicht erst streitig werden. Kritisch zur Behauptung *Krieles* schon *Canaris*, Systemdenken und Systembegriffe, 147.

stimmten *Wertungen* beruhen[145]. Genau betrachtet erfordert sogar schon die scheinbar einfachste Subsumtion eine Beurteilung des juristischen Obersatzes, die keineswegs wertungsfrei ist (tritt sie auch wegen der Selbstverständlichkeit des Ergebnisses oft nicht ins Bewußtsein)[146]. Wertungen aber liegen außerhalb des Bereichs formaler Logik[147]. Zudem sind sie auch wandelbar. Heute können andere Prinzipien, andere Wertungen Geltung haben und systemtragend sein als noch vor wenigen Jahrzehnten, weil "das [Rechts-] System als die Sinneinheit einer konkreten Rechtsordnung an deren Seiensweise teilhat, d.h., daß es ebenso wie diese nicht statisch, sondern dynamisch ist, also die Struktur der Geschichtlichkeit aufweist"[148]. Dies eingedenk, ist Rechtsanwendung mehr als nur ein mechanisch-deduktiver Vorgang, bei dem man sich darauf beschränken kann, mit Begriffen richtig zu operieren, um zu richtigen Fallentscheidungen zu gelangen. Vielmehr muß der Richter die zugrundeliegenden Wertungen auffinden und "nachschaffen", gegebenenfalls auch Wertungslücken auffüllen und Wertungswidersprüche korrigieren: "Bewertung qua Rechtsanwendung"[149].

Diese Erkenntnisse sind keineswegs neu. Daher ist heute wohl unbestritten: Es ist nicht allein Aufgabe des Gesetzgebers, (s)ein Rechtssystem im Interesse von dessen Lebensfähigkeit permanent zu berichtigen, erneuern und verfeinern, sondern auch und vor allem Sache des Rechtsanwenders[150]. Der Prozeß der Differenzierung durch Richterrecht widerspricht nicht der Bindung an das Gesetz, sondern ist, richtig verstanden, dessen Konsequenz, weil es nur so über die Zeiten und im Wandel der Gesellschaft eine konsensfähige Grundlage für friedfertige Konfliktbewältigung bleiben kann.

Umstritten ist freilich, mit welchen Gewichten an diesem Prozeß das systematisch-dogmatische Denken einerseits - also die teleologische Argumentation aus den allgemeinen Rechtsprinzipien heraus - und freieres Problem- oder "topisches" Denken[151] andererseits - also der Rückgriff auf vorpositive "topoi" zugunsten plausibler Zweckbegründungen - beteiligt sind[152] - wenn wohl auch

---

145 Vgl. *Larenz*, Methodenlehre, 214 ff.; *Canaris*, Systemdenken und Systembegriffe, 46 ff.

146 Vgl. *Larenz*, Methodenlehre, 215.

147 *Canaris*, Systemdenken und Systembegriffe, 21.

148 *Canaris*, Systemdenken und Systembegriffe, 63.

149 *Esser*, Vorverständnis und Methodenwahl, 44.

150 S. *Larenz*, Methodenlehre, 366 ff.

151 Grundlegend *Viehweg*, Topik und Jurisprudenz 5. A. 1974 (1. A. 1953).

152 S. *Canaris*, Systemdenken und Systembegriffe, 135 ff. einerseits, *Esser*, Vorverständnis und Methodenwahl, 154 ff. andererseits.

geklärt ist, *daß* in einem offenen System beide nebeneinander einen Platz haben[153].

Nach einem gewissen Anfangserfolg ist die Euphorie über die Entdeckung der Topik für die Jurisprudenz[154] mittlerweile wieder abgeklungen. In der Tat spricht einiges für die Position von beispielsweise *Canaris* und *Flume*, daß die Topik in der Rechtswissenschaft mit Vorsicht zu genießen ist. Die Rechtsprechung hat trotz der oben skizzierten Freiheiten im Rahmen der Rechtsquellenlehre vornehmlich die Aufgabe, vom Gesetzgeber statuierte, also der objektiven Rechtsordnung immanente Wertungen *nach*zuvollziehen statt eigene Wertentscheidungen zu verwirklichen[155]. In der treffenden Differenzierung Flumes: Die Gerichte finden das Recht, sind aber nicht befugt, es zu *er*finden[156]. Damit ist jede rechtliche Entscheidung grundsätzlich aus dem geltenden Recht zu legitimieren, was offenes Problemdenken mit der an dogmatische Kategorien nicht gebundenen Anlehnung an das "Vernünftige", den "common sense", nicht zu leisten vermag[157]. Sie ist der systematisch-teleologischen Argumentation folglich nur dort überlegen, wo echte *Wertungslücken* bestehen, der Rückgriff auf systemimmanente Prinzipien oder in letzter Instanz dem "Geist der Rechtsordnung"[158] also versagt[159]. Eine vorpositive "Vernünftigkeitskontrolle", wie sie manchen allgemein bei *jeder* Rechtsanwendung vorschwebt[160], kann nur *ultima ratio* sein, wenn das, was nach positiven gesetzlichen Prinzipien "vernünftig" sein soll, nicht feststellbar ist.

Einer eingehenden Stellungnahme zu diesem Streit bedarf es indessen nicht, denn das hier wesentliche ist gezeigt: Das Rechtssystem bleibt als "offenes" immer unvollendet, weshalb Rechtsanwendung und Rechtsfortbildung nicht zu trennen sind[161]. In dem von der gesetzgebenden Gewalt vorgegebenen Rahmen bleibt ein weiter Raum für "schöpferische" Rechtsprechung. Berichtigende Auslegung sowie Lückenfüllung durch Rechts- und Gesetzesanalogie, teleologische Extension und Reduktion sind hierbei legitime Werkzeuge.

Nun ist dieser von der heutigen Methodenlehre inspirierte und im Vergleich zur traditionellen Vorstellung[162] freiere, wenngleich nicht bindungsloser Umgang mit dem Gesetz nicht nur ohne weiteres auf das "klassische" IPR als Teil

---

153 Vgl. *Zippelius*, NJW 1967, 2229 (2333 f.).

154 Z.B. *Berges*, NJW 1966, 1909.

155 S. *Flume*, in: Gesammelte Schriften I, 15, 20.

156 *Flume*, in: Gesammelte Schriften I, 20; vgl auch *Picker*, JZ 1984, 153 (155).

157 Eingehend *Canaris*, Systemdenken und Systembegriffe, 141 ff.

158 *Flume*, in: Gesammelte Schriften I, 15 unter Hinweis auf *Mugdan* I, 363.

159 *Canaris*, Systemdenken und Systembegriffe, 149.

160 Vgl. *Esser*, Vorverständnis und Methodenwahl, 23 f., 26 ff.; ihm weitgehend folgend *Schurig*, Kollisionsnorm und Sachrecht, 176 ff., der allerdings einschränkt, daß richterliche Rechtsfortbildung wenigstens "systemverträglich" sein muß (177).

161 *Larenz*, Methodenlehre, 366; *Flume*, in: Gesammelte Schriften I, 16.

162 Wie sie sich beispielsweise noch im Lehrbuch zum Allgemeinen Teil des Bürgerlichen Rechts von *Enneccerus/Nipperdey*, 15. A. 1959/60 niederschlägt.

des allgemeinen Rechtssystems übertragbar, sondern hat dort eine noch tiefere Berechtigung. Denn spezifisch kollisionsrechtliche Besonderheiten bewirken, daß sich hier die Unzulänglichkeit des positiven Gesetzesrechts noch deutlicher bemerkbar macht, woraus größere Spielräume für den Richter erwachsen[163]: "[L]e droit international privé constitue l'exemple particulièrement démonstratif de ce que la loi ne donne pas de réponse à tous les problèmes"[164].

Zwar befindet sich jedenfalls das hier interessierende internationale Vertragsrecht nicht mehr im Stande der "unkodifizierten Unschuld", in dem der Richter ohnehin weitgehend Aufgaben des Gesetzgebers wahrnehmen mußte und deshalb auch dessen Freiheiten genoß[165]. Jedoch heben sich die herkömmlichen Kollisionsnormen dadurch vom materiellen Privatrecht ab, daß sie über Konfliktlösungen nicht selbst entscheiden, sondern in der oben beschriebenen Weise horizontal und vertikal gebündelt die auf den Sachverhalt anzuwendenden Sachnormen berufen. Dabei umfassen die Bündelungen häufig sehr große Gebiete, wie exemplarisch Art. 25 und 27 I EGBGB (letzterer i.V.m. Art. 32 EGBGB) zeigen. (Fast) Alle Fragen der Erbfolge, (fast) die gesamten vertraglichen Beziehungen der Parteien werden einer Rechtsordnung zur Regelung zugewiesen. Selbst eine Norm wie Art. 29 EGBGB, die sich im Gefüge des IPR als enge Sondervorschrift ausnimmt, ist im Vergleich zum materiellen Privatrecht mit ihrer schillernden Kategorie des "Verbrauchervertrages" geradezu generalklauselartig weit. Diese Bündelungen rechtfertigen sich nun aus der grundsätzlichen Überlegung, daß hinsichtlich aller von ihnen erfaßten Sachrechtserscheinungen die *kollisionsrechtliche Interessenbewertung* zum gleichen Ergebnis und damit zur gleichen Anknüpfung führt[166]. Tatsächlich aber schließt ihre mit Unschärfe verbundene Weite eine angemessene Berücksichtigung aller Möglichkeiten von vornherein aus[167]. Nicht nur können faktische Veränderungen und Entwicklungen im internationalen Rechtsverkehr oder eine veränderte Sichtweise bereits bekannter Sachverhalte eine Neubewertung und damit ein Aufschnüren des Bündels erzwingen. Schwerer noch wiegt die Tatsache, daß das Sachrecht, dessen internationalen Anwendungsbereich das IPR festlegen soll, selbst ständig in Bewegung ist, ob im In- oder Ausland. "Das Kollisionsnormensystem [kann] nicht statisch

---

163 Vgl. zum folgenden *Schurig*, Kollisionsnorm und Sachrecht, 173 ff.

164 *Vassilakakis*, Orientations méthodologiques, Tz. 150.

165 Weshalb zu Recht *Esser*, Vorverständnis und Methodenwahl, 159 das IPR vor der Reform von 1986 als "von topischen Argumenten beherrschte[s]" Rechtsgebiet bezeichnete.

166 S.o. S. 145; *Schurig*, Kollisionsnorm und Sachrecht, 200.

167 *Schurig*, Kollisionsnorm und Sachrecht, 201.

sein..., solange die eventuell zu berufenden Sachnormensysteme es nicht sind"[168]. Denn wenn auch kollisionsrechtliche Bündelungen, wie mehrfach betont, auf der Bewertung kollisionsrechtlicher Interessen beruhen, so ist für diese aber auch der Inhalt der sachlichen Regelungen von entscheidender Bedeutung. Eine Bündelung hat deshalb nur solange Bestand, wie eine sachliche Neuregelung keine abweichenden kollisionsrechtlichen Interessen impliziert. Ist dies aber der Fall, so ist eine neue Kollisionsnorm aufzustellen, die zunächst vereinzelt bleiben mag, bei fortschreitender Erkenntnis sich aber - vielleicht - mit anderen ähnlichen Normen vertikal zu einseitigen oder auch horizontal zu neuen allseitigen Verweisungsnormen vereinigt.

Bei der Neubildung von Kollisionsnormen ist allerdings das zu beachten, was *Schurig* treffend das "juristische Trägheitsprinzip" nennt[169]. Zum Nutzen der Rechtssicherheit, die eine gewisse Kontinuität der Rechtsanwendung und Voraussehbarkeit der Gerichtsentscheidungen verlangt, darf nicht bereits bei jedem noch so kleinen "Interessenschwund" von einer positiv normierten Anknüpfung abgegangen werden. Die "Orientierungsgewißheit"[170] des Rechtsverkehrs leidet, wenn positive Gesetze nicht strikt beachtet werden. Eine richterliche Rechtsfortbildung ist deshalb erst dann zulässig, wenn Gründe der sachlichen Gerechtigkeit die Argumente der Rechtssicherheit, die gegen ad-hoc-Neubildung von Normen sprechen, deutlich überwiegen.

4. Gegenmodell

Damit ist der Grundstein für das richtige Verständnis des Art. 34 EGBGB gelegt.

Wenn einerseits der Ansatz bei der (Sach-)Norm, um deren internationalen Anwendungsbereich festzulegen, kein "aliud" ist zur allseitigen Kollisionsnorm, die ihren Ankerpunkt im Lebenssachverhalt findet, sondern lediglich einen geringeren Bündelungszustand kennzeichnet, andererseits das positive IPR mehr noch als andere Rechtszweige der richterrechtlichen Korrektur bedarf und ihr auch offensteht, dann wird evident: Art. 34 EGBGB beinhaltet nicht mehr als eine allgemeine *Ausweichklausel* im internationalen Vertragsrecht. Er erlaubt dem Richter, in geeigneten Fällen neue Kollisionsnormen für bestimmte Sachrechtsvorschriften zu entwickeln, wenn und soweit diese vom Wortlaut einer gesetzlich fixierten Kollisionsnorm zwar erfaßt werden, aufgrund einer von abweichenden Sachinteressen implizierten anderen kollisions-

---

[168] *Schurig*, Kollisionsnorm und Sachrecht, 173.

[169] *Schurig*, Kollisionsnorm und Sachrecht, 199 ff.

[170] *Zippelius*, Methodenlehre, 60.

rechtlichen Interessenbewertung aber einer andersartigen Anknüpfung unterliegen sollten. Es geht nicht um die "Sonderanknüpfung" zwingenden Rechts, sondern um eine richterliche "besondere Anknüpfung", wo die allgemeine Anknüpfung versagt[171]. Art. 34 EGBGB ist insoweit überflüssig, denn die Berechtigung zur richterlichen Korrektur von allzu starren Rechtsregeln im Dienste der Einzelfallgerechtigkeit ist, wie oben dargelegt, unverzichtbarer Bestandteil eines jeden Rechtssystems, gleichgültig ob der Gesetzgeber sie ausdrücklich anerkennt oder nicht[172]. Allerdings mag es immerhin der Rechtssicherheit dienen, wenn der Gesetzgeber dem Rechtsanwender eine offene Ermächtigung zur Berichtigung von Kollisionsnormen in besonders gelagerten Fällen erteilt[173].

Noch überflüssiger ist die zweite, bereits oben[174] erwähnte Komponente des Art. 34 EGBGB. Er soll nach h.M. auch als Ansatzpunkt für eine Sonderbehandlung von solchen Sachnormen dienen, denen der Gesetzgeber selbst bereits eine *ausdrückliche* spezielle Verweisungsnorm beigelegt hat, wie z.B. §§ 61 n.F. BörsG[175], 98 II GWB[176] oder 12 AGBG[177]. Das einfache Gesetzesrecht der Art. 27 ff. EGBGB kann den Gesetzgeber aber ohnehin nicht daran hindern, neues und ebenfalls einfachgesetzliches Kollisionsrecht für besondere Fallgestaltungen zu schaffen, das vom Rechtsanwender im Inland selbstverständlich zu beachten ist, ohne daß es dafür einer "Öffnungsklausel" bedürfte. Und um einem solchen Vorgehen den Vorwurf der Völkerrechtswidrigkeit zu ersparen, reicht die Norm des Art. 7 II EVÜ auch ohne einer Transformation in innerstaatliches Recht aus.

Diese Sichtweise des Art. 34 EGBGB als Ausweichklausel steht nicht nur dogmatisch auf sichereren Füßen als die Lehre von einem zweiten kollisionsrechtlichen System für "Eingriffsnormen", die auf einer falschen Beurteilung der Arbeitsweise und Leistungsfähigkeit des klassischen IPR beruht und überdies nicht in der Lage ist, die (angeblichen) Grenzen zwischen den beiden Systemen in einer befriedigenden Weise zu bestimmen. Sie bietet auch handfeste praktische Vorteile, insbesondere im hier interessierenden Gebiet des internationalen Verbraucherschutzes:

a) Es ist nicht mehr notwendig, Sachnormen mit verbraucherschützender Tendenz oder Wirkung in das unglückselige Schema "Normen im öffentlichen

171 Vgl. *Schurig*, Kollisionsnorm und Sachrecht, 330.

172 *Kreuzer*, FS Zajtay, 295 (315); *Schurig*, Kollisionsnorm und Sachrecht, 341.

173 *Kreuzer*, FS Zajtay, 295 (315); grundsätzlich zurückhaltender, für *staatsvertragliches* Kollisionsrecht aber ebenso *Schurig*, Kollisionsnorm und Sachrecht, 341 mit Fn. 297.

174 S. 131.

175 MüKo-*Martiny*, Art. 34 EGBGB Rdn. 88.

176 *Kropholler*, IPR, 416.

177 *E.Lorenz*, RIW 1987, 569 (578).

Interesse (ordungspolitische Normen)/Normen im Privatinteresse" zu pressen, um im Einzelfall eine Abweichung von den Art. 27 ff. EGBGB rechtfertigen zu können. Die Fragestellung verlagert sich statt dessen auf die internationalprivatrechtliche Ebene (wo sie auch hingehört). Nicht die "Ablage" einer Norm in einer von zwei materiellrechtlichen Kategorien entscheidet über das Wohl und Wehe im internationalen Zusammenhang, sondern die *internationalprivatrechtliche Interessenlage*: Entziehen sich bestimmte Normen in speziellen Fallkonstellationen aufgrund einer abweichenden kollisionsrechtlichen Interessenlage einer allseitigen Verweisungsnorm, die ihrem Wortlaut nach einschlägig ist?

Daß eine Sachnorm im besonderen Maße *öffentliche* Interessen tangiert, mag hier als *Indiz* für eine besondere Interessenlage eine gewisse Rolle spielen[178], mehr aber auch nicht. Weder ist es erforderlich, daß eine Vorschrift *nur* Kollektivbelangen dient, die zudem von Privatinteressen säuberlich zu trennen sind, noch ist es ausgeschlossen, auch Normen im Individualinteresse gegebenenfalls eine besondere Behandlung angedeihen zu lassen. Letzteres kann z.B. dann der Fall sein, wenn individualschützende Vorschriften in besonderer Weise mit zwangsläufig territorial begrenzten Aufsichtsbefugnissen öffentlichrechtlich handelnder Behörden verwoben sind[179]. Weiter ist die zwischen den Polen des öffentlichen und privaten Interesses häufig in den Hintergrund gedrängte Tatsache zu bedenken, daß auch die privaten Interessen der an einem Vertrag Beteiligten unterschiedliches Gewicht haben können. Und wenn eine Norm wie Art. 27 I EGBGB mit der umfassenden Parteiautonomie eine grundsätzliche Waffengleichheit zwischen den Parteien voraussetzt, so kann hier schon die Erwägung, daß bei Verträgen mit typischerweise großem Machtgefälle eine abweichende kollisionsrechtliche Interessenbewertung erfolgen müsse, eine "besondere" Anknüpfung in bestimmten Fallgestaltungen rechtfertigen, ohne daß zur Begründung öffentliche Interessen heranzuziehen sind.

Wichtiger noch: Die Abkehr von der "Sonderanknüpfung" bestimmter Normen wegen der ihnen (angeblich) eigenen Nähe zu materiellen Gemeinwohlinteressen hin zu einer "besonderen Anknüpfung" deutscher oder ausländischer Sachnormen je nach der Stärke der einschlägigen kollisionsrechtlichen Interes-

---

178 Ähnlich *Schurig*, RabelsZ 54 (1990), 217 (234).

179 Die privatrechtlichen Vorschriften des AuslandsInvestG z.B., die die Vertragsbedingungen beim Kauf von ausländischen Investmentanteilen zwingend regeln, sind in ihrem internationalen Anwendungsbereich auf den *inländischen* Vertrieb beschränkt, der zugleich auch der (öffentlichrechtlichen) Aufsicht durch das Bundesaufsichtsamt für das Kreditwesen untersteht (§ 14 AuslandsInvestG), vgl. MüKo-*Martiny*, Art. 34 EGBGB Rdn. 77.

sen macht den Blick frei für die eigentliche Aufgabe, auch im nicht positiv niedergelegten Teil des IPR ein *differenziertes Anknüpfungssystem* zu schaffen[180], das der Vielschichtigkeit der sachrechtlichen Regelungen ebenso wie der Vielfalt der möglichen "internationalen" Sachverhalte gerecht wird. Hier liegt im übrigen das eigentliche Verdienst *Savignys*, als er sich von der starren Dreiteilung der Statutentheorie abwandte und über die Suche nach dem "Sitz des Rechtsverhältnisses" den Weg zu einer verfeinerten Gestaltung von Kollisionsnormen wies[181], und hier liegt auch die Zukunft des IPR: "Der Weg des IPR wie der Wissenschaft überhaupt ist ein Weg der Verfeinerung. Kunstvoller werden die Einzellösungen, gestaltreicher die Grundsätze"[182]. Wer sich hingegen vor allem damit beschäftigt, ob und gegebenenfalls warum eine bestimmte Norm nicht dem herkömmlichen IPR, sondern einem zweiten kollisionsrechtlichen System unterfällt, scheint für Überlegungen hinsichtlich differenzierterer Anknüpfungen häufig keinen Sinn mehr zu haben[183]; lakonische Äußerungen wie die von *Siehr*[184] und *Lesguillons*[185] sind insoweit durchaus bezeichnend.

Kohte hingegen ist mit seinem "beweglichen System"[186] insoweit auf dem richtigen Weg, als er bei der Anwendung von Eingriffsnormen im Rahmen von Art. 34 EGBGB das Hauptaugenmerk auf die Intensität der Inlandsberührung des jeweiligen Sachverhalts legt, wenngleich er zu Unrecht die in dieser Hinsicht zu stellenden Anforderungen vom Gewicht der mit der fraglichen Norm geschützten öffentlichen Interessen abhängig machen will[187].

Gerade Art. 29 I EGBGB zeigt, wie ein abgestuftes Anknüpfungssystem im Bereich des Verbraucherschutzes aussehen kann, und er zeigt auch, daß man dadurch des Bemühens um richterrechtliche Lückenfüllung nicht enthoben ist,

---

180 Vgl. *Sonnenberger*, FS Rebmann, 821 (830 ff.); *Schurig*, RabelsZ 54 (1990), 217 (239 f.).

181 *Kegel*, FS Lewald, 259 (261); *Schurig*, Kollisionsnorm und Sachrecht, 117.

182 *Kegel*, FS Lewald, 259.

183 Vgl. z.B. *v.Hoffmann*, IPRax 1989, 261 (269 ff.), der sich ausführlich um den Nachweis bemüht, daß § 609 a I Nr. 2 und II BGB dem Kreis der Normen "zum Ausgleich typischer Ungleichgewichtslagen" zugerechnet werden können, die er einer Sonderanknüpfung unterwerfen will. Zur Frage der insoweit erforderlichen Inlandsbeziehung bleibt es dann bei der lapidaren und unbegründeten Feststellung: "Freilich ist erforderlich, daß der in Art. 29 I Nr. 1 oder Nr. 2 EGBGB genannte besondere Inlandsbezug bei der Vertragsanbahnung vorliegt" (271).

184 *Siehr*, RabelsZ 52 (1988), 41 (48 Fn. 30): Das HausTWG gilt "nach seinem Sinn und Zweck für jedes Haustürgeschäft, das ... im Inland abgeschlossen wird"; s. bereits oben S. 134 Fn. 22.

185 *Lesguillons*, in: Lamy Contrats internationaux, div. 2 art. 41, 4°: "Les règles relatives à la protection du consommateur ne peuvent pas être écartés par la référence à une loi étrangère dans le contrat"; s. bereits oben S. 127 Fn. 5.

186 *Kohte*, EuZW 1990, 150 (153); s. bereits oben S. 128.

187 *Kohte*, EuZW 1990, 150 (153 f.).

will man in Fällen wie denen der Kaffeefahrten an ausländischen Urlaubsorten nicht vor der "Phantasie der Nepper und Schlepper"[188] kapitulieren.

b) Das führt über zum zweiten Aspekt: Mit der vorgeschlagenen Integration des Art. 34 EGBGB in das herkömmliche System läßt sich auch das Verhältnis dieser Norm zu Art. 29 I EGBGB zwangloser erklären als nach der h.M. Deren Vertreter mußten, wie oben dargelegt, entweder eine Anwendung des Art. 34 EGBGB auf Verbraucherschutzbestimmungen rigoros ablehnen oder umgekehrt dem Verbraucherschutz über Art. 34 EGBGB wegen der Vorstellung von den Eingriffsnormen als dem klassischen System entzogene Vorschriften Vorrang einräumen vor Art. 29 EGBGB - sofern man nicht zu dogmatisch gewagten Hilfskonstruktionen greift, um solch ein widersinniges Ergebnis zu vermeiden[189].

Diese Probleme stellen sich nach der hier vertretenen Auffassung nicht. Da die sog. Eingriffsnormen nichts anderes sind als richterrechtliche Ausnahmen von der gebündelten Verweisung in einer allseitigen Kollisionsnorm aufgrund einer abweichenden kollisionsrechtlichen Interessenbewertung, so ist dann, wenn eine positiv niedergelegte Verweisungsnorm in ihrer Gestaltung diese Interessen bereits berücksichtigt, eine solche Ausnahme nicht (mehr) notwendig. Richterrecht schließt Lücken und ist deshalb dort fehl am Platz, wo der Gesetzgeber selbst tätig geworden ist. Art. 29 EGBGB, der als Spezialnorm zu Art. 27 I EGBGB den besonderen Interessen der Verbraucher im internationalen Bereich zu dienen bestimmt ist, geht damit in seinem Anwendungsbereich unproblematisch dem Ansatz über Art. 34 EGBGB vor.

c) Das Bündelungsmodell und die darauf aufbauenden obigen Ausführungen sind - das sei am Rande erwähnt - im übrigen über Art. 34 EGBGB hinaus auch der Schlüssel zum richtigen Ansatz bei der so heftig umkämpften Frage der Sonderbehandlung *fremden* Eingriffsrechts, zu der das EGBGB mangels Übernahme des Art. 7 I EVÜ gänzlich schweigt. Ist eine Kollisionsnorm nur für einzelne Vorschriften der *lex fori* lediglich eine ungebündelte, gleichwohl aber systemverträgliche Verweisung, so gilt gleiches auch für eine "Sonderanknüpfung" einzelner ausländischer Rechtssätze. Auch hier geht es "nur" um eine richterrechtliche Ausnahme von einer umfassenden, allseitig gebündelten Verweisung unter Bildung einer besonderen Einzel-Kollisionsnorm, die auf einer *autonomen* Abwägung und Bewertung der einschlägigen kollisionsrechtlichen Interessen durch das Forum beruht. Ein unilateralistischer, systemspren-

---

188 *Junker*, RabelsZ 55 (1991), 674 (685).

189 Oben S. 151 f.

gender Ansatz beim vom *fremden* Gesetzgeber definierten "Anwendungswillen" ist hier wie sonst auch weder notwendig noch auch nur sinnvoll, zumal er zur praktischen Folge hat, daß man eine "Notbremse" in der einen oder anderen Form[190] einbauen muß, um übertriebene ausländische Anwendungsansprüche abzuwehren und somit ohnehin - wenn auch nur in einem zweiten Schritt - an einer Analyse der eigenen Interessen nicht vorbeikommt[191]. Schon das zeigt, daß die Bedeutung des fremden "Geltungswille" zuweilen weit überschätzt wird. Nähere Ausführungen zu diesem Themenkomplex würden den Rahmen dieser Arbeit allerdings sprengen. Es sei deshalb insoweit auf andere Abhandlungen verwiesen[192].

d) Schließlich läßt sich auch für die Antwort auf die Frage, die am Anfang dieser Untersuchung zu Art. 34 EGBGB stand, ein geeigneter Ansatzpunkt finden: Sind deutsche Verbraucher im Rahmen von Kaffeefahrten an ausländischen Urlaubsorten trotz der Wahl des dort geltenden Rechts durch die Anwendung deutscher zwingender Normen zu schützen?

Das Problem besteht *nicht* darin, ob Art. 29 EGBGB eine "Sperrwirkung" auslöst oder nicht[193]. Die Frage, ob für Verbraucherverträge in bestimmten Konstellationen eine richterrechtliche Ausnahme zu Art. 27 I EGBGB zu machen und intern zwingendes Recht gegen eine Rechtswahl durchzusetzen ist, reduziert sich ganz im Gegenteil dann, wenn wie hier für Verbraucherverträge unter *anderen*, aber *ähnlichen* Umständen bereits eine gesetzliche Ausnahme geschaffen wurde, auf die Wertung, ob die Ähnlichkeit ausreicht, um die Norm *entsprechend* anzuwenden. Die teleologische Reduktion einer zu weit geratenen Grundnorm, wie sie Art. 34 EGBGB gestattet, wird (ggf.) überlagert durch eine Analogie zur schon existierenden Spezialvorschrift[194]. Die analoge Anwendung des Art. 29 I EGBGB und der Ansatz über Art. 34 EGBGB sind

---

190 Z.B. durch das Erfordernis einer "genügend engen Beziehung" des Eingriffsstaats zum zu beurteilenden Sachverhalts, *Radtke*, ZvglRWiss 84 (1985), 325 (335 f.) m.w.N.

191 Vgl. z.B. *Siehr*, RabelsZ 52 (1988), 41 (93 f.); *Großfeld*, Internationales Unternehmensrecht, 124: Anwendung einer fremden Eingriffsnorm setzt unser eigenes Interesse daran voraus. Auch ob eine "genügend" enge Beziehung vorliegt (oben Fn. 190), richtet sich selbstverständlich nach unseren Vorstellungen.

192 *Schurig*, RabelsZ 54 (1990), 217 (234 ff.); *ders.*, in: Holl/Klinke, Internationales Privatrecht, Internationales Wirtschaftsrecht, 55 (66 ff.) *ders.*, Kollisionsnorm und Sachrecht, 321 ff.

193 Deutsche Denkschrift zum EVÜ, BRat-Drucks. 224/83, 28 einerseits; *v.Hoffmann*, IPRax 1989, 261 (264) andererseits; s. auch oben S. 128.

194 Zum Zusammenhang zwischen teleologischer Reduktion und Analogie vgl. *Larenz*, Methodenlehre, 395.

keine unterschiedlichen Lösungswege, wie immer wieder anklingt[195]. Das erstere ist nur eine besondere Argumentationstechnik, deren sich der Richter bedienen kann, der das von Art. 34 EGBGB ausdrücklich sanktionierte Recht zur schöpferischen Rechtsfindung in Anspruch zu nehmen gedenkt.

Ob nun *in concreto* eine Analogie zu Art. 29 I EGBGB aus dessen Grundgedanken heraus zulässig ist, dieser Frage ist das abschließende Kapitel gewidmet.

---

195 Z.B. OLG Hamm, NJW-RR 1989, 496, wo erst eine Analogie zu Art. 29 I EGBGB und dann die Durchsetzung von Verbraucherschutzbestimmungen über Art. 34 EGBGB abgelehnt wird; ebenso *Taupitz*, BB 1990, 642 (648 f.).

D. "Kaffeefahrten" im Ausland (II)

Die Gegner einer Analogie zu Art. 29 I EGBGB in den hier interessierenden und oben näher beschriebenen[1] Fallkonstellationen scheinen bis heute in der Überzahl[2]. Als erstes Argument wird von ihnen immer wieder vorgetragen, die Aufzählung der Nr. 1-3 zeige, daß der deutsche Gesetzgeber ein zwar in den Grundgedanken einheitliches, in der Einzelausformung aber differenziertes und keineswegs umfassendes Schutzsystem schaffen wollte, und "[ü]ber diese gewollt dezisionistische Haltung des Gesetzgebers kann man sich nicht im Wege der Analogie hinwegsetzen"[3].

In der Tat ist unzweifelhaft, daß das EGBGB dem Verbraucher keinen lückenlosen Schutz gewährt, sondern sich in dieser Hinsicht auf drei relativ eng umrissene Anwendungsfälle beschränkt. Nur folgt daraus nicht mehr, als daß es sich bei Art. 29 EGBGB um eine recht spezielle Ausnahmevorschrift zu Art. 27 und 28 EGBGB handelt. Eine Sondervorschrift ist aber ebenso wie jede Grundnorm auch grundsätzlich einer Analogie zugänglich - der Satz *singularia non sunt extendenda*, den lange Zeit jeder Studierende zu lernen hatte, ist heute in dieser Allgemeinheit längst aufgegeben worden[4]. Entscheidend ist hier wie in allen anderen Fällen der Analogie allein, ob die fragliche Rechtsnorm ihrem Wortlaut nach solche Fälle nicht erfaßt, auf die sie sich billigerweise unter Berücksichtigung des Gleichheitsgrundsatzes erstrecken müßte: Auch eine Ausnahmevorschrift kann zu eng geraten sein[5]. Maßgeblich für diese Beurteilung ist der Grund, aus dem der Gesetzgeber gerade diese Fälle der Grundregel entzogen hat. Trifft er auch auf andere Konstellationen zu, ohne daß dort fehlende

---

1 S. 112.

2 *Coester-Waltjen*, FS W.Lorenz, 297 (310); *Ebke*, in: Europäisches Gemeinschaftsrecht und Internationales Privatrecht, 77 (101); *Mankowski*, IPRax 1991, 305 (311); Palandt-*Heldrich*, Art. 29 EGBGB Rdn. 5; *Taupitz*, BB 1990, 642 (649); OLG Celle, EuZW 1990, 550 (551); OLG Hamm NJW-RR 1989, 496; *Junker*, RabelsZ 55 (1991), 674 (685 f.); LG Koblenz v. 13.06.1989, 6 S 43/89; *Beitzke* und *Walter* bei *Grothe*, Diskussionsbericht, in: Europäisches Gemeinschaftsrecht und Internationales Privatrecht, 107 f; *Schwarz*, Schutzkollisionen, 202. *Für* eine Analogie hingegen *Lüderitz*, IPRax 1990, 216 (219); MüKo-*Martiny*, Art. 29 EGBGB Rdn. 7, 18 a; *Kohte*, EuZW 1990, 150 (156); *Kropholler*, *Sack* und *E.Lorenz* bei *Grothe*, a.a.O., 108 f.; OLG Stuttgart, NJW-RR 1990, 1081 (1082).

3 *Mankowski*, IPRax 1991, 305 (311); ebenso *Taupitz*, BB 1990, 642 (649); *Schwarz*, Schutzkollisionen, 202. Vgl. auch OLG Hamm, NJW-RR 1989, 496.

4 S. nur *Larenz*, Methodenlehre, 355 f.; *Zippelius*, Methodenlehre, 64.

5 Vgl. *Zippelius*, Methodenlehre, 63 f.

spezifische Tatbestandsmerkmale gewichtig genug sind, um eine unterschiedliche Behandlung zu rechtfertigen, so ist eine Analogie möglich. Und dies gilt selbst dann, wenn die Regelung vom Gesetzgeber zunächst als abschließende gewollt war[6]. Denn das sagt allein genommen nichts darüber aus, wie Fälle zu behandeln sind, die er nicht gesehen hat oder nicht sehen konnte, weil sie zur Zeit des Normerlasses noch nicht aktuell waren. Nur für solche Varianten, die der Gesetzgeber *sehenden Auges* nicht dem Ausnahmetatbestand unterstellt hat, bleibt es bei einem Analogieverbot, will man nicht die Gewaltenteilung vollends verabschieden[7]. Diese Voraussetzung kann allerdings für die "spanischen Kaffeefahrten" und vergleichbare Sachverhalte nicht angenommen werden. "Gerichtsbekannt" wurden diese Fälle erst um 1988, und auch die Literatur hatte sich bis dahin mit solchen Konstellationen nicht beschäftigt.

Es besteht also in dieser Hinsicht eine planwidrige Wertungs- bzw. Regelungslücke, die durch einen Analogieschluß geschlossen werden kann, sofern sich der Grundgedanke der Norm auch insoweit als tragfähig erweist.

Mankowski hält dieser Ausgangsbasis *systematische* Bedenken entgegen. Wegen der Verweisung in Art. 29 II EGBGB müßte jede Analogie für Fälle mit einer Rechtswahl auch eine Analogie im Bereich der objektiven Anknüpfung mit sich bringen. Die objektive Anknüpfung von Schuldverträgen sei aber im Grundtatbestand des Art. 28 EGBGB so umfassend geregelt, daß kein Fall denkbar sei, der nicht im Prinzip von dieser Norm erfaßt werde. Damit existiere *hier* eine Regelungslücke nicht und sei eine entsprechende Anwendung des Art. 29 II EGBGB methodisch unzulässig, was sich nun auch auf Art. 29 I EGBGB auswirken müsse, wolle man nicht den vom Gesetzgeber gewollten Zusammenhang zwischen diesen beiden Absätzen des Art. 29 EGBGB zerstören[8].

Die Argumentation überzeugt indessen nicht. Zum einen ist schon der Umweg über Art. 29 II, 28 EGBGB unnötig. Auch im Bereich der subjektiven Anknüpfung gibt es ja in Art. 27 I EGBGB eine umfassende Generalklausel, die auf *alle* Fälle einer Rechtswahl anwendbar ist, welche ihr nicht durch einen Spezialtatbestand entzogen sind. Seine These von der fehlenden Regelungslücke hätte *Mankowski* also auch darauf stützen können. Doch zum anderen ist sie falsch. Eine (verdeckte) Gesetzeslücke kann auch darin liegen, daß eine Norm ihrem Wortlaut nach *zu weit* geraten ist und Fälle erfaßt, die aus der Regelung auszunehmen wären - dann *fehlt* eine entsprechende Ausnahmebestimmung[9]. Darauf beruht die anerkannte - und auch von *Mankowski* nicht in Frage gestellte - Gesetzeskorrektur in Form der teleologischen Reduktion, der hier der Art. 34 EGBGB zugeordnet wurde, und darauf beruht schließlich auch *jede* entsprechende Anwendung einer Ausnahmevorschrift, weil sie als Kehrseite der Medaille immer zugleich den Anwendungsbereich der zugehörigen Grundnorm

6 A.A. *Taupitz*, BB 1990, 642 (648 f.).

7 Vgl. *Zippelius*, Methodenlehre, 61.

8 *Mankowski*, IPRax 1991, 305 (311 f.).

9 Vgl. *Larenz*, Methodenlehre, 391 ff., 395; *Zippelius*, Methodenlehre, 59.

schmälert[10]. Die Argumentation *Mankowskis* läuft also, obwohl sie im Gewande einer speziellen Aussage zum Regelungszusammenhang zwischen Art. 29 I und II EGBGB daherkommt, auf eine Wiederbelebung des totgeglaubten allgemeinen Analogieverbots für alle Ausnahmeregeln hinaus.

Die einzige, allerdings ernstzunehmende Hürde für eine Analogie bleibt demnach die Frage, ob die Leitidee des Art. 29 I EGBGB auch einen Schutz des Verbrauchers bei Freizeitveranstaltungen in ausländischen Urlaubsorten zu rechtfertigen vermag.

Wir haben zu Beginn der Arbeit gesehen[11], daß sich die Nr. 1-3 des Art. 29 I EGBGB als die Konkretisierung einer marktbezogenen Anknüpfung darstellen: Verträge, die dem Heimatmarkt des Verbrauchers zuzurechnen sind, sollen dessen zwingenden Regeln unterworfen werden. Wie insbesondere Art. 29 I Nr. 3 EGBGB zeigt, wird dabei der Markt weniger als geographische Einheit verstanden denn als sozio-ökonomisches Umfeld, in dem sich das Geschäft abspielt. Die Tatsache allein, daß der Vertragsschluß im Ausland stattgefunden hat und insofern die territoriale Beziehung zu Deutschland aufgelockert ist, spricht also nicht gegen eine Analogie[12].

Und die übrigen Umstände machen ihrerseits im Gegenteil deutlich, daß die Spanien-Fälle einen sehr starken Bezug zum deutschen Binnenmarkt aufweisen, ja daß es sich im Grunde genommen genauso wie bei den Kaffeefahrten des Art. 29 I Nr. 3 EGBGB um allein örtlich ins Ausland verlagerte Inlandsgeschäfte handelt: "Auf Gran Canaria befinde[t] sich der deutsche Urlauber praktisch in Deutschland"[13] - zumindest, so muß man wohl vorsichtig hinzufügen, der Massen- und Pauschalreisetourist, der in ausschließlich oder doch überwiegend von Deutschen bevölkerten Hotels untergebracht ist, speziell auf Deutsche ausgerichtete Gaststätten und Diskotheken besucht, und dem das einheimische Personal mit zumindest rudimentären Deutschkenntnissen entgegenkommt. Die "Käseglocke"[14] des deutschen Kulturraums reist bei dieser Form des Urlaubs mit, nicht nur nach Gran Canaria oder an die Costa Brava, sondern auch nach Antalya in der Türkei oder nach Djerba vor der tunesischen Küste - die Liste von Urlaubsorten, in denen deutsche Pauschalreisende geballt auftreten, ließe

10 S. *Larenz*, Methodenlehre, 395, mit einem Beispiel aus dem Bereich der Gefahrtragung beim Werkvertrag: Analogie zu § 645 BGB unter gleichzeitiger Einschränkung der Grundregel des § 644 BGB.

11 Oben S. 22 ff.

12 A.A. *Mankowski*, IPRax 1991, 1991, 305 (311).

13 *Lüderitz*, bei *Grothe*, Diskussionsbericht, in: Europäisches Gemeinschaftsrecht und Internationales Privatrecht, 107 (108).

14 Vgl. bereits oben S. 25 mit Fn. 13.

sich beliebig verlängern. Genau das versuchen auch die Anbieter der Freizeitveranstaltungen auszunutzen, indem sie sich gezielt an diese Klientel richten - was besonders markant der Sachverhalt zeigt, den das LG Aachen zu entscheiden hatte[15]: Hier fand die Verkaufsveranstaltung in einem "Bayerischen Bierzelt" auf Gran Canaria statt! Ob aber der Verkäufer eine geschlossene Personengruppe ins Ausland "lockt" und ihnen dort Waren anbietet (Art. 29 I Nr. 3 EGBGB) oder ob er es "nur" ausnützt, daß bereits im Ausland befindliche Personen aus anderen Gründen eine homogene Gruppe ohne besonderen Kontakt zum Gastland bilden, macht vor dem Hintergrund der marktbezogenen Anknüpfung keinen Unterschied.

Die überaus starke Beziehung zum deutschen Markt korrespondiert mit einer fehlenden Verknüpfung zum internen Wirtschaftsleben des Gastlandes. Einheimische Verbraucher sind ebensowenig Zielobjekte der Vertriebsbemühungen wie Touristen anderer ausländischer Nationalität; der Personenkreis, dem man im "Bayerischen Bierzelt" auf deutsch angepriesene Wollwaren verkaufen kann, ist relativ beschränkt. Die Decken und Kissen sind verständlicherweise auch nicht zum Gebrauch im Urlaub gedacht und werden folgerichtig erst in Deutschland ausgeliefert, wo auch die Bezahlung abgewickelt wird.

Auch auf der Angebotsseite sind "echte" lokale Anbieter (im Gegensatz zu den hier agierenden quasi-importierten[16] Verkäufern unter der Kontrolle des deutschen Herstellers) nicht betroffen[17], weil sie um dieses Marktsegment nicht konkurrieren. Kaum ein deutscher Urlauber wird mit der festen Absicht in den Urlaub reisen, beim dortigen Einzelhandel Bettdecken für den heimischen Gebrauch zu kaufen, und dann doch den Versuchungen auf einer Freizeitveranstaltung unterliegen. Im Gegenteil: Benachteiligt durch die aggressiven Marketingstrategien werden allein Ladenverkäufer in Deutschland, denen trotz günstigerer Preise die Kunden abspenstig gemacht werden[18].

Damit ist der Bezug zum Wettbewerbsrecht offensichtlich. Wer unerfahrene Kunden über ihre vertraglichen Rechte täuscht, mißachtet regelmäßig auch die gesetzlichen Lauterkeitsstandards gegenüber Mitbewerbern und handelt sittenwidrig i.S.d. § 1 UWG[19]. Es ist deshalb kein Zufall, daß in vielen Fällen versucht wurde, die Beachtung der Belehrungspflicht über die Widerrufsmöglich-

---

[15] LG Aachen, NJW 1991, 2221.

[16] *Mankowski*, IPRax 1991, 305 (311).

[17] A.A. *Mankowski*, IPRax 1991, 305 (311).

[18] Ebenso *Kohte*, EuZW 1990, 150 (155).

[19] Statt aller *Emmerich*, Das Recht des Unlauteren Wettbewerbs, 163.

keit nach § 1 I HausTWG[20] oder § 1 b I AbzG[21] über Klagen nach §§ 1, 13 UWG durchzusetzen. Ein Blick auf die Beurteilung von Fallgestaltungen der vorliegenden Art nach internationalem Wettbewerbsrecht liegt also nahe. Hier finden sich nun schon seit längerem Stimmen, nach denen Wettbewerber den strengen Regeln des deutschen Wettbewerbsrechts nicht dadurch entgehen können, daß sie ihre *auf den Inlandsmarkt abzielenden* Angebote deutschen Touristen im Ausland unterbreiten[22], denn entscheidend ist in dieser Hinsicht das Recht des Ortes, an dem sich die Aktivitäten auswirken und die wettbewerblichen Interessen der Mitbewerber aufeinanderstoßen (sog. Ort der Interessenkollision)[23]. Das Bemühen, den Kunden "vor der Tür" abzufangen, um sich Wettbewerbsvorteile zu verschaffen, wird so wettbewerbsrechtlich vereitelt.

Teilweise wird sogar das "wettbewerbswidrige Ausnutzen des internationalen Rechtsgefälles" als eigene Fallgruppe anerkannt, in der trotz scheinbar überwiegendem Auslandsbezug deutsches Wettbewerbsrecht angewandt werden sollte[24]. In den hier interessierenden Fällen liegt auf der Hand, daß der deutsche Produzent seine dem Touristen im Urlaub völlig nutzlose Ware nicht nur wegen des psychologischen Vorteils der Urlaubsstimmung auf Gran Canaria oder an der türkischen Küste anbietet, sondern auch - die Rechtswahlklauseln verraten es - , um vom Rechtsgefälle bei der Umsetzung der EG-Richtlinie über Haustür- und ähnliche Geschäfte zu profitieren[25].

Der *I. Zivilsenat* des BGH hat sich in seiner Revisionsentscheidung zum Urteil des OLG Hamm[26] dieser Auffassung allerdings nicht angeschlossen. Er meinte, zwischen Kaffeefahrten ins Ausland und Werbeveranstaltungen für Verbraucher, die sich bereits im Ausland befinden, unterscheiden zu müssen und hielt bei letzteren das jeweilige ausländische Wettbewerbsrecht für anwendbar[27]. Dabei ging er aber in dem an sich lobenswerten Bestreben, nicht dem früheren Fehler der Rspr. zu verfallen und den internationalen Anwendungsbereich des deutschen Wettbewerbsrechts über Gebühr auszudehnen[28], zu weit. Denn die oben geschilderten beson-

---

20 Z.B. OLG Stuttgart NJW-RR 1988, 558.

21 Z.B. BGH NJW-RR 1990, 561.

22 *Hoth*, GRUR Int. 1972, 440 (452) ; vgl. auch Gloy-*Wilde*, § 6 Rdn. 30.; neuestens *Sack*, IPRax 1992, 24 (27).

23 St. Rspr. seit BGHZ 35, 329 (336) - Kindersaugflaschen.

24 Vgl. Gloy-*Wilde*, § 6 Rdn. 50 mit Bezug auf BGH GRUR 1977, 672 - Weltweit-Club; a.A. *Sack*, IPRax 1992, 24 (26).

25 So auch *Kohte*, EuZW 1990, 150 (155).

26 OLG Hamm, NJW-RR 1989, 496.

27 BGH NJW 1991, 1054 = WM 1991, 380 = WRP 1991, 294; zustimmend *Paefgen*, WRP 1991, 447 (455); *Teske*, EWiR, § 1 UWG 4/91, 297.

28 S. z.B. BGHZ 14, 286 - Farina: Deutsches Recht anwendbar auf Wettbewerbshandlungen deutscher Konkurrenten auf ausländischem Markt. Ein Überblick über die wechsel-

deren Umstände der fraglichen Fälle, insbesondere die Tatsache, daß es sich bei den Kunden, die Waren für den heimischen Gebrauch erwerben sollen, um eine homogene Sondergruppe handelt, die sich nur wenige Wochen in dem betreffenden Gastland aufhält, lassen kaum den Schluß zu, den der BGH gezogen hat: "In einem solchen Fall ist als Ort der wettbewerblichen Interessenkollision ... der Marktort anzusehen, an dem ... auf die Entschließung des Kunden eingewirkt werden soll"[29]. Immerhin ließ er aber die Frage nach dem anzuwendenden *Vertrags*recht offen[30], was noch hoffen läßt, daß er sich in dieser Hinsicht der hier vertretenen Auffassung anschließen wird, falls er erneut über eine einschlägige Revision zu entscheiden hat.

Insgesamt ist damit festzuhalten: Geschäfte unter den besonderen Umständen der "spanischen Kaffeefahrten" sind trotz des verflüchtigten geographischen Bezuges dem deutschen Binnenmarkt zuzurechnen. Damit ist eine Analogie zu Art. 29 I EGBGB in diesen Fällen gerechtfertigt.

Manche werden dem im Ergebnis nicht folgen wollen. Eines jedoch sollte sicher sein: Ein Streit darüber, ob die tatsächlichen Voraussetzungen für eine entsprechende Anwendung des Art. 29 I EGBGB vorliegen oder nicht, ist im Hinblick auf das Ziel einer gerechten Abwägung der kollidierenden Interessen um vieles ergiebiger als die Diskussion um die richtige Einordnung von Normen mit verbraucherschützender Tendenz oder Wirkung in das Raster der Vorschriften im öffentlichen/privaten Interesse. Denn bei letzterer gerät die entscheidende Frage nach der jeweils erforderlichen tatsächlichen Beziehung der Fallgestaltung zum deutschen Recht, die dessen Anwendung zu rechtfertigen vermag, allzuleicht in den Hintergrund[31]. Die Lehre von den Eingriffsnormen hat es bislang in dieser Hinsicht nur zu Maximen gebracht[32]. Dieses Manko hat sich bisher nicht ausgewirkt, stand doch der theoretische Aufwand auf diesem Gebiet im umgekehrten Verhältnis zu dessen praktischer Bedeutung[33]. Dies

volle Entwicklung des deutschen internationalen Wettbewerbsrechts gibt *Sack*, GRUR Int. 1988, 320 (321 ff.).

29 BGH NJW 1991, 1054; grundsätzlich dem "Werbemarktortprinzip" zustimmend, für die hier interessierende Fallkonstellation aber ablehnend *Sack*, IPRax 1992, 24 (25, 27).

30 Ebenso der *VIII. Zivilsenat*, BGH NJW 1991, 36, im Revisionsurteil zur Entscheidung des OLG Frankfurt/M., NJW 1989, 1018. Dort wies er die Unterlassungsklage eines Verbraucherschutzverbandes gegen den deutschen Produzenten ab, weil selbst dann, wenn man deutsches AGB-Recht anwenden wollte, jedenfalls die Voraussetzungen des § 13 I AGBG in der Person des Produzenten nicht erfüllt bzw. nicht bewiesen waren.

31 S.o. S. 162.

32 *Schurig*, RabelsZ 54 (1990), 217 (239).

33 Bezeichnend BGH NJW 1991, 634 = JZ 1991, 719 mit Besprechungsaufsatz *Junker*, 699. Der zu beurteilende Sachverhalt (Schadensersatzansprüche eines Schiffseigners gegen den deutschen Charterer, der das Schiff dazu benutzte, ein ausländisches Embargo zu durchbrechen) hätte grundsätzliche Ausführungen zur inländischen Reichweite ausländischer "Eingriffsnormen" getragen. Das Gericht begnügte sich aber mit einer Lösung im Rahmen des deutschen *Sach*rechts (§ 826 BGB). Zu diesem Ansatz näher

scheint sich nun aber bezüglich des Verbraucherschutzes zum ersten Mal zu ändern, womit die Suche nach einem differenzierten Anknüpfungssystem neues Gewicht erhält. Hier haben wir ein Vorbild in Art. 29 EGBGB es wäre leichtsinnig, dieses nicht zu nutzen.

Schurig, RabelsZ 54 (1990), 217 (240 ff.), mit dem berechtigten Hinweis, daß man damit der kollisionsrechtlichen Frage nur scheinbar enthoben ist.

Zusammenfassung der Ergebnisse

I. Art. 29 I EGBGB

1. Art. 29 I EGBGB basiert auf dem Grundgedanken einer *marktorientierten Anknüpfung*. Der Verbraucher kann sich trotz einer abweichenden Rechtswahl (auch) auf die zwingenden Normen des an seinem gewöhnlichen Aufenthaltsort geltenden Rechts berufen, wenn der Vertrag trotz gewisser Berührungspunkte mit mehreren Staaten aufgrund der objektiven Umstände einem Inlandsgeschäft gleichkommt. Das ist dann der Fall, wenn sowohl die Vertriebsstrategien des Unternehmers auf den Heimatmarkt des Verbrauchers abzielen, als auch dessen Nachfragehandlung in diesem sozio-ökonomischen Umfeld lokalisierbar ist. Auch Art. 29 I Nr. 3 EGBGB bildet hier keine Ausnahme: Die Verlegung des Vertragsabschlußortes ins Ausland ändert unter den besonderen Umständen einer grenzüberschreitenden Kaffeefahrt ("Käseglocke") nichts an der soziologischen Einbettung des Geschäfts in den Heimatmarkt des Konsumenten.

2. Art. 29 I EGBGB ist ein Fall der *Anknüpfungshäufung* mit materiellrechtlichem "Stichentscheid". Es wird sowohl auf das gewählte Recht als auch auf die zwingenden Normen des Rechts am gewöhnlichen Aufenthaltsort des Verbrauchers verwiesen. Welche Normen letztlich angewandt werden, entscheidet sich danach, auf welcher Weise der größere Schutz des Verbrauchers gewährleistet ist (Günstigkeitsvergleich). Man kann dies *Alternativanknüpfung* nennen, weil es zugunsten des Konsumenten genügt, daß eines der beiden Rechte eine ihm günstige Rechtsfolge kennt, muß sich jedoch bewußt sein, daß damit keine Abgrenzung zur sog. kumulativen Anknüpfung zu erreichen ist. Alternativität und Kumulation sind nur zwei Seiten einer Medaille und hängen vom Standpunkt des Beobachters ab.

3. Der Günstigkeitsvergleich ist *konkret* durchzuführen. Das günstigere Recht ist dasjenige, das dem Verbraucher zur Durchsetzung des von ihm im zur Beurteilung anstehenden Fall geltend gemachten Rechts verhilft bzw. diesem Ziel am nächsten kommt. Der vor allem im internationalen Arbeitsrecht hinsichtlich des Art. 30 I EGBGB von vielen bevorzugte abstrakte Gruppen-

oder Teilvergleich bestimmter Normenkomplexe scheitert nicht nur an der praktischen Undurchführbarkeit. Vor allem kann er gegen die Intention des Art. 29 I EGBGB, der dem Verbraucher den heimatlichen Schutz als "Mindeststandard" vorbehalten will, dazu führen, daß der Konsument im konkreten Fall schlechter gestellt wird, als er nach seinem Heimatrecht stünde.

4. Der konkrete Vergleich ist allerdings nicht gleichzusetzen mit einem Einzelvergleich aller jeweils eine Teilfrage regelnden Normen. Dies würde dem Verbraucher die Möglichkeit geben, Regelungszusammenhänge zu zerreißen und Ergebnisse herbeizuführen, die weder bei der Anwendung nur des Heimatrechts oder nur des gewählten Rechts zu erreichen wären ("Rosinentheorie"). Vorzuziehen ist vielmehr eine *Gesamtbetrachtung*: Ist das Begehren nach dem gewählten Recht in seiner Gesamtheit oder den zwingenden Normen des Rechts am gewöhnlichen Aufenthaltsort des Konsumenten in ihrer Gesamtheit gerechtfertigt? In Randbereichen kann allerdings ein Rückgriff auf die allgemeinen und in ihrer Anwendung problematischen Figuren des Rechtsmißbrauchs oder der Anpassung/Angleichung erforderlich sein, um die Kumulation "sozialer Spitzen" zu vermeiden.

5. Vom Günstigkeitsvergleich erfaßt werden *alle* zwingenden Normen. Der h.M., die nur "Verbraucherschutzbestimmungen" des Heimatlands des Verbrauchers berücksichtigen will, ist nicht zuzustimmen. Gegen diese Auffassung sprechen sowohl die Entstehungsgeschichte als auch die Erwägung, daß es weder in Deutschland noch im Ausland eine geschlossene Kategorie des Verbraucherschutzrechts gibt. Auch würde mit einer solchen Begrenzung das Ziel verfehlt, die heimatliche Rechtsstellung des Konsumenten als "Mindeststandard" trotz einer Rechtswahl zu bewahren: Wenn der Verbraucher sich anders als im reinen Inlandsfall nur auf eine besondere Kategorie zwingender Normen berufen darf, würde ihm nicht der gleiche, sondern allenfalls ein partieller Schutz gewährt.

6. Besondere Probleme schafft der Günstigkeitsvergleich im Zusammenhang mit der Inhaltskontrolle vorformulierter Vertragsbedingungen nach dem AGBG. Die Hoffnung, daß im Rahmen des Art. 29 I EGBGB nicht die gleichen Probleme auftauchen wie bei § 12 AGBG, trügt. Denn nach beiden Vorschriften setzt sich das dispositive Recht nicht gegen eine abweichende Rechtswahl durch. Deshalb können die "Anschlußbegriffe" des AGBG nicht einfach auf das deutsche abdingbare Recht bezogen werden und ist folglich in beiden Fällen der Richter berufen, das AGBG in *angepaßter Weise anzuwenden* und sein Urteil über die Unbilligkeit einer AGB-Klausel auf dem einschlägigen ausländischen dispositiven Recht aufzubauen.

7. Die Lösung des Art. 29 I EGBGB vermag rechtspolitisch nicht zu befriedigen. Sie erzeugt *Rechtsunsicherheit*, weil die Antwort auf die Frage nach dem auf den Vertrag anzuwendenden Recht vom konkreten Prozeßbegehren des Verbrauchers abhängt und deshalb bis zum Prozeß offenbleibt. Dies wirkt der Präventivfunktion von Verhaltensnormen entgegen. Weitere Schwierigkeiten beruhen auf der Diskrepanz zwischen der starren Singuläranknüpfung von Formvorschriften nach Art. 29 III EGBGB und der Alternativanknüpfung im übrigen, da sie die weitgehende sachrechtliche Interdependenz von zwingenden Form- und materiellen Vorschriften zum Schutz des Schwächeren auf IPR-Ebene willkürlich zerreißt.

Die Alternativanknüpfung dient weder der materiellen noch der internationalprivatrechtlichen Gerechtigkeit. Der durch den Günstigkeitsvergleich kumulierte Schutzstandard bevorzugt den "internationalen" Verbraucher sowohl gegenüber dem nur inländisch nachfragenden Konsumenten als auch gegenüber seinem Vertragspartner. Dieses Ergebnis vermag insbesondere nicht der Gedanke der Sanktion einer "ungehörigen" Rechtswahl durch die stärkere Vertragspartei zu rechtfertigen. Dort, wo eine Rechtswahl tatsächlich "bestrafenswert" ist, läuft das Günstigkeitsprinzip ins Leere; dort, wo es Wirkung zeigt, ist die Klausel in aller Regel nicht Ausdruck einer verwerflichen Gesinnung.

II. Art. 27 III EGBGB

1. Die Streitfrage, ob Art. 27 III EGBGB im Inlandsfall die Parteiautonomie auf eine Abweichung von den dispositiven Normen des objektiven Vertragsstatuts *beschränkt* oder eine kollisionsrechtliche Rechtswahl ganz *untersagt* und den Parteien allein eine materiellrechtliche Verweisung gestattet, ist nicht rein akademischer Natur, sondern hat praktische Auswirkungen: Die Unterschiede zwischen einer kollisionsrechtlichen und einer materiellrechtlichen Rechtswahl erschöpfen sich nicht in der Behandlung zwingender Normen.

Eine bloß schuldrechtlich wirkende Verweisung macht den Inhalt der gewählten ausländischen Normen zum "chiffrierten" Bestandteil der vertraglichen Vereinbarungen der Parteien. Das hat Auswirkungen im *Verfahrensrecht*: Die Auslegung von Rechtsgeschäften ist Tatfrage, so daß die allgemeinen Beweislastregeln zum Tragen kommen, wenn der Inhalt des gewählten Rechts zweifelhaft ist. Die von § 293 ZPO angeordnete amtswegige Ermittlung ausländischen Rechts bleibt den fremden Normen vorbehalten, auf die in kollisionsrechtlicher Form verwiesen wird. Gerade für den Verbrauchervertrag überaus wichtige Folgen ergeben sich weiterhin im *AGB-Recht*: Eine materiellrechtliche Verweisung auf ausländisches Recht in vorformulierten Vertragsbedingungen scheitert ebenso wie der Verweis auf weitere AGB oder auf nicht bereits *ipse iure* den Vertrag beherrschende deutsche Rechtsvorschriften an § 2 II Nr. 2 AGBG, wenn - wie regelmäßig der Fall - ein Text der in Bezug genommenen Regeln nicht dem Vertragspartner ausgehändigt wird. Für eine kollisionsrechtliche Rechtswahl gilt anderes, weil hier das ausländische Recht aufgrund des normativen Befehls aus Art. 27 I EGBGB angewandt wird, dem die Rechtswahlvereinbarung nur als Tatbestandsvoraussetzung und Anknüpfungsmoment dient. Schließlich erwachsen Konsequenzen auch für die Inhaltskontrolle: Während kollisionsrechtlich gewähltes Recht nicht nur der Kontrolle anhand der §§ 8 ff. AGBG entzogen ist, sondern ihr in seinem dispositiven Teil sogar als Grundlage dient, ist sachrechtlich einbezogenes ausländisches Recht in vollem Umfang an den Vorschriften des AGBG zu messen.

2. Art. 27 III EGBGB erlaubt im reinen Inlandsfall nur eine *materiellrechtliche Verweisung*. Dies ergibt sich aus der Entstehungsgeschichte. Der Hinweis im Bericht *Giuliano/Lagarde*, es handle sich um einen Mittelweg zwischen einem Verbot und der völligen Freigabe der kollisionsrechtlichen Rechtswahl für den Inlandsvertrag, auf den eine Mindermeinung ihre abweichende Auffassung stützt, ist irreführend. Tatsächlich besteht der Kompromiß darin, daß die ursprünglich ins Auge gefaßte Formulierung "Ist der Vertrag ... nur mit einem Land verbunden..." ersetzt wurde durch "Ist der sonstige Sachverhalt ... nur mit einem Staat verbunden". Damit sollte die Grenze zwischen Inlands- und internationalem Vertrag flexibler gestaltet und eine Gesamtschau der Umstände ermöglicht werden, nicht aber für (nach dieser Beurteilung) reine Binnengeschäfte die kollisionsrechtliche Wahlfreiheit eröffnet werden. Dieses Ergebnis wird gestützt durch eine Interessenanalyse: Würde man auch im Inlandsfall eine (beschränkte) kollisionsrechtliche Rechtswahl zulassen, so wäre der Konsument bei einem pauschalen Verweis auf fremdes Recht weniger geschützt als bei einem gezielten Verweis auf einzelne (an sich nicht anwendbare) deutsche Vorschriften, weil weder eine Einbeziehungs- noch eine Inhaltskontrolle nach dem AGBG möglich wäre.

3. Art. 27 III EGBGB hat *Vorrang* vor Art. 29 I EGBGB, da dieser seinerseits eine wirksame kollisionsrechtliche Rechtswahl voraussetzt.

4. Ein reiner Inlandssachverhalt liegt dann nicht mehr vor, wenn sich aus den Umständen objektive Beziehungen zu mindestens zwei verschiedenen Staaten ergeben, die durch ein *kollisionsrechtliches Parteiinteresse* mit dem

Vertrag verbunden sind. Dieser bewegliche Ansatz ermöglicht eine unterschiedliche Behandlung von "echten" internationalen Handelsverträgen einerseits und Verbraucherverträgen andererseits. Für letztere ist er wie folgt zu präzisieren: Eine unterschiedliche Staatsangehörigkeit der Parteien, die wirtschaftliche Anlehnung an ein Auslandsgeschäft oder der Abschlußort im Ausland vermögen jeweils eine hinreichende Auslandsbeziehung nicht zu begründen. Die grenzüberschreitende Kaffeefahrt, die für Verbraucher aus dem Land A von einem *ebenfalls dort ansässigen* Unternehmer organisiert wird, fällt deshalb bereits unter Art. 27 III EGBGB und nicht erst unter Art. 29 I Nr. 3 EGBGB.

Ein Konsumentenvertrag ist nur dann kein reines Inlandsgeschäft, wenn die Parteien ihren gewöhnlichen Aufenthaltsort bzw. ihre Niederlassung in verschiedenen Staaten haben oder die Vertragsabwicklung selbst eine Auslandsbeziehung aufweist.

III. Art. 34 EGBGB

1. *Eingriffsnormen*, deren "Sonderanknüpfung" nach h.M. den Gegenstand des Art. 34 EGBGB bildet, *lassen sich sachrechtlich nicht definieren*. Gerade der Bereich des Verbraucherschutzes zeigt, daß eine verläßliche Grenzziehung zwischen Normen im öffentlichen und solchen im privaten Interesse bzw. zwischen ordnungsrelevantem und neutralem Recht eine Schimäre ist. Auf diesem Unvermögen beruht auch die außerordentliche Meinungsvielfalt innerhalb der h.M. zum Themas "Verbraucherschutz und Art. 34 EGBGB".

2. Eine solche Grenzziehung ist bei richtiger Betrachtung allerdings auch *überflüssig*. Die angeblichen Systemunterschiede zwischen dem Recht der Eingriffsnormen ("Wirtschaftskollisionsrecht") und dem "klassischen" IPR bestehen in Wirklichkeit nicht. Weder ist das letztere strukturbedingt "wertblind" und nicht in der Lage, "politische" Normen sachgerecht anzuknüpfen, noch ist der Ansatz bei der (Sach-)Norm, um deren internationalen Anwendungsbereich festzulegen, etwas grundsätzlich anderes als die herkömmliche Methode, vom rechtlich geprägten Sachverhalt ausgehend das darauf anwendbare Recht zu bestimmen; Einzelkollisionsnormen für bestimmte Sachvorschriften unterscheiden sich nur durch die fehlende Bündelung von den allseitigen Verweisungsnormen. Die "Sonderanknüpfung" von Eingriffsnormen beinhaltet deshalb lediglich eine "besondere" Anknüpfung spezieller Normen, die wegen abweichender

Sachinteressen auch abweichende kollisionsrechtliche Interessen implizieren, welche sie den vorhandenen gebündelten Kollisionsnormen der Art. 27 ff. EGBGB entziehen.

3. Art. 34 EGBGB gestattet es dem Gesetzgeber und dem Rechtsanwender, im Bedarfsfall solche *speziellen Kollisionsnormen* für eigenes Sachrecht zu schaffen. Er ist in beiderlei Hinsicht überflüssig: Der Gesetzgeber ist durch einfaches Gesetzesrecht ohnehin nicht gebunden, und auch die Differenzierung der kollisionsrechtlichen Verweisungen durch Richterrecht widerspricht nicht der Bindung an Recht und Gesetz, sondern ist dessen richtig verstandene Folge. Das IPR ist wie jedes Rechtssystem zwangsläufig "offen", unfertig und auf permanente Fortentwicklung und Erneuerung durch schöpferische Rechtsanwendung angewiesen. Einer ausdrücklichen "Ausweichklausel" wie Art. 34 EGBGB bedarf es nicht, sie kann allenfalls zur Klarstellung hilfreich sein.

4. Die hier vertretene Auffassung löst die praktischen Schwierigkeiten, denen die h.M. aufgrund der angeblichen Dichotomie von herkömmlichem IPR und Kollisionsrecht der Eingriffsnormen bei der Anwendung des Art. 34 EGBGB im Zusamenhang mit dem Verbraucherschutz begegnet. Es entscheidet nicht mehr die (meist willkürliche) Einordnung in das Schema Normen im öffentlichen Interesse/Normen im privaten Interesse, weil sich die Fragestellung auf die *internationalprivatrechtliche Ebene* verlagert: Für eine Sachvorschrift ist dann (über Art. 34 EGBGB) eine eigene Kollisionsnorm zu entwickeln, wenn aus den ihr zugrundeliegenden Sachinteressen eine andere kollisionsrechtliche Interessenbewertung folgt als diejenige, auf der die allseitigen Kollisionsnormen der Art. 27 ff. EGBGB beruhen, wenn also deren "Grundgedanke" nicht eingreift. Besondere öffentliche Interessen, Ordnungsrelevanz u.ä. mögen als Indiz hilfreich sein, sind aber weder notwendige noch hinreichende Bedingung. Damit läßt sich auch das Verhältnis von Art. 29 EGBGB zu Art. 34 EGBGB anders als nach der h.M. überzeugend erklären. Wenn Eingriffsnormen nichts anderes sind als (richterrechtliche) Ausnahmen von der gebündelten Verweisung in einer allseitigen Kollisionsnorm aufgrund einer abweichenden kollisionsrechtlichen Interessenbewertung, so ist dann, wenn eine positiv niedergelegte Verweisungsnorm in ihrer Gestaltung diese Interessen bereits berücksichtigt, eine Ausnahme nicht (mehr) notwendig. Art. 29 I EGBGB als spezielle Verbraucherschutzvorschrift geht damit innerhalb seines Anwendungsbereichs unproblematisch einem Konsumentenschutz über eine "Sonderanknüpfung" nach Art. 34 EGBGB vor.

5. Schließlich läßt sich auf dieser Grundlage auch ein geeigneter Ansatzpunkt für die umstrittenen Fälle der für deutsche Touristen an ausländischen Urlaubsorten organisierten Kaffeefahrten finden. Das Problem, ob für Verbraucherverträge in bestimmten Konstellationen wegen einer abweichenden Interessenbewertung eine richterrechtliche Ausnahme zu Art. 27 I EGBGB zu machen und zwingendes deutsches Recht, insbesondere das HausTWG, gegen eine anderslautende Rechtswahl durchzusetzen ist, reduziert sich, weil in Art. 29 I EGBGB für Konsumentenverträge unter anderen Umständen bereits eine gesetzliche Ausnahme geschaffen wurde, auf die Wertung, ob die Ähnlichkeit der Fallgestaltungen ausreicht, um diese Norm *entsprechend* anzuwenden. Ein Analogieschluß zu Art. 29 I EGBGB und der Ansatz über Art. 34 EGBGB sind keine unterschiedlichen Lösungswege; das erstere ist nur eine besondere Argumentationstechnik im Rahmen des von Art. 34 EGBGB sanktionierten Rechts zur schöpferischen Rechtsfortbildung.

6. Art. 29 I Nr. 3 EGBGB ist bei den Kaffeefahrten im Ausland *analog anzuwenden*. Wegen der besonderen Umstände des deutschen Massentourismus' in spanischen und anderen ausländischen Urlaubsorten, der ausschließlich auf Deutsche abzielenden Marketingstrategie und der vollständigen Vertragsabwicklung durch den deutschen Lieferanten in Deutschland sind die Verträge ebenso eng mit dem deutschen Recht verbunden wie die grenzüberschreitenden Kaffeefahrten, die ihren Ausgangspunkt in Deutschland nehmen. Ein Analogieschluß scheitert nicht am "Dezisionismus" des Gesetzgebers, weil diesem bei Erlaß der Norm die entsprechenden Fallgestaltungen noch nicht bekannt waren, er sie also nicht bewußt ausschließen konnte.

Literaturverzeichnis

Ahrens, Hans-Jürgen: Das IPR der Stiefkinderadoption und der gemeinschaftlichen Adoption durch Eheleute, FamRZ 1981, 120-123.

Anderegg, Kirsten: Ausländische Eingriffsnormen im internationalen Vertragsrecht, Tübingen 1989.

v.Bar, Carl Ludwig: Theorie und Praxis des internationalen Privatrechts, Aalen 1966 (unveränderter Nachdruck der 2. A. Hannover 1889).

v.Bar, Christian: Grundfragen des Internationalen Deliktsrechts, JZ 1985, 961-969.

- Internationales Privatrecht, Bd. I: Allgemeine Lehren, München 1987, Bd. II: Besonderer Teil, München 1991.

von Bargen, Maltes: Zur Reform des § 247 BGB, VersR 1979, 1069-1072.

Basedow, Jürgen: Wirtschaftskollisionsrecht - Theoretischer Versuch über die ordnungspolitischen Normen des Forumstaates, RabelsZ 52 (1988), 8-40.

Batiffol, Henri/*Lagarde*, Paul: Droit international privé, Bd. 1, 7. A. Paris 1981, Bd. 2, 7. A. Paris 1983.

Baum, Harald: Alternativanknüpfungen, Tübingen 1985.

Baumbach, Adolf/*Duden*, Konrad/*Hopt*, Klaus: Handelsgesetzbuch, 28. A. München 1989 (zitiert Baumbach/Duden/*Hopt*).

Baumbach, Adolf/*Lauterbach*, Wolfgang/*Albers*, Jan/*Hartmann*, Peter: Zivilprozeßordnung, 47. A. München 1989 (zitiert Baumbach/Lauterbach/Albers/ Hartmann(-*Bearbeiter*)).

Behr, Volker: Zum österreichischen und deutschen internationalen Arbeitsvertragsrecht, IPRax 1989, 319-324.

Beitzke, Günther: Les obligations délictuelles en droit international privé, Rec. des cours 115 (1965-II), 63-145.

Berges, August Maria: Besprechung von Viehweg, Theodor: Topik und Jurisprudenz, NJW 1966, 1909.

Binder Heinz: Zur Auflockerung des Deliktsstatuts, RabelsZ 20 (1955), 401-499.

Birk, Rolf: Die Bedeutung der Parteiautonomie im internationalen Arbeitsrecht, RdA 1989, 201-207.

Bleckmann, Albert: Europarecht. Das Recht der Europäischen Gemeinschaft, 5. A. Köln/Berlin/Bonn/München 1990.

Blin, Henri: Le délit d'usure. L'activité de certains intermédiaires intervenant entre prêteurs et emprenteurs; le démarchage et la publicité en matière de prêts d'argent et de certains placements de fonds et financements de vente à tempérament, sem.jur. 1967 I, 2084.

de Boer, Th.M.: Een dreigend faillisement: het tekort von het internationaal privaatrecht, WPNR 1976, 285-291.

- Beyond Lex Loci Delicti. Conflicts methodology and multistate torts in American case law, Deventer/Antwerpen/London/Frankfurt/Boston/New York 1987.

- The EEC Contracts Convention and the Dutch Courts - A Methodological Perspective, RabelsZ 54 (1990), 24-62.

Bucher, Andreas: Sur les règles de rattachement à caractère substantiel, in: Liber Amicorum Adolf F. Schnitzer, Genf 1979, 36-55.

Calamari, John D./*Perillo*, Joseph M.: The Law of Contracts, 3. A. St.Paul, Minnesota 1987.

Canaris, Claus-Wilhelm: Die Pflicht des Gesetzgebers zur Reform von § 247 BGB, WM 1982, 254-268.

- Systemdenken und Systembegriffe in der Jurisprudenz, 2.A. Berlin 1983.

Cheshire and *North*: Private International Law, 11. A. von P.M. North und J.J. Fawcett, London 1987.

Coester, Michael: Die Berücksichtigung fremden zwingenden Rechts neben dem Vertragsstatut, ZVglRWiss 82 (1983), 1-30.

Coester-Waltjen, Dagmar: Der Eskimo-Mantel aus Spanien - Ist der kollisionsrechtliche Verbraucherschutz zu kurz gestrickt?, in: Festschrift für Werner Lorenz zum siebzigsten Geburtstag, Tübingen 1991, 297-319.

Coing, Helmut: Zur Anwendung zwingender ausländischer Verträge: Artikel 7 des Übereinkommens über das auf vertragliche Schuldverhältnisse anzuwendende Recht, WM 1981, 810-813.

Currie, Brainerd: Selected Essays on the Conflict of Laws, Durham, N.C., 1963.

- The Disinterested Third State, Law & Cont.Prob. 28 (1963), 754-794.

- Comment on Babcock v. Jackson, Colum.L.Rev. 63 (1963), 1233-1243.

Däubler, Wolfgang: Das neue Internationale Arbeitsrecht, RIW 1987, 249-256.

Dauner-Lieb, Barbara: Verbraucherschutz durch Ausbildung eines Sonderprivatrechts für Verbraucher. Systemkonforme Weiterentwicklung oder Schrittmacher der Systemveränderung?, Berlin 1983.

Degenhart, Christoph: Staatsrecht I, 7. A. Heidelberg 1991.

Delaume, G.R.: What is an International Contract? An American and a Gallic Dilemma, I.C.L.Q.. 28 (1979), 258-279.

De Nova, Rodolfo: Wann ist ein Vertrag "international"?, in: Konflikt und Ordnung. Festschrift für Murad Ferid zum 70. Geburtstag, München 1978, 377-396.

Deutsche Denkschrift zum EVÜ, BRat-Drucks. 224/83, 21-31.

Diamond, Aubrey L.: Harmonization of Private International Law Relating to Contractual Obligations, Rec. des cours 199 (1986-IV), 233-308.

Dicey and *Morris*: The Conflict of Laws, hrsg. von Lawrence Collins, Bd. 2, 11. A. London 1987.

Dölle, Hans: Die 7. Haager Konferenz, RabelsZ 17 (1952), 161-211.

Drobnig, Ulrich: Das Profil des Wirtschaftskollisionsrechts. Einführende Bemerkungen um Symposium "Extraterritoriale Anwendung von Wirtschaftsrecht" Hamburg 1986, RabelsZ 52 (1988), 1-7.

Ebenroth, Carsten Thomas/*Fischer*, Rafael/*Sorek*, Christoph: Das Kollisionsrecht der Fracht-, Passage- und Arbeitsverträge im internationalen Seehandelsrecht, ZVglRWiss 88 (1989), 124-148.

Ebke, Werner F.: Erste Erfahrungen mit dem EG-Schuldvertrags-Übereinkommen, in: Chr.v.Bar (Hrsg.), Europäisches Gemeinschaftsrecht und Internationales Privatrecht, Köln/Berlin/Bonn/München 1991, 77-106.

Ehrenzweig, Albert A.: Adhesion Contracts in the Conflict of Laws, Colum.L.Rev. 53 (1953), 1072-1090.

Emmerich, Volker: Das Recht des unlauteren Wettbewerbs, 3. A. München 1990.

Enneccerus, Ludwig/*Nipperdey*, Hans Carl: Allgemeiner Teil des Bürgerlichen Rechts, 15 A., Erster Halbband Tübingen 1959, Zweiter Halbband Tübingen 1960.

Erman, Walter: Handkommentar zum Bürgerlichen Gesetzbuch, hrsg. von Harm Peter Westermann, Bd. 1, 8. A. Münster 1989 (zitiert Erman-*Bearbeiter*).

Eser, Gisbert: Kollisionsrechtliche Probleme bei grenzüberschreitenden Arbeitsverhältnissen, RIW 1992, 1-5.

Esser, Josef: Vorverständnis und Methodenwahl in der Rechtsfindung, durchgesehene und ergänzte Ausgabe Frankfurt/M. 1972.

Esser, Josef/*Weyers*, Hans-Leo: Schuldrecht Band II: Besonderer Teil, 7. A. Heidelberg 1991.

Ferid, Murad: Internationales Privatrecht, 3. A. Frankfurt/M. 1986.

Ferid, Murad/*Sonnenberger*, Hans Jürgen: Das Französische Zivilrecht, Bd. II, 2. A. Heidelberg 1986.

Firsching, Karl: Übereinkommen über das auf vertragliche Schuldverhältnisse anzuwendende Recht (IPR-VertragsÜ) vom 11.6.1980, IPRax 1981, 37-43.

Fischer, Gerfried: Culpa in contrahendo im Internationalen Privatrecht, JZ 1991, 168-175.

Flume, Werner: Richter und Recht, in: Gesammelte Schriften, Band I, hrsg. von Horst Heinrich Jakobs, Brigitte Knobbe-Keuk, Eduard Picker und Jan Wilhelm, Köln 1988, 3-29.

Francescakis, Phokion: La théorie du renvoi et les conflits de systèmes en droit international privé, Paris 1958.

- Quelques précisions sur les "lois d'application immédiate" et leurs rapports avec les règles de conflits de lois, Rev.crit. 55 (1966), 1-18.

Gamillscheg, Franz: Rechtswahl, Schwerpunkt und mutmaßlicher Parteiwille im internationalen Vertragsrecht, AcP 157 (1958/1959), 303-341.

- Ein Gesetz über das internationale Arbeitsrecht, ZfA 1983, 307-373.

Gaudemet-Tallon, Hélène: Le nouveau droit international privé européen des contrats, Rev.trim.dr.europ. 17 (1981), 216-285.

Geißler, Markus: Die Parteiautonomie im Spannungsfeld sozialer Gerechtigkeit, JuS 1991, 617-623.

Gilles, Peter: Zur neueren Verbraucherschutzgesetzgebung in ihrem Verhältnis zum klassischen Privatrecht, JA 1980, 1-8.

- Das Gesetz über den Widerruf von Haustürgeschäften und ähnlichen Geschäften, NJW 1986, 1131-1147.

Giuliano, Mario/*Lagarde*, Paul: Bericht über das Übereinkommen über das auf vertragliche Schuldverhältnisse anzuwendende Recht, BRat-Drucks. 224/83, 33-79.

Gloy, Wolfgang: Handbuch des Wettbewerbsrechts, München 1986 (zitiert: Gloy-*Bearbeiter*).

Großfeld, Bernhard: Internationales Unternehmensrecht, Heidelberg 1986.

von der Groeben, Hans/*Thiesing*, Jochen/*Ehlermann*, Claus-Dieter: Kommentar zum EWG-Vertrag, Bd. 4, 4. A. Baden-Baden 1991 (zitiert von der Groeben/Thiesing/Ehlermann(-*Bearbeiter*)).

Grothe, Helmut: Diskussionsbericht, in: Chr.v.Bar (Hrsg.), Europäisches Gemeinschaftsrecht und Internationales Privatrecht, Köln/Berlin/Bonn/München 1991, 107-110.

Grundmann, Stefan: Europäisches Vertragsrechtsübereinkommen, EWG-Vertrag und § 12 AGBG, IPRax 1992, 1-5.

Hambro, Edvard: Autonomy in the International Contract Law of Nordic States, I.C.L.Q. 6 (1957), 589-607.

Hart, Dieter/*Köck*, Wolfgang: Zum Stande der Verbraucherrechtsentwicklung, ZRP 1991, 61-67.

Hartley, T.C.: Beyond the Proper Law - Mandatory Rules under Draft Convention on the Law Applicable to Contractual Obligations, Europ.L.Rev. 4 (1979), 236-243.

Haudek, Wilhelm: Die Bedeutung des Parteiwillens im Internationalen Privatrecht, Berlin 1931.

Hauschka, Christoph: Zur privatrechtlichen Wirkung des Verbots nichttarifärer Handelshemmnisse in der EG, DB 1990, 873-876.

Häuser, Franz/*Welter*, Reinhard: Neues Recht der Darlehenskündigung, NJW 1987, 17-21.

van Hecke, Georges: Internationaal Privaatrecht, Gent 1986.

Heini, Anton: Ausländische Staatsinteressen und internationales Privatrecht, ZSchweizR 1981, 65-83.

- Die Rechtswahl im Vertragsrecht und das neue IPR-Gesetz, in: Beiträge zum neuen IPR des Sachen-, Schuld- und Gesellschaftsrechts. Festschrift für Prof. Rudolf Moser, Zürich 1987, 67-78.

Herber, Rolf: Direktwirkung sogenannter horizontaler EG-Richtlinien?, EuZW 1990, 401-404.

von Hippel, Eike: Verbraucherschutzrecht, 3.A. Tübingen 1986.

von Hoffmann, Bernd: Über den Schutz des Schwächeren bei internationalen Schuldverträgen, RabelsZ 38 (1974), 396-420.

- Inländische Sachnormen mit zwingendem internationalem Anwendungsbereich, IPRax 1989, 261-271.

Hohloch, Gerhard: Das Deliktsstatut, Frankfurt/M. 1984.

- Arbeitsverhältnisse mit Auslandsbezug und Vergütungspflicht, RIW 1987, 353-362.

Hönsch, Ronald: Die Neuregelung des Internationalen Privatrechts aus arbeitsrechtlicher Sicht, NZA 1988, 113-119.

Hoth, Jürgen: Ausländische Werbung mit Inlandswirkung, GRUR Int. 1972, 440-456.

Hoyer, Hans: Anmerkung zu OGH v. 18.05.1988, 1 Ob 592/88, JBl. 1988, 782-783.

Hübner, Ulrich: Allgemeine Geschäftsbedingungen und Internationales Privatrecht, NJW 1980, 2601-2607.

- Das Internationale Privatrecht des Versicherungsvertrages und EG-Recht. Zu den Entwicklungen des EG-Rechts und ihre Auswirkungen auf das Versicherungsvertragsrecht, ZVersWiss 72 (1983), 21-40.

Imhoff-Scheier, Anne-Cathérine: Protection du consommateur et contrats internationaux, Genf 1981.

Jackson, David: Mandatory Rules and Rules of "ordre public", in: P.M. North (Hrsg.), Contractual Conflicts. The E.E.C. Convention on the Law Applicable to Contractual Obligations: A Comparative Study, Amsterdam/New York/Oxford 1982, 59-79.

Jarras, Hans D.: Voraussetzungen der innerstaatlichen Wirkung des EG-Rechts, NJW 1990, 2420-2425.

Jayme, Erik: Rechtsvergleichung im internationalen Privatrecht. Eine Skizze, in: Festschrift Fritz Schwind zum 65. Geburtstag, Wien 1978, 103-114.

- Haustürgeschäfte deutscher Urlauber in Spanien: Horizontale Wirkungen der EG-Richtlinie und internationales Vertragsrecht, IPRax 1990, 220-222.

- Rechtsspaltung im spanischen Privatrecht und deutsche Praxis, RabelsZ 55 (1991), 303-331.

- Inhaltskontrolle von Rechtswahlklauseln in Allgemeinen Geschäftsbedingungen, in: Festschrift für Werner Lorenz zum siebzigsten Geburtstag, Tübingen 1991, 435-439.

Jessurun d'Oliveira, Hans Ulrich: "Characteristic Obligation" In The Draft EEC Obligation Convention, Am.J.Comp.L. 25 (1977), 303-331.

Joerges, Christian: Zum Funktionswandel des Kollisionsrechts. Die "Governmental Interest Analysis" und die "Krise des Internationalen Privatrechts", Berlin/Tübingen 1971.

- Die klassische Konzeption des Internationalen Privatrechts und das Recht des unlauteren Wettbewerbs, RabelsZ 36 (1972), 421-491.

- Vorüberlegungen zu einer Theorie des internationalen Wirtschaftsrechts, RabelsZ 43 (1979), 6-79.

Juenger, Friedrich K.: Zum Wandel des Internationalen Privatrechts, Karlsruhe 1974.

- The E.E.C. Convention on the Law Applicable to Contractual Obligations: An American Assessment, in: P.M. North (Hrsg.), Contractual Conflicts. The E.E.C. Convention on the Law Applicable to Contractual Obligations: A Comparative Study, Amsterdam/New York/Oxford 1982, 295-322.

- Parteiautonomie und objektive Anknüpfung im EG-Übereinkommen zum Internationalen Vertragsrecht. Eine Kritik aus amerikanischer Sicht, RabelsZ 46 (1982), 57-83.

Junker, Abbo: Die "zwingenden Bestimmungen" im neuen internationalen Arbeitsrecht, IPRax 1989, 69-75.

- Die einheitliche europäische Auslegung nach dem EG-Schuldvertragsübereinkommen, RabelsZ 55 (1991), 674-696.

Kaffanke, Joachim: Nationales Wirtschaftsrecht und internationale Wirtschaftsordnung. Anwendungsgrenzen nationalen Rechts bei internationalen Sachverhalten, Baden-Baden 1990.

Kahn, Franz: Die Lehre vom ordre public (Prohibitivgesetze), Jher.Jb. 39 (1898), 4-112.

Kegel, Gerhard: Begriffs- und Interessenjurisprudenz im internationalen Privatrecht, in: Festschrift Hans Lewald bei Vollendung des vierzigsten Amtsjahres als ordentlicher Professor im Oktober 1953, Vaduz/Liechtenstein 1978 (unveränderter Nachdruck der Ausgabe Basel 1953).

- Zur Reform des deutschen internationalen Ehescheidungsrechts, in: Vorschläge und Gutachten zur Reform des deutschen internationalen Eherechts, vorgelegt von Wolfgang Lauterbach, Berlin/Tübingen 1962.

- The Crisis of Conflict of Laws, Rec. des cours 112 (1964-II), 95-268.

- Die selbstgerechte Sachnorm, in: Gedächtnisschrift für Albert A. Ehrenzweig, Karlsruhe/Heidelberg 1976, 51-87.

- Vaterhaus und Traumhaus. Herkömmliches internationales Privatrecht und Hauptthesen der amerikanischen Reformer, in: Festschrift für Günther Beitzke zum 70. Geburtstag am 26. April 1979, Berlin/New York 1979, 551-573.

- Internationales Privatrecht, 6. A. München 1987.

Keller, Max: Schutz des Schwächeren im Internationalen Vertragsrecht, in: Festschrift für Frank Vischer zum 60. Geburtstag, Zürich 1983.

Keller, Max/*Lörtscher*, Thomas: Kaufrecht. Eine systematische Darstellung, 2. A. Zürich 1986.

Keller, Max/*Siehr*, Kurt: Allgemeine Lehren des internationalen Privatrechts, Zürich 1986.

Kelly, D.St.L.: Reference, Choice, Restriction and Prohibition, I.C.L.Q. 26 (1977), 857-883.

Kisch, Isaak: La loi la plus favorable, in: Ius et lex. Festgabe zum 70. Geburtstag von Max Gutzwiller, Vaduz/Liechtenstein 1977 (Nachdruck der Ausgabe Basel 1959).

Kleinschmidt, Peter M.: Zur Anwendbarkeit zwingenden Rechts im internationalen Vertragsrecht unter besonderer Berücksichtigung von Absatzmittlungsverträgen: Eine Untersuchung zu § 187 Restatement (Second) of Conflict of Laws (1971) und Art. 7 EG-Vertragsrechts-Übereinkommen von 1980, München 1985.

Knoepfler, François/*Schweizer*, Philippe: Précis de droit international privé suisse, Bern 1990.

Kohte, Wolfhard: Verbraucherschutz im Licht des europäischen Wirtschaftsrechts, EuZW 1990, 150-156.

Köndgen, Johannes: Grund und Grenzen des Transparenzgebotes im AGB-Recht, NJW 1989, 943-952.

Kraushaar, Bernhard: Die Auslandsberührungen des deutschen Arbeitsrechts, BB 1989, 2121-2124.

Kren, Jolanta: Schutz der schwächeren Partei im schweizerischen internationalen Vertragsrecht unter Berücksichtigung der deutschen Rechtsordnung, ZVglRWiss 88 (1989), 48-70.

Kreuzer, Karl: Berichtigungsklauseln im Internationalen Privatrecht, in: Festschrift für Imre Zajtay/Mélanges en l'honneur d'Imre Zajtay, Tübingen 1982, 295-331.

- Ausländisches Wirtschaftsrecht vor deutschen Gerichten. Zum Einfluß fremdstaatlicher Eingriffsnormen auf private Rechtsgeschäfte, Heidelberg 1986.

Kriele, Martin: Theorie der Rechtsgewinnung, entwickelt am Problem der Verfassungsinterpretation, 2. A. Berlin 1976.

Kroeger, Helga Elizabeth: Der Schutz der "marktschwächeren" Partei im Internationalen Vertragsrecht, Frankfurt/M. 1984.

Kronke, Herbert: Das Arbeitsrecht im Gesetzesentwurf zur Neuregelung des Internationalen Privatrechts, DB 1984, 404-406.

Kropholler, Jan: Das kollisionsrechtliche System des Schutzes der schwächeren Vertragspartei, RabelsZ 42 (1978), 634-661.

- Internationales Privatrecht, Tübingen 1990.

Kühne, Gunther: Choice of Law and the Effects of Silence. Comments on Arts. 2 (4) and 8 (2) of the Draft Convention, in: Lando/v.Hoffmann/Siehr (Hrsg)., European Private International Law. Acts and Documents of an International Colloquium on the European Preliminary Draft Convention on the Law Applicable to Contractual and Non-Contractual Obligations, held in Copenhagen on April 29 and 30, 1974, Tübingen 1975, 1-41.

Lagarde, Paul: Le nouveau droit international privé des contrats après l'entrée en vigeur de la Convention de Rome du 19 juin 1980, Rev.crit. 80 (1991), 287-340.

Lando, Ole: Kontraktstatuttet, Kopenhagen 1962.

- Consumer Contracts and Party Autonomy in the Conflict of Laws, in: Mélanges de droit comparé en l'honneur du doyen Åke Malmström, Stockholm 1972.

- The EC Draft Convention on the Law Applicable to Contractual and Non-Contractual Obligations - Introduction and Contractual Obligations, RabelsZ 38 (1974), 6-55.

- Contracts, in: International Encyclopedia of Comparative Law, Vol. III - Private International Law, chapter 24, Tübingen/Mouton/Den Haag/Paris 1976.

- Who should be protected against unfair contract clauses?, in: New Directions in International Trade Law. Acts and Proceedings of the 2nd Congress on Private Law held by the International Institute for the Unification of Private Law (UNIDROIT), Rome, 9.-15. September 1976, Vol. II, Dobbs Ferry, N.Y. 1977, 586-594.

Larenz, Karl: Methodenlehre der Rechtswissenschaft, 6.A. Berlin/Heidelberg/New York u.a. 1991.

Lesguillons, Henry: Lamy Contrats internationaux, Loseblattsammlung, Paris, Stand November 1990.

Lewald, Hans: Das deutsche Internationale Privatrecht, Leipzig 1931.

Lieb, Manfred: Sonderprivatrecht für Ungleichgewichtslagen? Überlegungen zum Anwendungsbereich der sogenannten Inhaltskontrolle privatrechtlicher Verträge, AcP 178 (1978), 196-226.

Linke, Hartmut: Sonderanknüpfung der Willenserklärung? Auflösungstendenzen im internationalen Schuldvertragsrecht, ZVglRWiss 79 (1980), 1-58.

Löwe, Walter: Anmerkung zu BayObLG v. 26.2.1984, WuM 1984, 192-193.

- Schutz gegen Überrumplung beim Vertragsschluß - Zum Gesetz über den Widerruf von Haustürgeschäften und ähnlichen Geschäften, BB 1986, 821-832.

Löwe, Walter/*von Westphalen*, Friedrich Graf/*Trinkner*, Reinhold: Großkommentar zum AGB-Gesetz, Bd. III, Heidelberg 1985 (zitiert Löwe/v.Westphalen/Trinkner (-*Bearbeiter*)).

Lorenz, Egon: Zur Struktur des internationalen Privatrechts. Ein Beitrag zur Reformdiskussion, Berlin 1977.

- Die Reform des deutschen IPR. Bemerkungen zu ihren Grundlagen, ZRP 1982, 148-156.

- Zum neuen internationalen Vertragsrecht aus versicherungsvertragsrechtlicher Sicht, in: Festschrift für Gerhard Kegel zum 75. Geburtstag, Stuttgart/Berlin/ Köln/Mainz 1987, 303-341.

- Die Rechtswahlfreiheit im internationalen Schuldrecht. Grundsatz und Grenzen, RIW 1987, 569-584.

Lorenz, Werner: Vom alten zum neuen internationalen Schuldvertragsrecht, IPRax 1987, 269-276.

Lüderitz, Alexander: Kumulation und der Grundsatz des schwächeren Rechts im internationalen Privatrecht, Köln 1957.

- Anknüpfung im Parteiinteresse, in: Internationales Privatrecht im Ausgang des 20. Jahrhunderts - Bewahrung oder Wende?, Festschrift für Gerhard Kegel, Frankfurt 1977.

- Internationales Privatrecht, Frankfurt/M. 1987.

- Internationaler Verbraucherschutz in Nöten, IPRax 1990, 216-219.

Mankowski, Peter: Zur Analogie im internationalen Schuldvertragsrecht, IPRax 1991, 305-313.

Mann, F.A.: Sonderanknüpfung und zwingendes Recht im internationalen Privatrecht, in: Festschrift für Günther Beitzke zum 70. Geburtstag am 26. April 1979, Berlin/New York 1979, 551-573.

Mayer-Maly, Theo: Rechtswissenschaft, 5. A. München/Wien 1991.

Medicus, Dieter: Bürgerliches Recht, 15. A. München 1990.

von Mehren, Arthur Taylor: Explanatory Report, in: Conférence de La Haye de droit international privé/Hague Conference on private international law, Actes et documents de la Quatorzième session, 6 au 25 octobre 1980, Tome II: Ventes aux consommateurs/Consumer Sales, Den Haag 1982, 182-197.

Miaja de la Muela, Adolfo: Derecho Internacional Privado, Bd. II, 10. A. Madrid 1987.

Mincke, Wolfgang: Die Parteiautonomie: Rechtswahl oder Ortswahl, IPrax 1985, 313-317.

Montesquieu, Charles de: De l'esprit des lois, Tome I, Paris 1973.

Morse, C.G.J.: The EEC Convention on the Law Applicable to Contractual Obligations, Yb.Europ.L. 2 (1982), 107-171.

- Consumer Contracts, Employment Contracts and the Rome Convention, I.C.L.Q. 41 (1992), 1-21.

Mühl, Margarete: Zum Problem der kollisionsrechtlichen Beachtung zwingender Vorschriften gem. § 12 AGBG und Art. 7 des europäischen Übereinkommens über das auf vertragliche Schuldverhältnisse anzuwendende Recht, in: Festschrift für Otto Mühl zum 70. Geburtstag, 10. Oktober 1981, Stuttgart/Berlin/Köln/Mainz 1981, 449-469.

Müller, Walter: Schadensersatz auf Grund verdorbenen Urlaubs. Zur dogmatischen Einordnung von § 651 f Abs. 2 BGB, Berlin 1986.

Münchener Kommentar zum Bürgerlichen Gesetzbuch, Bd. 1: Allgemeiner Teil und AGBG, 2. A. München 1984; Bd. 2: Schuldrecht Allgemeiner Teil, 2. A. München 1985; Bd. 7: EGBGB, 2. A. München 1990 (zitiert: MüKo-*Bearbeiter*).

Neuhaus, Paul Heinrich: Savigny und die Rechtsfindung aus der Natur der Sache, RabelsZ 15 (1949/1950), 364-381.

- Neue Wege im Europäischen Internationalen Privatrecht?, RabelsZ 35 (1971), 401-428.

- Die Grundbegriffe des Internationalen Privatrechts, 2. A. Tübingen 1976.

Nicolaysen, Gert: Europarecht I, Baden-Baden 1991.

Paefgen, Thomas Christian: Unlauterer Wettbewerb durch Rechtsbruch in internationalprivatrechtlicher Sicht, WRP 1991, 447-458.

Palandt, Otto: Bürgerliches Gesetzbuch, 51. A. München 1992 (zitiert Palandt-*Bearbeiter*).

Pernice, Ingolf: Gestaltung und Vollzug des Umweltrechts im europäischen Binnenmarkt - Europäische Impulse und Zwänge für das deutsche Umweltrecht, NVwZ 1990, 414-426.

Pescatore, Pierre: L'effet des directives communautaires - une tentative de démythification, D. 1980 chron. 171-176.

Philip, Allan: Mandatory Rules, Public Law (Political Rules) and Choice of Law in the E.E.C. convention on the Law Applicable to Contractual Obligations, in: North (Hrsg.), Contract Conflicts. The E.E.C. Convention on the Law Applicable to Contractual Obligations: A Comparative Study, Amsterdam/New York/Oxford 1982, 81-110.

Picker, Eduard: Richterrecht und Richterrechtsetzung - Zu neuen Rechtsbildungsmethoden des Bundesarbeitsgerichts -, JZ 1984, 153-163.

Pirrung, Jörg: Internationales Privat- und Verfahrensrecht nach dem Inkrafttreten der Neuregelung des IPR: Text, Materialien, Hinweise, Köln 1987.

Plender, Richard: The European Contracts Convention - The Rome Convention on the Choice of Law for Contracts, London 1991.

Pocar, Fausto: La legge applicabile ai contratti con i consumatori, in: Tullio Treves (Hrsg.), Verso una disciplina communitaria della legge applicabile ai contratti, Padua 1983, 303-316.

- La protection de la partie faible en droit international privé, Rec. des cours 188 (1984-V), 338-417.

Raape, Leo: Internationales Privatrecht, Berlin/Frankfurt 1961.

Radtke, Rolf C.: Schuldstatut und Eingriffsrecht. Systematische Grundlagen der Berücksichtigung von zwingendem Recht nach deutschem IPR und dem EG-Schuldrechtsübereinkommen, ZVglRWiss 84 (1985), 325-357.

Reese, Willis L.M.: Power of Parties to Choose Law Governing Their Contract, Proc.Am.Soc.Int.L. 54 (1960), 48-56.

Rehbinder, Eckhard: Zur Politisierung des Internationalen Privatrechts, JZ 1973, 151-158.

Reich, Norbert: Markt und Recht. Theorie und Praxis des Wirtschaftsrechts in der Bundesrepublik Deutschland, Neuwied/Darmstadt 1977.

- Binnenmarkt als Rechtsbegriff, EuZW 1991, 203-210.

Reichelt, Gerte: Zur Eingriffsnorm nach dem österreichischen IPRG, IPRax 1988, 251-252.

Reichert-Facilides, Fritz: Auswirkungen des AGB-Gesetzes auf das deutsche Internationale Versicherungsrecht, VersR 1978, 481-485.

- Zur Kodifikation des deutschen internationalen Versicherungsvertragsrechts, IPRax 1990, 1-13.

Reifner, Udo: Zinsfiktionen und AGB-Gesetz, NJW 1989, 952-963.

Reinking, Kurt/*Eggert*, Christoph: Der Autokauf, 4. A. Düsseldorf 1990.

Reithmann, Christoph/ *Martiny*, Dieter: Internationales Vertragsrecht, 4. Auflage Köln 1988 (zitiert: Reithmann-Martiny(-*Bearbeiter*)).

RGRK, Das Bürgerliche Gesetzbuch mit besonderer Berücksichtigung der Rechtsprechung des Reichsgerichts und des Bundesgerichtshofs. Kommentar, hrsg. von Mitgliedern des Bundesgerichtshofs, Bd. VI: Internationales Privatrecht, 1. Teilband 12. A. Berlin/New York 1981.

Richter, Stefan: Die unmittelbare Wirkung von EG-Richtlinien zu Lasten Einzelner, EuR, 394-404.

Roth, Wulf-Henning: Internationales Versicherungsvertragsrecht, Tübingen 1985.

Rummel, Peter: Kommentar zum Allgemeinen bürgerlichen Gesetzbuch, Bd. 2, 1. A. Wien 1984 (zitiert Rummel-*Bearbeiter*).

Sack, Rolf: Die kollisions- und wettbewerbsrechtliche Beurteilung grenzüberschreitender Werbe- und Absatztätigkeit nach deutschem Recht, GRUR Int. 1988 (320-343).

- Marktortprinzip und allgemeine Ausweichklausel im internationalen Wettbewerbsrecht, am Beispiel der sog. Gran-Canaria-Fälle, IPRax 1992, 24-29.

Sandrock, Otto: Handbuch der Internationalen Vertragsgestaltung. Ein Leitfaden für den Abschluß von Verträgen im internationalen Wirtschaftsverkehr, Heidelberg 1980 (zitiert Sandrock-*Bearbeiter*).

- Bedeutung des Gesetzes zur Neuregelung des Internationalen Privatrechts für die Unternehmenspraxis, RIW 1986, 841-855.

Sauveplanne, J.G.: Consumer Protection In Private International Law, NILR XXXII (1985), 100-122.

von Savigny, Friedrich Carl: System des heutigen Römischen Rechts, Bd. 8, Aalen 1974 (unveränderter Nachdruck der Ausgabe Berlin 1849).

Schlosser, Peter: Das Recht der internationalen privaten Schiedsgerichtsbarkeit, Bd. 1: Systematische Darstellung, 1. A. Tübingen 1975.

- Sonderanknüpfungen von zwingendem Verbraucherschutzrecht und europäisches Prozeßrecht. Eine Studie unter besonderer Berücksichtigung der deutschen Rechtsprechung zu Differenzeinwand und Börsentermingeschäftsfähigkeit, in: Festschrift für Ernst Steindorff zum siebzigsten Geburtstag am 13. März 1990, Berlin/New York 1990, 1379-1391.

Schlunck, Angelika: Die Grenzen der Parteiautonomie im internationalen Arbeitsrecht, München 1990.

Schmelz, Karl-Joachim: Der Verbraucherkredit, München 1989.

Schmidt, Harry: Zehn Jahre AGB-Gesetz - Bericht über die Diskussionen, in: Zehn Jahre AGB-Gesetz, hrsg. von Helmut Heinrichs, Walter Löwe, Peter Ulmer, Köln 1987, 201-218.

Schmidt-Futterer, Wolfgang/*Blank*, Hubert: Wohnraumschutzgesetze. Kommentar, 6. A. München 1988.

Schmidt-Salzer, Joachim: Das Gesetz zur Regelung des Rechts der Allgemeinen Geschäftsbedingungen, NJW 1977, 129-141.

Schmitthoff, Clive M.: Standard Contracts and the Protection of the Weaker Party in International Trade Law, in: New Directions in International Trade Law. Acts and Proceedings of the 2nd Congress on Private Law held by the International Institute for the Unification of Private Law (UNIDROIT), Rome, 9.-15. September 1976, Vol. I: Reports, Dobbs Ferry, N.Y. 1977, 177-191.

Schnitzer, Adolf F.: Handbuch des internationalen Privatrechts, Bd. 2, 4. A. Basel 1958.

Schnyder, Anton K.: Wirtschaftskollisionsrecht, Zürich 1990.

Schönenberger, W./*Gauch*, Peter: Schweizerisches Obligationenrecht. Textausgabe, 38. A. Zürich 1990.

Schubert, Mathias: Internationale Verträge und Eingriffsrecht - ein Beitrag zur Methode des Wirtschaftskollisionsrechts, RIW 1987, 729-746.

Schurig, Klaus: Kollisionsnorm und Sachrecht, Berlin 1981.

- Lois d'applications immédiate und Sonderanknüpfung zwingenden Rechts: Erkenntnisfortschritt oder Mystifikation?, in: Wolfgang Holl/Ulrich Klinke (Hrsg.), Internationales Privatrecht, Internationales Wirtschaftsrecht, Köln/ Berlin/Bonn/München 1985, 55-76.

- Besprechung von Baum, Harald: Alternativanknüpfungen, JZ 1987, 870-871.

- Die Gesetzesumgehung im Privatrecht. Eine Studie mit kollisionsrechtlichen und rechtsvergleichenden Aspekten, in: Festschrift für Murad Ferid zum 80. Geburtstag am 11. April 1988, Frankfurt 1988, 375-422.

- Zwingendes Recht, "Eingriffsnormen" und neues IPR, RabelsZ 54 (1990), 217-250.

Schütze, Rolf A.: Ausländisches Recht als beweisbedürftige Tatsache, NJW 1965, 1652-1653.

Schwander, Ivo: Lois d'application immédiate, Sonderanknüpfung, IPR-Sachnormen und andere Ausnahmen von der gewöhnlichen Anknüpfung im internationalen Privatrecht, Zürich 1975.

- Der Wandel des Privatrechts und seine Rückwirkungen auf das internationale Privatrecht, SJIR XLV (1989), 247-271.

Schwarz, Eckhard: Schutzkollisionen im internationalen Verbraucherschutz, dargestellt an der Neuregelung des Rechts der Allgemeinen Geschäftsbedingungen in Portugal, Heidelberg 1991.

Schwenzer, Ingeborg: Stillschweigende Rechtswahl durch Prozeßverhalten im österreichischen IPR, IPRax 1991, 129-131.

Schwimann, Michael: Zur internationalprivatrechtlichen Behandlung von Verbraucherverträgen, Miete und Wohnungseigentum, ÖJZ 1981, 309-311.

- Fragen der gesetzlichen Anknüpfung im internationalen Schuldvertragsrecht, in: Festschrift Rudolf Strasser zum 60. Geburtstag, Wien 1983, 895-917.

- Verbraucherverträge im österreichischen IPR, IPRax 1989, 317-319.

Schwind, Fritz: Internationales Privatrecht, Wien 1990.

Siehr, Kurt: Ausländische Eingriffsnormen im inländischen Wirtschaftskollisionsrecht, RabelsZ 52 (1988), 41-103.

- Die Parteiautonomie im Internationalen Privatrecht, in: Festschrift für Max Keller zum 65. Geburtstag, Zürich 1989, 485-510.

Simitis, Konstantin: Verbraucherschutz, Schlagwort oder Rechtsprinzip?, Baden-Baden 1976.

Simitis, Spiros: Aufgaben und Grenzen der Parteiautonomie im internationalen Vertragsrecht, JuS 1966, 209-217.

Sonnenberger, Hans-Jürgen. Bemerkungen zum Internationalen Privatrecht im AGB-Gesetz, in: Konflikt und Ordnung. Festschrift für Murad Ferid zum 70. Geburtstag, München 1978, 377-396.

- Internationales Privatrecht/Internationales öffentliches Recht, in: Festschrift für Kurt Rebmann zum 65. Geburtstag, München 1989, 820-838.

Staudinger, Julius v.: Kommentar zum Bürgerlichen Gesetzbuch, Zweites Buch: Recht der Schuldverhältnisse, §§ 241-242, AGBG, 12. A. Berlin 1983; Einführungsgesetz Art. 13-17: Internationales Eherecht, 12. A. Berlin 1983, Einführungsgesetz Teil 2 b: Internationales Schuldrecht I, 10./11. A. Berlin 1978 (zitiert Staudinger-*Bearbeiter*).

Steindorff, Ernst: Autonomy of Contracting Parties in Interstate Commerce. An Economic Evaluation, in: New Directions in International Trade Law. Acts and Proceedings of the 2nd Congress on Private Law held by the International Institute for the Unification of Private Law (UNIDROIT), Rome, 9.-15. September 1976, Vol. I, Dobbs Ferry, N.Y. 1977, 87-105.

Sternel, Friedemann: Mietrecht, 3. A. 1988.

Stober, Rolf: Verfassungsrechtliche Konturen eines Verbraucherrechts, in: Festschrift für Rudolf Lukes zum 65. Geburtstag, Köln/Berlin/Bonn/München 1989, 591-607.

Stoll, Hans: Internationalprivatrechtliche Probleme bei Verwendung Allgemeiner Geschäftsbedingungen, in: Festschrift für Günther Beitzke zum 70. Geburtstag am 26. April 1979, Berlin/New York 1979, 759-785.

- Rechtliche Inhaltskontrolle bei internationalen Handelsgeschäften, in: Festschrift für Gerhard Kegel zum 75. Geburtstag, 26. Juni 1987, Stuttgart/Berlin/ Köln/Mainz 1987.

Strikwerda, Luc: Inleiding tot het Nederlandse internationaal privaatrecht, Groningen 1988.

Sumampouw, Mathilde: Anmerkung zu BG v. 23.3.1965 = BGE 91 II 44, RabelsZ 30 (1966), 334-348.

Taupitz, Jochen: Kaffeefahrten deutscher Urlauber auf Gran Canaria: Deutscher Verbraucherschutz im Urlaubsgepäck?, BB 1990, 642-652.

Teske, Joachim: Der Begriff des "Verbrauchers" - Resümee und Annäherung, in: Georgios Magoulas/Jürgen Simon (Hrsg.), Zur ökonomischen Analyse des Konsumentenschutzes unter besonderer Berücksichtigung informations- und risikobezogener Probleme von Konsumentenmärkten, Baden-Baden 1985, 23-57.

- Das neue Gesetz über den Widerruf von Haustürgeschäften und ähnlichen Geschäften, ZIP 1986, 624-636.

- Kurzkommentar zu BGH v. 15.11.1990, in: EWiR, § 1 UWG 4/1991, 297-298.

Thode, Reinhold: Die Bedeutung des neuen internationalen Schuldvertragsrechts für grenzüberschreitende Bauverträge, ZfBR 1989, 43-48.

Tonner, Klaus: Der Reisevertrag, 2. A. Neuwied/Darmstadt 1986.

Toth, A.G.: The Oxford Encyclopaedia of European Community Law, Bd. 1, Oxford 1990.

Trinkner, Reinhold: Anmerkung zu LAG Düsseldorf/Köln vom 16.5.1972, AWD 1973, 32-34.

Uebersax, Hans-Rudolf: Der Schutz der schwächeren Partei im internationalen Vertragsrecht, Basel 1976.

Ulmer, Peter/*Brandner*, Hans-Erich/*Hensen*, Horst-Diether: AGB-Gesetz: Kommentar zum Gesetz zur Regelung des Rechts der Allgemeinen Geschäftsbedingungen, 6. A. Köln 1990 (zitiert Ulmer-Brandner-Hensen(-*Bearbeiter*)).

Uniform Commercial Code, Official Text 1972 with Comments, hrsg. vom American Law Institute und der National Conference of Commissioners on Uniform State Laws, Philadelphia, Pa./Chicago, Ill. 1972.

Vassilakakis, Evangelos: Orientations méthodologiques das les codifications récentes du droit international privé en europe, Paris 1987.

Veelken, Winfried: Interessenabwägung im Wirtschaftskollisionsrecht, Baden-Baden 1988.

Viehweg, Theodor: Topik und Jurisprudenz. Ein Beitrag zur rechtswissenschaftlichen Grundlagenforschung, 5.A. München 1974.

Vischer, Frank: The Antagonism between Legal Security and the Search for Justice in the Field of Contracts, Rec. des cours 142 (1974-II), 3-70.

Vitta, Edoardo: Cours général de droit international privé, Rec. des cours 162 (1979-I), 21-243.

Vogel, Klaus: Der räumliche Anwendungsbereich der Verwaltungsrechtsnorm. Eine Untersuchung über die Grundfragen des sog. Internationalen Verwaltungs- und Steuerrechts, Frankfurt(M.)/Berlin 1965.

Wagner-Wieduwilt, Klaus: Das «Transparenzgebot» als Angemessenheitsvoraussetzung im Sinne des § 9 AGBG, WM 1989, 37-45.

Weber, Helmut J.: Das Zwingende an den zwingenden Normen im neuen internationalen Arbeitsrecht, IPRax 1988, 82-86.

Weitnauer, Wolfgang: Der Vertragsschwerpunkt. Eine vergleichende Darstellung des amerikanischen und deutschen Internationalen Vertragsrechts sowie des EG-Übereinkommens über das auf vertragliche Schuldverhältnisse anwendbare Recht vom 19.6.1980, Frankfurt/M. 1981.

Wengler, Wilhelm: Die Anknüpfung des zwingenden Schuldrechts im internationalen Privatrecht, ZVglRWiss 54 (1941), 168-211.

- Das Gleichheitsprinzip im Kollisionsrecht, in: Eranion in honorem Georgii S. Maridakis, Bd. III Athen 1964, 323-379.

- Zur Technik der internationalprivatrechtlichen Rechtsanweisungen des IPR-"Reform"-gesetzes von 1986, RabelsZ 53 (1989), 409-437.

Werner, Horst S./*Machunsky*, Jürgen: Kommentar zum Haustürwiderrufsgesetz, Göttingen 1990.

von Westphalen, Friedrich Graf: International-privatrechtliche Probleme und AGB-Gesetz, WM 1978, 1310-1319.

- Der Leasingnehmer als Nichtkaufmann: Einbeziehung der Lieferanten-AGB und Rügepflichten, BB 1990, 1-7.

Wiethölter, Rudolf: Zur Frage des internationalen ordre public, BerDGesVR 7 (1967), 133-177.

- Besprechung von Vogel, Klaus: Der räumliche Anwendungsbereich der Verwaltungsrechtsnorm, DVBl. 1967, 465-466.

Wilburg, Walter: Entwicklung eines beweglichen Systems im bürgerlichen Recht, Wien 1950.

Winter, Gerd: Die Vereinbarkeit des Gesetzesentwurfs der Bundesregierung über die Umweltverträglichkeitsprüfung vom 29.06.1988 mit der EG-Richtlinie 85/337 und die Direktwirkung dieser Richtlinie, NuR 1989, 197-205.

Wolf, Manfred: Auslegung und Inhaltskontrolle von AGB im internationalen kaufmännischen Verkehr, ZHR 153 (1989), 300-321.

Wolf, Manfred/*Horn*, Norbert/*Lindacher*, Walter: AGB-Gesetz. Kommentar, 2. A. München 1989 (zitiert Wolf-Horn-Lindacher(-*Bearbeiter*)).

Wolff, Martin: Private International Law, Aalen 1977 (Nachdruck der 2. A. Oxford 1950).

- Das internationale Privatrecht Deutschlands, 3. A. Berlin/Göttingen/Heidelberg 1954.

Zacher, Hans F.: Das soziale Staatsziel, in: Isensee/Kirchhof (Hrsg.), Handbuch des Staatsrechts der Bundesrepublik Deutschland, Heidelberg 1987, § 25, S. 1045-1111.

Zippelius, Reinhard: Problemjurisprudenz und Topik, NJW 1967, 2229-2234.

- Juristische Methodenlehre, 5. A. München 1990.

Zitelmann, Ernst: Internationales Privatrecht, Bd. 1 Leipzig 1897, Bd. 2 Leipzig 1912.

Zöllner, Wolfgang: Die politische Rolle des Privatrechts, JuS 1988, 329-336.

Zweigert, Konrad: Nichterfüllung auf Grund ausländischer Leistungsverbote, RabelsZ 14 (1942), 283-307.

- Zur Armut des Internationalen Privatrechts an sozialen Werten, RabelsZ 37 (1973), 435-452.

Zweigert, Konrad/*Puttfarken*, Hans-Jürgen: Allgemeines und Besonderes zur Kodifikation, in: Festschrift für Imre Zajtay/Mélanges en l'honneur d'Imre Zajtay, Tübingen 1982, 569-579.

Kolibri 360 GmbH
Ferdinand-Jühlke-Straße 7
99095 Erfurt, Deutschland
produktsicherheit@kolibri360.de

Druck:
CPI Druckdienstleistungen GmbH
im Auftrag der
Kolibri 360 GmbH
Ferdinand-Jühlke-Str. 7
99095 Erfurt